中國史前神格人面岩畫

中國
史前神格
人面岩畫

宋耀良著

上海人民出版社

目錄

序

人面岩畫：中國文化的源頭

陳昕

中國文化神秘悠遠，天然自成，數千年來波湧浪疊，汪洋恣肆。這一東方文化的源頭何在？上海華東師範大學教授宋耀良先生寫成的《中國史前神格人面岩畫》一書，對此進行了卓有成效的探索，在中國岩畫與中國史前文化研究方面，有重大突破。

一、發現人面岩畫三大分佈帶

這部著作載録了作者在中國岩畫分佈方面的一項重大發現，即發現一種製作於史前的人面形岩畫，在中國東部沿海和北方地區構成三條連續性的大分佈帶，總長達四千餘公里。其中，東分佈帶是沿着太平洋海岸綫延伸，從内蒙古赤峰地區到福建閩南和臺灣萬山等都出現這種圖式的岩畫；北分佈帶是從赤峰始，沿着内蒙古高原和東亞平原的交界處向西分佈，幾近到達新疆；中分佈帶是從内蒙古的臨河一帶，溯黄河南下，到寧夏中部的賀蘭山南端止。本書配以数百幅圖片，形象、生動、真實地再現史前人面岩畫的實存狀況。這些照片大都是作者在艱辛考察中實地拍攝而得，絶大部分屬第一次發表。

一九九一年，本書作者曾在上海博物館公佈了這一發現，引起海内外學術界的關注。本書作者認爲，中國人面岩畫儘管地域分佈廣大，但可以認定是由同一文化傳播所至，它的起源地應在山東南部和江蘇北部。連雲港將軍崖岩畫是目前已知的這類岩畫的最早遺存址。它的主流傳播綫應是北上到赤峰地區，而後向西發展，在臨河一帶溯黄河南下，以後它很可能消融到了甘肅、陝西等地區的史前文化之中。

二、找出與新石器文化同一性

本書作者將人面岩畫放置於中國新石器文化背景上研究，發現中國北方和東部沿海一帶，自八千年以前到殷商，普遍出土過人面形的石、陶、玉質等藝術品，人面岩畫顯然與之屬同一大文化系統，其源頭似來自目前尚不明瞭的某種舊石器文化系統中。其功能在於祭祀，幾千年來中國文化中的祭祖崇宗觀念，應源出於此。本書還發現不少仰韶文化彩陶圖案與人面岩畫結構相似，尤其是陝西姜寨出土的三件陶瓶上的方形人面紋，因此不可排斥它們之間在圖式上的同一性。

本書作者還在寧夏賀蘭山石壁上，發現一個人面魚紋圖案，與著名的半坡彩陶盆中人面魚紋幾乎一致，兩頰各飾一條魚。只不過岩畫人面顯出方形，表現得更加原始、拙樸。

這種研究，必然帶來岩畫製作年代判定的問題。現在世界上尚未解決岩畫年代的直接測定問題，中國一般都採用綜合分析法，本書作者在研究中有新的進展。作者在内蒙古臨河地區注意到當地在新石器遺址中採集到衆多的短小石鑿，只有四厘米左右長，直徑約一厘米，一端鋭尖一端平，通過敲擊，能鑿動岩畫。而臨河是中國岩畫所存最繁密的地區。更有直接意義的是，作者在人面岩畫的最晚期遺址中，發現了十多個石斧形岩畫，有的鐫在威儀的人面之旁。這表明最晚期的人面岩畫，仍處在石器時代。

三、查尋與上古神話的對應

這本著作更有價值的部分，是論述了人面岩畫與中國上古文化之間的關係。岩畫是在孔子時代就已失傳了的一種文化，所以浩瀚如海的典籍中幾乎無此記載。但現在看來，卻與上古神話形成極微妙的契合。如《山海經》中記，弱水是條“鴻毛是沉”的神水，不能越過。人面岩畫從東部沿海雄强西進數千公里，卻果然在弱水東岸止。作者認爲神話其實道明了弱水是東亞史前文化西傳的邊綫。

本書作者還在連雲港將軍崖岩畫附近的一座山巔上，發現一處以三塊巨石構成的史前祭壇。這圓、方、橢圓形巨石中，共鐫有喻作席位的十個圓凹。作者結合岩畫研究，認爲這與上古之時流傳於當地的“羿射十日”神話有關，那祭壇所在地即是歷代學者所尋找的《堯典》中記有的祭日之地“暘谷”。書中對此作了專門的論述。作者也據此頗有深度地解析了將軍崖岩畫所蘊含的文化、宗教意義。它與《堯典》記載的祭日大典基本對應。而《堯典》中部分記叙又與出土的甲骨文對應，這證明《堯典》中的思想,起自於更遥遠的往昔。它與岩畫契合，完全存有這種可能性。

先秦典籍關於“五帝”中少昊大帝的記載存有矛盾，一方面説它居住在東部沿海，主日出，卻又記它是西方大帝，司日落。春秋時居山東南部的郯人認爲其遠祖是少昊氏，崇鳥圖騰；而居西陲之地的秦人卻也自認爲是少昊氏後裔，祠少昊。現代考古又證實山東、江蘇一帶的大汶口文化確與神話少昊氏部落有關。這一矛盾，歷史上不少學者試圖給予解説,但都不圓滿。本書的研究,實際上爲這未決的文化懸案作了解答，人面岩畫由東向西傳播至黄河上游，便表明史前初民或其文化發生過這樣的長距離遷移，神話傳説中的矛盾，實際正是指認着這種遥遠年代前發生過的事實。

當然，重要的是岩畫的這種傳播方向的認定是否可靠，這也是作者所考慮的重點之一。他先後去内蒙古一帶四次，運用器形説和傳播學理論，逐個審定岩畫遺址。還進入巴丹吉林沙漠，將最西端的人面岩畫與最東端的相比較，最終才作出結論，論據應是充分的，因爲人面岩畫是以連續性點式傳播，點與點之間多則幾百里，少則幾十里乃至幾里。每兩點之間的圖式能明顯見出承繼性。書中就此作了詳細論述，並將岩畫照片作了圖式排列。

四、覓見甲骨文、金文字的祖形

人面岩畫與甲骨文、金文和商周青銅器紋飾之間的源流關係，是本書的精彩部分。自本世紀初發現並認定甲骨文以來，尋找其源頭，便是當今學術界所矚目的問題。本書作者在實地考察中至少發現二十餘種岩畫圖符似與甲骨文、金文字有關。書中着重對“車”、“皇”、“魅”字作了具體考訂，尤其是“皇”字，無論是字義還是字形，從岩畫演化到文字的邏輯關係無可懷疑；而岩畫中關於“皇”字的祖形，又能理出從具象到抽象的整個演化系列，這個系列的順序與人面岩畫從東部向西部傳播的順序完全一致。這表明關於“皇”字的觀念在成字之前有一個漫長的發展過程，而它與人面岩畫由人格性到神格性的發展過程完全重合。

人面岩畫神格性的主要特徵是作爲祖先的人面逐漸與太陽相結合，於是圓形人面周沿被添加上了太陽光芒。本書作者將實地拍攝到的照片，按由東到西演化順序，逐個排定出了發展系列。原先單純類圓形的人面，怎樣顯出太陽的光芒然後光芒越來越密，到人面岩畫最高潮時，密且長的光芒綫達到無以復加的地步。

五、追溯“天人合一”觀念的源頭

本書以準確無虞的資料，證實了中國史前曾出現過的一個太陽崇拜的時期，這種崇拜曾達到異常輝煌的程度。而這一切在中國先秦典籍中卻無此記載，只能隱約地見出一些折射。人面岩畫研究復現了這樣一個歷史階段。

不僅如此，本書還從中尋找出中國傳統哲學中“天人合一”觀念的源頭。祖先神逐漸與太陽神合一，在原始初民的觀念中正是天與人的合一；人面岩畫最初被鐫在山脚跟，在向西發展的過程中，也就被越鐫越高，最高潮時，百十米高的山峰峭壁上遍鐫太陽形人面岩畫。這種觀念在岩畫的圖式中被表現得至聖至崇、雄强健旺，堅硬的石壁由此被磨凹出無數的人面圖像。從這種觀念所具有的力度看，它也似乎注定會成爲幾千年來中國文化哲學的最基本原型。

本書的出版，預示着中國岩畫研究進入了新的階段，即由對區域性岩畫介紹爲主，而進入到對一種特殊圖形研究的階段。這樣的研究是跨行政區域性的。岩畫中每一種特殊圖式都蘊含着獨特的文化宗教觀念。同一圖式的分佈區域，表明該區域歷史上曾出現過同一的文化。如此的研究自然具有多種學科的價值和意義。

（原載《明報月刊》1992 年 10 月號）

附記：

1991 年春，我因工作調動，離開上海去香港擔任三聯書店總編輯，但思鄉情意綿綿，每天翻閱上海的《文匯報》就成了我的一大快事。在那年 6 月 23 日的《文匯報》上，我讀到了該報記者張自强先生撰寫的通訊《尋覓中國文化的源頭——記宋耀良研究岩畫的新發現》，深爲耀良先生艱苦而持久的野外考察、嚴謹而認真的治學精神、大膽而扎實的學術建樹而感動，産生了爲其出版史前人面岩畫研究專著的强烈衝動。我囑編輯李淑娥女士與耀良先生聯繫，商量有關出版事宜。

耀良先生欣然應諾，之後我們倆開始了滬港兩地的書信往來，探討耀良先生人面岩畫專著的撰寫、編輯、出版工作。初稿出來後，我們相約深圳，就書稿的編輯出版形式進行磋商。耀良先生向我展示了其在内蒙古、青海、新疆、江蘇等 11 個省區實地考察時拍攝的近千幅照片，從而引發了我編輯出版一部圖文並茂的學術專著的念頭。之後，我請公司設計師陸智昌先生負責該書的整體設計，大膽地對圖片作黑白兩色特殊的處理，凸顯人面岩畫的藝術張力，以真實再現從東海之濱到西北沙漠，從北部草原到閩南叢林，這長達 4000 公里地域内史前人面岩畫的實存狀況。這本書後來定名爲《中國史前神格人面岩畫》，我一直認爲它是我 30 多年出版生涯中編輯得非常出色的一部著作。

1992 年，此書在香港、上海、臺北三地同時出版，廣受學界和讀者好評。爲宣傳介紹此書，我邀請耀良先生來港參加首發式和出版座談會，到香港電視臺作專題節目，在香港中文大學作學術交流，這些活動都很成功，也很受歡迎。耀良先生還在香港郊野、海岸作了考察，居然在岩畫方面也有收穫。這部著作也引起了國際人類學界的重視，不久人類學著名學者、哈佛大學教授張光直先生邀請耀良先生前往哈佛大學作訪問學者，從此，耀良先生開始了新的學術和人生歷程。

《中國史前神格人面岩畫》出版後，作爲責任編輯的我，曾在香港《明報月刊》上發表了一篇書評，評價和推薦此書。此次上海人民出版社再版此書，耀良先生希望將我的這篇書評置之卷首，代作序言，我既萬分榮幸，又十分樂意，因爲這篇文字見证了我和耀良先生 20 多年的友誼。

陳昕

2014 年 5 月 21 日

自序

遺存在崇山峻嶺中的十數萬幅岩畫，仿佛是遠古祖先留給中國當代學者的最後一份厚禮。而鐫鑿在 4000 公里分佈線上的人面岩畫，則似乎是對我個人的饋贈。

試想一下吧，那些數千年來終日裸露在陽光之下、岩表之上的中國岩畫，那些樸野斑斕、瑰麗無比的人類第一等級藝術品，須由二十世紀末的當代學者來發現、研究、著書立說，這不能不認爲是人生中可遇而不可求的幸事。

中國人面岩畫的發現者不是我。早在北魏時期，酈道元就在其《水經注》中記錄了他所看到的人面岩畫。很遺憾，後人未能予以重視。本世紀以來，各地學者也陸續發現了他們所在地的人面岩畫。我對中國岩畫研究的貢獻，在於發現了中國人面岩畫的分佈規律和文化意義：

（1）各人面岩畫遺存址所體現出的同一性，在人面岩畫的符式、所處自然環境、製作技法、伴生符號等方面的同一性；

（2）人面岩畫在中國境內構成總長達 4000 公里的三條大分佈帶；

（3）論證了散佈在各分佈帶上的中國人面岩畫係一種同源文化傳播所致，並大致勾畫出了傳播的方向、傳播的過程、傳播的階段以及傳播源；

（4）論證了人面岩畫對於中國上古哲學、宗教、神話、藝術，乃至部分甲骨文字、金文字形成的意義與作用；概而括之，指證中國人面岩畫是中國上古文化的源頭之一。

難以盡言，當初我在深山考察時，逐漸發現這些分佈規律時的激動心情；也難以盡述，我對民族祖先創造出的恢宏博大的史前文化的崇仰與欽佩。我以能由我來作這一研究課題，而感到榮耀無比。

我是在對藝術人類學學科的建構過程中，開始將注意力轉向中國的原始文化和藝術的。我在 1988 年春，爲主編“藝術與人類學叢書”撰寫的總序中提到：“我國人類學學術研究目前展開得尚不充分，但有關這一學科的資料卻大量存在，並且隨着遼闊地域中的新考古發掘，日復一日地增多。我們有必要珍惜和重視這些原始資料。‘藝術與人類學叢書’將更多地建立在對東方人類發展和進化的資料基礎上，展開對藝術的獨特研究。”

這是我當時的一個成熟的觀點。於是就在這年夏天，我揹上登山包進入了內蒙古的狼山之中，開始尋覓和考察中國岩畫。我仿佛到了一個未知的、完全失去時空標誌的神秘世界。在那裏，過去與未來、古代與現在、可知與未知、虛幻與實存、神話與歷史等等都諧趣

0·1

0·1
終日裸露在陽光之下的史前岩畫，是人類第一等級的藝術品。賀蘭山。

和睦地共處於那曠古至今的、幽幽深谷中的岩石畫面之中。

我決定全面考察中國岩畫，最大限度地把握住它的總體面貌。以後的幾年中，我一直致力於實地考察，遍歷 11 個省份的崇山峻嶺和沙漠戈壁，考察行程達 4 萬公里，僅內蒙古就去了四次，新疆去了兩次。

在實地考察中，發現人面岩畫這種特殊符式的遺存極其豐富，似有規律可尋，便格外留意。當我實地考察完中國境內的主要岩畫遺存地後，我對人面岩畫的分佈範圍，以及它與其他周邊岩畫，如狩獵、畜牧岩畫等的關係，就非常清楚了。這完全是一個獨立的、有着自身內涵的岩畫系統。

在我撰畢《中國岩畫考察》之後，便開始着手分析幾年來所收集到的人面岩畫照片與資料。一切似乎都爛熟於胸，然而我還是小心地求證、推斷。關於人面岩畫是從東部沿海向西北方向長距離傳播的結論，是我在考察中仔細揣摩各處岩畫後而得出的。然而爲了進一步證實它，我於 1990 年夏天，專程進入內蒙古最西部靠近甘肅、新疆一帶的巴丹吉林沙漠，因爲那兒是人面岩畫西傳的盡頭。我要看看那兒符式的狀況，是充滿生命力還是呈現衰弱頹敗。然而那兒的人面岩畫確是一幅強弩之末的狀態，與東部生氣勃勃、充滿張力的符式無法相

0·2

0·3

0·2
太陽、人面、同心圓；古老的連雲港將軍崖岩畫。
0·3
作者同守林人考察賀蘭山岩畫。

比擬。

待一切都思考成熟後，於 1991 年春天，我在上海博物館，面對着許多老資格的考古專家，向他們發佈了關於中國人面岩畫三大分佈帶的這一考察發現。此後新華社、《人民日報》、香港《文滙報》、美國紐約《世界日報》等都刊登了新聞消息。

由於對人面岩畫的研究涉及了中國上古的文化、神話、藝術、宗教和文字等各個方面，這使得我不斷對我的研究本身作出一系列上升到哲學高度的思考。

中國岩畫，固然是一個可以做出深厚學問的研究課題，尤其是那爲中國史後文化的各方面鑄造了諸多堅實原型的中國史前神格人面岩畫，然而這個研究的前提，在於我們遠古祖先確曾創造了如此輝煌燦爛的文化歷史存在物。

飲水思源，感慨萬千，此種思古之幽情，在世紀末的今日，有着格外的價值與意義。

二十世紀，這整整一個世紀，是中國由貧弱的農耕社會逐漸步入工業化現代化世界的世紀。文化優勢的失落感，折磨着每一代有良知的中國人。

二十世紀，又是中國對自身上古璀燦文化，眞正用科學和學術的手段認識和理解的世紀。

伴隨着這一過程，中國的文化學術界發現了四大系

0·4

0·5

0·4
雲南滄源岩畫，充滿原始氣息。
0·5
貴州洞穴中神秘的符號岩畫。

列的原始器物，從而大大拓展了對自身文化歷史的認識。

最初是刻字甲骨片，自 1899 年發現後，到本世紀二十年的殷墟發掘，達到高潮，至今已發現約 16 萬片甲骨，對它的研究，完全更新了當時民族的文化觀、歷史觀，乃至文字觀，並產生了王國維、郭沫若、董作賓、陳夢家等一代宗師。

0·6

其次是商周青銅器。對此類古彝器的研究，可以説自宋代就開始，歸在金石學之中，到清季出現集大成者，然而卻都囿於金文、寶器之説中。自本世紀初中國考古學誕生之後，商周青銅器被大量發掘出來，數達幾萬件，且種類齊全，還與其他文化物伴出。對商周青銅器的研究也一躍成爲一門獨立學科，開始結合着歷史、宗教、制度、藝術等展開綜合研究，產生了容庚、李濟、郭寶鈞、張光直等一代大師。

0·6
刻字甲骨是本世紀中國發現的四大系列原始器物之一，其發現意義深遠。

而後，隨着考古學的發展，又發掘出大量的新石器時代陶器，尤其是彩陶，其紋飾之絢爛，變化之豐富，器形之完美，在世界文明史中實屬罕見。據粗略的估計，至今已發現 10 多萬件彩陶器，僅青海柳灣的一個遺址，就出土了完整彩陶器達 17000 多個。其他灰陶、黑陶、幾何印紋硬陶等更多得無以計其數。史前陶器的研究，構成了中國史前文化研究的最重要方面，憑藉着它，考古學家們復原了史前中國各地區域性文化的分佈範圍和各種文化的流變過程以及年代順序，[①]形成了對自身史前歷史的系統認識，自然也造就出了一大批蜚聲世界的著名學者。

到八十年代，又一遺存眾多的原始文物——古代岩畫，進入了中國學者的視域之中。經過 10 多年來的大發現，至今已在中國境內發現了 10 多萬幅岩畫。據目前的研究，岩畫比彩陶、青銅、甲骨文等出現的年代都早，分佈的區域更廣，流播的時間也長，自然其內涵更加豐富。[②]它是中國史前文化傳播、宗教發生、藝術起源、文字形成等研究中極珍貴的資料。一個新的獨立的學科——中國岩畫學也正在悄悄形成。然而，能否對中國史前文化提供有價值的認知，還有待於一代學者的共同努力。

本世紀所發現的四大系列的原始器物，和它所構成的對民族史前歷史文化的全新認識，其深刻的意義，也許在二十一世紀會看得更清楚。當一種弱態文化重新回歸為強勢文化之時，它遠古時的輝煌燦爛，便成為這種邏輯結果必然性的最好註釋。而在向強勢文化回歸的過程中，它也會成為激勵民族自信心和激發創造力的最本源的文化動力。無論如何，它會成為一種信念、一種保證，乃至一種命定。

0·7

0·8

0·7
商周青銅器研究在本世紀初已形成其學科形態。
0·8
紋飾絢爛的中國史前彩陶，是世界文明史中光輝的一頁。

著名荷蘭漢學家高羅佩（R.H.Van Gulik）在談到中國文化的生命力這一命題時曾説："每當人們從中國的歷史背景來研究中國問題時，都會對兩個突出特點感到震驚，中華民族驚人的恢復力和中國文化的強大內聚力。"③

這種內聚力的堅韌性甚至在史前人面岩畫的符式體現中就表現得清清楚楚。最南端的台灣萬山人面岩畫與西北之地賀蘭山的人面岩畫在各方面都呈現出了符式系統內的嚴格同一性。儘管相距數千公里，同源文化傳播的時間差恐怕也有千年之久，然而符式的內在規定性卻分毫不亂，仍全面遵循。這正是一種優秀文化所體現出的優秀內在張力。

還有一個觀點是可以在這裏引述的。八十年代初美國哈佛大學教授張光直在一次講演裏提到："我預計社會科學的二十一世紀應該是中國的世紀。"張光直援用了瑞德教授的話："全球上沒有任何民族有像中華民族那樣龐大的對他們過去歷史的記錄。2500 年的'正史'裏所記錄下來的個別事件的總額是無法計算的。要將二十五史譯成英文，需要 4500 萬個單字，而這還只代表那整個記錄的一小部分。"由此張光直進一步引伸道：全世界古今文明固然很多，而其中有如此悠長的歷史記錄的則只有中國一家。在這批代表廣大地域、悠長時間

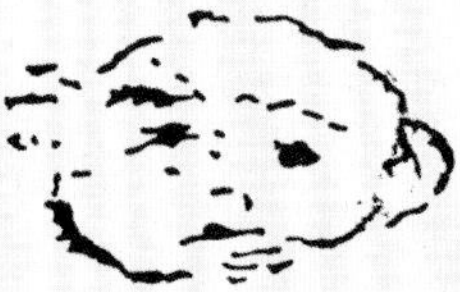

0·9

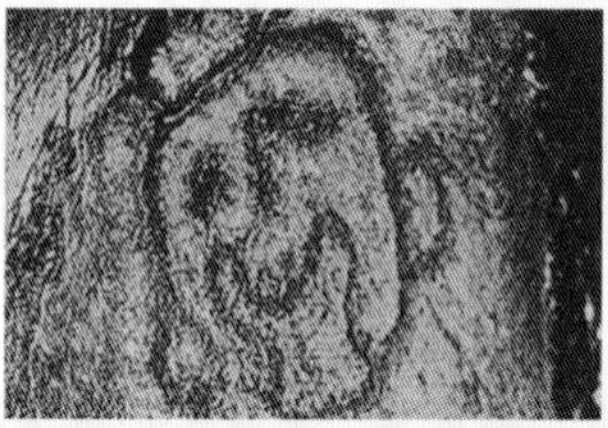

0·10

0·9，0·10
台灣萬山人面岩畫與中國西北部賀蘭山人面岩畫相距數千公里，但符式內涵存在嚴格的同一性。

的史料中，一定會蘊藏着對人類文化、社會發展程序和規律有重大啓示作用甚至證實價值的寶貴資料。可是這筆資料一直還很少被社會科學理論家好好利用過。[4]

這是一個有目共睹的基本事實。原因是多方面的，弱態文化少有人顧及，是其主要的方面。以方塊字所承載的文化歷史，對他們就是一個未知的世界。試想當中華民族回歸了強勢文化，情況還會這樣嗎？

由此才有張光直先生充滿信心的預言："中國史料中潛伏的重要意義一旦被社會科學者認識並且加以利用，中國歷史一定會成爲許許多多研究題目集中利用的寶庫。"

在如此的學術基點上，又在兩個世紀的交替之際，也許能更清楚地判明，本世紀所發現的四大系列性原始器物的價值與意義。它是二十五史的一個長長的前綴。二十五史對它來説是必然、是命定。那麼未來的二十一世紀呢？

我的這本關於岩畫的書中不會有這個答案。但您讀了，會得出您自己的結論。

且錄之，以爲序。

宋耀良

1991年9月

於上海華東師範大學

0·11

0·12

0·11
中國岩畫中潛伏的意義，也一定會被世界學者所重視。廣西花山。

0·12
中國岩畫是中國二十五史的一個長長的前綴。桌子山苕燒溝。

註：

① 史前文化的復現不僅僅憑藉對陶器的研究，還包括石器、葬制、居住址等的研究；然而陶器是最主要的方面，也許源於出土量大和器形紋飾的穩定性等原因。

② 中國岩畫中最早期的圖像，距今有1萬餘年。歐洲的則距今三、四萬年。中國岩畫在史後也存留了若干世紀，但是它的出現則早於其他三種文化創造物。

③ 高羅佩：《中國古代房內考》，上海人民出版社1990年中譯本，第441頁。

④ 以上引文參見張光直：《中國青銅時代・二集》，三聯書店1990年版，第131－133頁。

人類第一等級藝術品——中國史前神格人面岩畫

賀蘭山賀蘭口

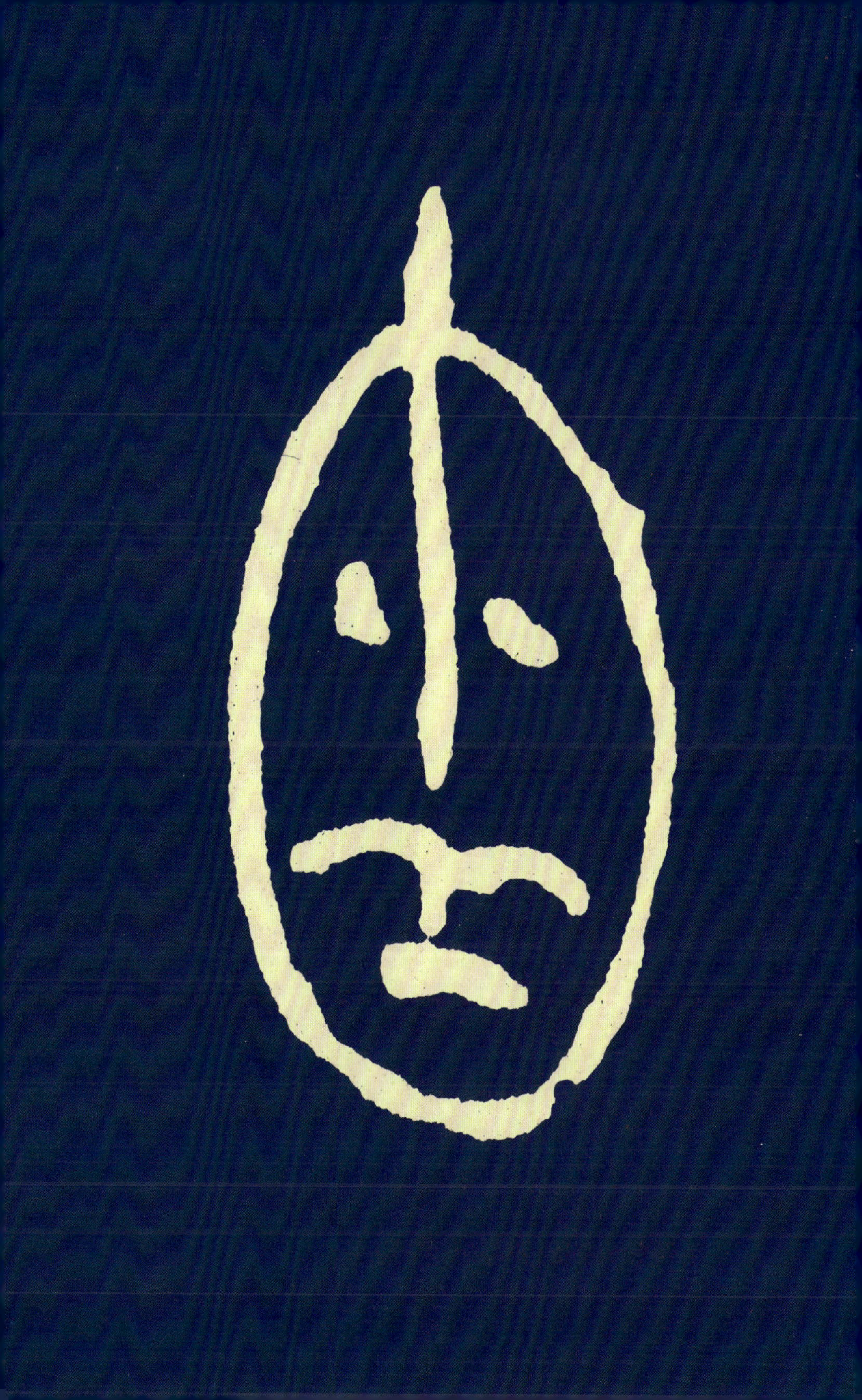

陰山格爾敖包溝

狼山東升廟

狼山東升廟

賀蘭山賀蘭口

賀蘭山賀蘭口南壁

陰山默勒赫圖溝

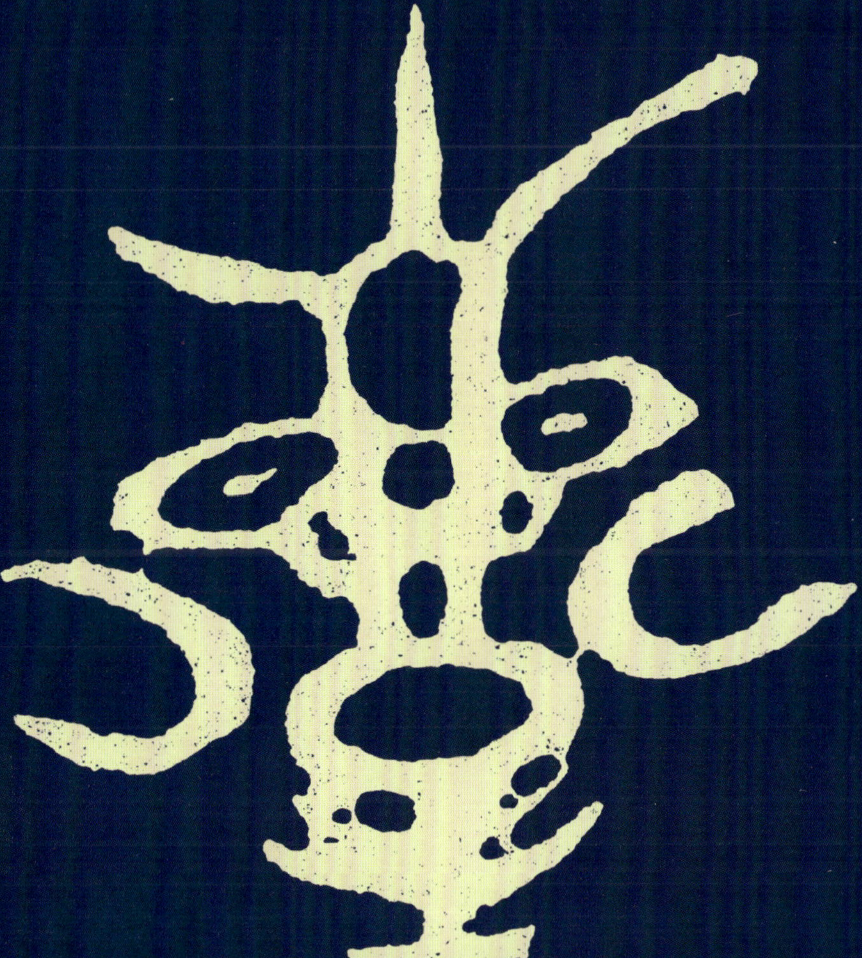

桌子山苦菜沟

桌子山苕燒溝

中國人面岩畫遺址分佈圖

第一章

分佈範圍與地理特徵

一、三條大分佈帶

據目前的考察發現，中國人面形岩畫主要出現在三條分佈帶上，一是北部草原與平原交界處，二是東部沿海地區，三是中部溯內蒙古、寧夏境內的黃河而南下。

從總體觀察，圖像分佈得很有規律，不是散點狀，而基本在東西水平和南北垂直的地域帶中，以持續不斷的線性的方式，大跨度跳躍出現。圖像基本一致，在各分佈點上又自有特點，能明顯地看出前後承繼性流變與演化的痕迹。

這奇特而又令人驚訝的史前文化發現，自然使研究者聯想到文化傳播、民族遷移等史前初民經歷過的史實。人面形岩畫肯定記錄着這樣的故事，然而它竟失傳了數千年，即使在剛剛開始史籍記載的孔子的時代，也見不出他們對此有所知曉。可是，那些以數千計的人面形岩畫，並沒有被掩埋在土層中，每時每刻都裸露在山野的石壁上直到今天。

發現這些岩畫並對其圖像含意加以闡釋的工作，竟要由二十世紀末的人們來進行。雖然久遠的歲月已給它蒙翳上了一層神秘莫測、撲朔迷離的面紗，但無論如何這是今天學者的幸運。

1. 北分佈帶

中國岩畫最集中的一條人面形圖像分佈帶，是位於內蒙古高原南部與華北平原、黃河河套平原北部交界處一線的北分佈帶，其地貌大致是高原向平原過渡的高山與丘陵狀，往往溝壑縱橫，地表起伏落差很大。

人面形岩畫就處在中國北部，北緯 40°–42° 的橫向地域帶上。最東面，起始於內蒙古東部赤峰地區的克什克騰旗①，一直向西逶迤，直達內蒙古西部的額濟納旗東緣，即巴丹吉林沙漠西邊緣的弱水東流域。

總長達 1590 公里，其間分佈的人面形岩畫遺存點，至少有20 個以上，圖像符式明顯地顯出由東朝西演化發展的痕迹。其勢鋭不可當，浩浩蕩蕩，到中部陰山狼山一帶達到繁盛的頂端。

然而這一有着茁壯生命力的岩畫符式，未能渡過一條半乾涸的沙漠河流 —— 弱水。在弱水的西岸，存在眾多的動物和狩獵岩畫，卻沒有人面形岩畫；再往西到新疆境內的天山一帶，岩畫多達數萬計，可至今未有一幅人面形岩畫被發現，那兒只存在中亞的阿爾泰系統的岩畫。並不是兩種系統、兩種風格的岩畫沒有相混淆，而是構成東亞岩畫主要符式特徵的人面岩畫沒有越過弱水，沒有在西中國岩畫系統中與當地岩畫符式相混淆。但作爲西中國岩畫主要特徵的阿爾泰風格岩畫，卻由西向東地越過弱水，一直深入到內蒙古草原的東部。

東亞史前岩畫顯然是東亞史前文化的體現。人面形岩畫未能越過弱水，便表明史前東亞文化未能傳播至弱水以西。這條沙漠季節性河竟成了史前東亞文化西漸的界線，着實令人生奇。也許正由於此，這亦是一條上古神話中多有記載的河流，而且是萬物不能浮渡的河。《山海經 · 大荒西經》郭璞註：“弱出昆山，鴻毛是沈，北淪流沙，南映火林，惟水之奇，莫測其深”。

在神話中它是條不可逾越之河，是否正印證了人面岩畫發展到此爲止的這種史實？

1 · 1

1 · 3

1 · 1
陰山格爾敖包溝岩畫是人面岩畫北分佈帶中的重要遺存址。

1 · 2
大彎角狀表現的北山羊是西中國岩畫中的主要符式。新疆呼圖壁。

1 · 3
西中國岩畫符式東傳數千公里，深入到內蒙古草原東部，但年代上比人面岩畫由東往西傳晚得多。內蒙古烏蘭察布草原。

4

2. 東分佈帶

人面形岩畫的第二個分佈範圍是在東部沿海地區，同樣呈帶狀延展。只不過不是由東向西，而是南北方向發展，主要分佈在東經 117°–121° 之間的垂直帶地域中。北起內蒙古東部的克什克騰旗，南至閩南華安與台灣萬山，總長約在 2100 公里。

與北部分佈帶相比，東部的這條分佈帶岩畫出現的跳越性跨度更大，相應地它不如北分佈帶密集，到目前只發現有四個岩畫遺存地。[②]但是它所傳播延伸的距離更長。它的另一個特點是，在傳播過程中，岩畫基本符式的演變幅度比較小，信息在穿越崇山峻嶺之中，損失和變異不大。

這種現象可以有兩種解釋。一是岩畫符式的傳播，可能並非從最北端向南傳播，而是起自於中部的某一個點上，分別向南與北傳播，這樣整個南北向分佈帶雖總長很可觀，但實際傳播距離要短得多。傳播距離短，變異小，這應是規律。

然而，即使這個假設是正確的，由中間向兩個方向傳播，其路線實際上也夠漫長的了。這必定還有另外一方面的原因，有可能古時這一地區文化內涵較爲一致，共同的圖騰宗教、信仰觀念與藝術表現手法，保證了作爲意識形態載體的岩畫基本符式的神聖性、規整性和連續性。

相比較，北部傳播帶上岩畫符式的變異都是急劇而又大幅度的。分析起來，或許這種特徵的岩畫文化與北方草原上傳播過來的另一文化體系相交遇與撞擊有關。撞擊也必定帶來交融，這自然引起岩畫基本符式的較大幅度變異。

1·4

1·4
連雲港將軍崖岩畫是人面岩畫東分佈帶中的重要遺存址。

3. 中分佈帶

這一條岩畫分佈帶其實可以認爲是北部東西向分佈帶的南向分岔[③]，其風格特徵、符式表現與沿陰山山脈

1·5

1·6

西進的人面岩畫一脈相承。這是中國人面岩畫中最強有力的分佈帶。雖然全程較短，但符式呈現出勃勃生機，演進的趨勢強悍有力。這些在沿途一帶荒漠深山之中留存下來的無數荒率遒勁的線條或浮雕式人面岩畫，自是表明了有一股雄強勃發的史前文化，溯黃河從北而南傳播了過來。

這條南北向的中部分佈帶，範圍在東經 106°-108° 之間，從內蒙古臨河地區北部的陰山南麓，溯黃河而南下，直達寧夏的賀蘭山最南端，南北距離約 450 公里。

人面岩畫發展到這條分佈帶上，已進入最繁盛成熟的時期。然而傳播不遠卻突然中止，消失得無影無踪。有迹象表明它與仰韶文化發生過接觸，它似乎參與了中原華夏民族文化的史前建構與創造。它所體現出的文化心理"原始模型"，深刻影響了中國幾千年的文化發展。

1·8

1·7
人面岩畫與仰韶文化有過接觸，在彩陶的器形紋飾上有共同性。
1·8
大壩溝是狼山中的百里長溝，分佈有眾多岩畫。

二、文化地理特徵

在北分佈帶範圍，人面岩畫主要出現在內蒙古高原與華北、河套平原的交界處。其最東部的白岔河人面岩畫，被鐫在內蒙古高原向華北平原過渡的河谷地帶。往西大量出現的這類岩畫，都出現在內蒙古高原與河套平原交界處的狼山、陰山南麓峽谷中。

狼山是陰山山脈中部最陡險的一段山體的別稱，故兩山岩畫亦可稱爲陰山岩畫。陰山由東向西逶迤約千餘公里，山體巍峨崢嶸，勢若游龍。其實，它是由蒙古高原向河套平原急劇演化而出現的巨大正斷裂帶，故南北兩側的差異很大，不僅海拔高度不同，氣候不同，表現在史前以來的經濟生產方式和文化類型方面，也有很大區別。陰山北部便是史籍所記的"大漠"地區，體現出的是狩獵與游牧文化；陰山之南，毗臨黃河，史前很早

便已進入農耕爲主的經濟和文化之中。

這種區別，自然也在岩畫上分明地體現了出來。陰山南北麓兩地岩畫在風格、內容、製作技法等方面都有很大差別，尤其顯著的是，陰山中的人面形岩畫，全部分佈在陰山南麓的峽谷石壁上，綿延達數千公里，而陰山北部幾乎無存。這種現象令人深思。

在東分佈帶範圍，人面形岩畫靠海較近。江蘇連雲港錦屏山將軍崖岩畫現離海岸僅幾十公里，據史籍記載，在 300 年前，海水幾乎直達錦屏山的山腳下。閩南華安仙字潭岩畫現離海也在幾十公里之內，古時該地海岸線，如何變動，不得而知了。綜合觀察，東部人面形岩畫與海洋的關係不十分顯著，它們雖近海，但大都處在平原的邊上，或狹長的河谷之地與小型的盆地邊緣。總之，可以肯定地說，遠古之時，它們都處在農業文化的範疇之中。這一點與北線的文化系統相一致。

在中分佈帶範圍，人面岩畫出現在緊鄰黃河的兩岸。屬黃河出甘肅到河套平原拐彎之前的一段河道。但這種符式的岩畫肯定是由北向南，溯黃河之流向南傳播的，與當地仰韶文化順黃河而下的發展方向相反。在東岸，圖像出現在內蒙古烏海市境內的桌子山西麓；在西岸，則處在寧夏賀蘭山東麓。而山勢都與河道走向平行，眾多的人面形岩畫，都鐫在朝向黃河的山谷口兩側石壁上。現在，這一帶地面沙化很嚴重，基本屬半戈壁半沙漠狀態。但古時都是水草豐茂的肥沃之地。近幾十年來，在寧夏這一帶黃河兩岸，發現了數以百計的新石器時期文化遺存。考古發掘表明，這裏很早就進入到了農業文化時期。

綜上所述，中國境內的人面岩畫三大分佈帶，雖相距數千公里，分別出現在高原邊緣、沙漠之中、河谷之地或東部沿海之濱，但它們所在地區的總的文化特徵是相似的，在古時，它們都處在農業、農牧文化的範疇之中，或者是農牧文化與獵牧文化的交界處靠農牧這一

1·10

1·11

1·9
陰山北麓的動物岩畫。幾公海勒斯太。

1·10
人面岩畫都分佈在陰山南麓的峽谷石壁上。

1·11
許多地區的沙化是近現代發生的。陰山山脈之中。

邊。

岩畫遺存地的這種史前文化地理特徵，對當今判明人面岩畫的功能、意義與性質等，必將提供十分有價值的幫助。

三、自然地貌特點

不僅於此，每一人面形岩畫遺址，在其具體存在的小自然地貌環境中，都有幾處共同的必備特徵。在如此廣闊空間範圍的分佈中，在如此不同的地理、地域、地點的存在中，這些人面形岩畫遺存地的自然小環境方面的相同，便同樣變得如此地意味深長、令人深思了。

1. 靠近水源

據觀察，所有人面形岩畫，在古時，都鐫鑿在水源邊。現在絕大部分的人面形岩畫遺址邊，仍有清澈可人的流水或常年不涸的潭水。如將軍崖岩畫，十幾米處的坡下就有一條螞蝗澗，澗水清麗；閩南仙字潭岩畫，崖壁就依水而立，岩畫鐫在壁上，風和日麗時，岩畫會倒映在水中；白岔河岩畫，顧名思義，就在河邊，離河水不過幾步之遙。即使在西北乾旱之地，現已是黃沙滾滾、戈壁漫漫的陰山西部，如格爾敖包溝、默勒赫圖溝等，山色鐵青，幾乎寸草不長，但人面形岩畫之處，總有一股時潛時顯，時伏時出的涓涓細流，長年不絕地流淌。個別幾處已無見流水，如桌子山的苦菜溝、木耳溝，但從山石的顏色來看，能感覺到昔年山水曾是不小。石壁底根處的色澤泛出晰白之光，正是山水沖刷的結果，可以推測，現在每逢雨季，這山峽中還會有山水流淌。

靠近水源，必定是史前人類選擇鐫鑿人面岩畫的一個首要必備條件。狼山大壩溝口有眾多的人面形岩畫，那裏現是乾旱缺水之地，但這條百里之長的峽谷中，水

1·12

1·12
靠近水源，是史前人類選擇鐫鑿人面岩畫點的必要條件。狼山大壩溝。

量卻充沛，1987 年夏季暴雨之後，竟從山裏沖下兩隻駱駝。東升廟岩畫遺址處在一很短的小峽谷中，那裏山水小，平時無流水；但峽谷頭上卻有一個十幾米範圍的石水潭，人面形岩畫就繞半潭而鐫，越是風化嚴重的古老的圖形離水潭越近。

水，對於任何文化類型、任何生產方式的古人來説，都是不可忽缺的，尤其是乾旱地區。但中國境內眾多的岩畫，似乎唯有人面形岩畫，特擇水源處鐫鑿磨刻。同處西北地區的數以萬計的狩獵、動物岩畫，滿山遍野地分佈，看不出對水源的留意。由此可分析出，史前時期這一地帶，如狼山、陰山、賀蘭山並不如現今這般乾旱缺水，“敕勒川，陰山下，風吹草低見牛羊”的情景應是古時的眞實寫照。

人面岩畫擇水源而鐫的原因，應當另有源出。不會是缺水之地，珍水而祭之的原因。否則無法解釋，南方雨水充沛之地，何以仍擇水邊而鐫鑿。

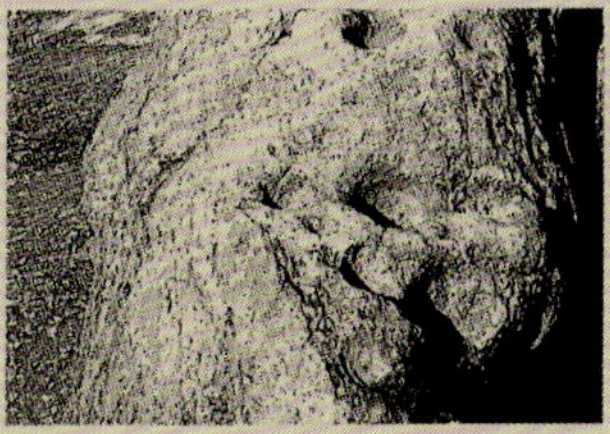

1·13

1·13
岩畫區內的三塊祭祀石，其中一塊佈滿小圓凹。連雲港將軍崖。

2. 面對開闊地或較寬的峽谷

每一處人面岩畫遺存地，都面對着一片平坦、開闊之地。在石縫、裂隙，或小至不能容身的石穴中，都有可能鐫上動物岩畫，但不可能有人面形岩畫存在。人面岩畫除了擇水源外，還擇地望。有理由相信，人面岩畫總伴隨着集體的儀式舞蹈，而且場面不小，因爲它所面對的開闊地有時很大。將軍崖岩畫本身就鐫在一大片平緩的岩石漫坡的中心偏上部位，下部留有數百平方米的光滑平坦岩石面，四周環繞以蒼翠的松柏，坡下是潺潺流淌的山澗，站在坡上能眺望那廣袤無垠的江淮平原。這樣的平坦坡面與居高臨下的地望不會沒有意義。現仍存留在坡面上的三塊巨石，被認爲是遺留下來的社石，史前這裏是一處祭祀之地。

狼山大壩溝的人面岩畫，不僅是對着峽谷的寬闊之地，似乎還對着峽谷對面的那處赭紅色的山坡平壩。可

能那處山石中含有豐富的氧化鐵，與周圍暗青色的山麓，形成鮮明對照。那平壩有幾平方公里之大，表面微有起伏，漫步在壩內，自有一種天高地廣、自我渺小的感覺，相信這種感覺與古人相通。據我在地望中反覆觀察，可推測上古之時，大壩溝峽谷的這一段，不會有像如今這樣的百米寬，它可能只有幾十米，峽谷東西兩邊可以呼應相望。這樣就能解釋峽谷東部石峰上眾多精美的岩畫爲何都朝向西面的平壩，而且就這一段多。往北過了這一段平壩，就不再有岩畫出現。

閩南仙字潭岩畫則是隔着半月形的一潭水，而對着鼉山腳下的一大片平坦開闊的河灘之地。因爲潭水直拍鐫有岩畫的崖下，儀式只能隔水而作。由此岩畫鐫刻的位置較高，最高處離水面約有 20 米，隔潭相望，多數岩畫都歷歷在目。尤其第一組岩畫，呈現出濃烈的舞蹈氣息，可以想像眞正是河灘地上熱烈儀式性場面的眞實寫照。

3. 都處在峽谷口

不僅僅是爲了尋求開闊之地。人面岩畫大都鐫鑿在峽谷之口，一定還另有原因。除了在內蒙古磴口縣以西的陰山西部，在峽谷幾十公里深處有人面形岩畫遺存外，其餘的都在峽谷口或直接面朝外的石壁上。賀蘭山的賀蘭口是條長幾十公里的峽谷，眾多的人面岩畫都處在谷東口（朝對着黃河）的兩邊石壁上，往峽谷裏延伸至多只有一、二公里，就不再有岩畫了。狼山大壩溝岩畫是條長百十公里的貫通性大峽谷，人面岩畫僅在南峽口一、二公里處存在。在峽谷北口的那頭同樣有岩畫，但沒有人面形，只有動物與狩獵形，兩者沒有混淆雜處。北口的動物岩畫往峽谷內延伸達 30 公里，而南口的人面形岩畫只延伸一、二公里。

有理由認爲，人面形岩畫的作者，似不甚習慣於在山地深處生活，他們到山峽來磨刻岩畫，好像僅是一種

1·14

1·15

1·16

1·14
岩畫面對着的赭紅色山坡平壩。從雨季水勢浩大推測，史前此山谷不會有這麼寬。狼山大壩溝。

1·15
賀蘭山谷，岩畫就鐫在溝口一、二公里的石壁上。

1·16
賀蘭山谷口外是一片平原，再遠便是黃河。

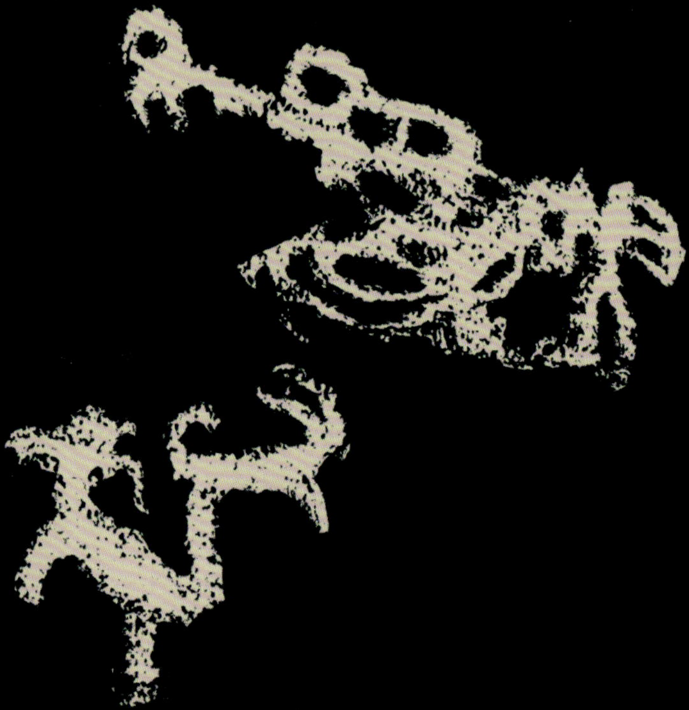

1·17

1·18

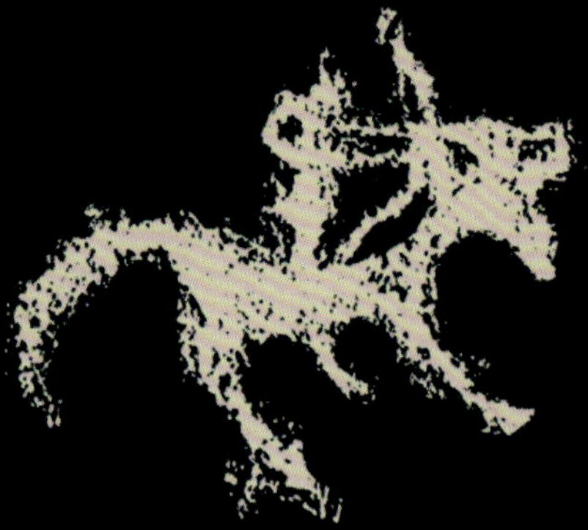

宗教儀式方面的要求。不像狩獵部落，逐獸而行，一直到崇山峻嶺深處，並在那兒生活，留下動物岩畫。在桌子山苕蕘溝、木耳溝、苦菜溝中，人面形岩畫的縱深分佈度更加有限，都僅僅分佈在峽谷口裏的幾百米處，再往裏便什麼也沒有了。似乎這是一個由山地遷往平原，並過慣了平原生活的種族所爲，只不過他的意識形態方式與宗教習俗仍與山谷之地保持着某種因素聯繫，他們選擇一些合適的山谷口地點，鐫鑿岩畫，磨刻神祇像，但他們亦僅此而已，不往深山裏去，也不常住在山裏，只是定期來這裏舉行儀式。

這樣的假設與大部分的人面形岩畫遺存地狀況相符合，但也有一部分仍不能以此説法來解釋。在磴口縣以西的陰山西段中，有幾處人面形岩畫較密集的遺址，都不是分佈在溝口，如格爾敖包溝、默勒赫圖溝、烏斯台溝的人面形岩畫。這幾條都是貫通陰山南北的大山溝，長度約三、四十公里，除了格爾敖包溝和默勒赫圖溝的人面形岩畫處在山溝的中段部位外，還有兩處同類岩畫處在更北面一些，這與其他地區的人面岩畫相比，已處在山峽的相當縱深部位。但都在陰山的分水嶺南側。

另有一奇特現象是，這三條大峽谷北口，或北偏三分之一部位處，仍存有大量的幾乎無法計清的動物與狩獵岩畫。但是能明顯地看出，這種岩畫與人面形岩畫沒有相混淆。在托林溝中，這兩種岩畫相距還很近，但仍然沒有相混雜。

即使人面形岩畫深入到陰山的腹地，仍保持着陰山南麓岩畫的特徵，與陰山北麓獵牧部落的岩畫還是涇渭分明。

當人面形岩畫再由此往西，越過浩翰的騰格里沙漠，到達另一個沙漠之海、巴丹吉林沙漠時，它又只在峽谷口出現，而不往深山裏去，而且同樣擇水源近傍而鐫。

1 · 17, 1 · 18
陰山北麓動物、狩獵岩畫，數量眾多。

1 · 19

4. 鐫在永久性的基石上

通常説岩畫都鐫在深山溝壑中，但實地考察還是能發現各種不同風格、內容、技法的岩畫，對於岩石的需要是不同的。有的隨處都鑿，有的專在山頂上出現，有的挑壁立的石面，也有的專選擇可搬動的帶平面的岩石塊，還有的只在河灘邊的大卵石上刻畫。在巴丹吉林沙漠的曼德拉山中，越精雕細鑿精美無比的岩畫，越是在那些可搬動的孤立的石塊上。至少有五、六塊屬世界最精美岩畫一類的，是可以搬得動的；其中有的一人就能搬動。烏蘭察布草原岩畫也是如此，都鑿在小石塊上，我曾在當地牧民已集堆待運去作建築材料的石堆中，揀出了不少鑿有岩畫的石塊。

但人面形岩畫不存在這個問題。它對岩畫的選擇要求很高，在長達四千公里分佈帶上的人面岩畫，基本都鐫刻在具有永久性意義的山壁基岩上。只有賀蘭山口有兩處是磨刻在孤立的岩石上，而那岩石有四、五米直徑，重達幾十噸，也是不能移動之巨石岩。賀蘭口外沖刷出的沙石土中有一處露出1米多的輝綠岩，上鐫有精美的人面與同心圓圖像。沒經過挖掘，不知其是否根植在基石中，據推測，有可能是山石坍落，被瀉谷之水沖到峽谷口處的沙石中。

另外，在內蒙古東部白岔河有一塊孤立的、可搬動的人面形岩畫石，它就在一堵面對白岔河的懸崖峭壁腳下，可以肯定是石壁上崩落下來的。

其餘的人面形岩畫除了選擇永久性的基岩外，還另有些規律：

A. 總是從基部開始鐫鑿，一般都離地平面二、三米左右開始有畫。有的就到此高度爲止，有的還延展到整座山峰的迎面石壁，高可達幾十米，乃至百十米。但不存在幾十米高處有人面形岩畫，而基部沒有的例子。

B. 總是在正面鐫鑿，山壁的石縫間、背陰處或山峰的頂平面上很少有人面形岩畫，似乎是遵循着要讓山

1·20

1·21

1·19
人面岩畫都鐫在山體的基岩上。賀蘭山。
1·20, 1·21
巴丹吉林沙漠曼德拉山岩畫大都鐫在可搬動的石塊上。

峰下或峽谷中的人能看清的原則，而選擇石面。但動物形岩畫則石縫間和背陰也都會出現。

C. 都在垂直壁立的石面上。如果該處石平面大，延展寬，且氣象雄偉，岩畫就鐫刻得多，製作得精美。也有的是在坡度平緩，延展面又很大的山坡盤岩之上，人直接能步入岩畫之中。在這種情況下，那盤岩面一定很大，足夠可以舉行某種集體性的儀式。

D. 多選擇石質堅硬的花崗岩、玢岩，或色澤美麗的輝綠岩，赭色的火成岩。而不在一種石質較粗糙、硬度又不高的沙礫岩上出現。但中國北方的動物形岩畫與狩獵岩畫，則在任何石面上都有出現的可能。如狼山炭窑口就有一座土紅色的砂岩山峰，石質硬度只在四度左右，已被風蝕得千瘡百孔，上面仍有大幅的動物岩畫，刻出的野牛幾乎同眞牛一樣大。

1·22

1·22
烏蘭察布草原岩畫也多鐫在風化了的小塊石上。

註：
① 據悉在克什克騰旗更東面 200 餘公里的阿魯科爾沁旗，最近也發現有人面岩畫。只是還來不及作實地考察，也無正式發表的考古報告以據，故僅在此作一提示。
② 據多方函告，東分佈帶上至少有可能增加七個人面岩畫的分佈點，由於與以上同樣的原因，只能暫錄於註中，以備日後考察。
③ 此分佈帶發展到此地是否亦北向分岔，不得而知，因朝北地域屬蒙古人民共和國境內。

第二章

圖像特徵與類型

2·1

2·2

中國人面岩畫千姿百態，怪誕奇異，可以説是中國岩畫中圖像變化最多端的一種符式。似乎古人就是要在人面形岩畫的表現中，顯現出他們的一種獨特的創造或構形能力。因此，局部地看，有時同一岩畫上出現的幾十個人面形圖像，竟會沒有一個相同的。在人面形岩畫創作最繁盛的地帶，有時一個山溝中的圖像，幾乎都不相同。如內蒙古桌子山木耳溝、苦菜溝就是如此。

從世界岩畫範圍來看，顯然中國沒有純度很高的寫實性岩畫，尤其少見歐洲洞穴岩畫中所呈現出的那種栩栩如生的風格。但這又不能一概而論，在具體分析各種類型岩畫中，還應作出不同的界定。相對地説，中國動物形岩畫，寫實性要略高些，尤其是青海高原的野牛岩畫，烏蘭察布草原上的馬岩畫，河西走廊戈壁灘上的駱駝岩畫，這些基本還是寫實性的；那些表現狩獵圍獵場面的，寫實性則要差些，動物都不表現具體的細部；南方如廣西左江一帶的巫祝儀式性場面岩畫，則更離寫實遠一些，人物圖像表現都帶有程式化。

相比較，人面形岩畫在中國岩畫的諸種符式系統中，最不具有寫實性。換言之，則最具有抽象性。相信只要看過人面形岩畫的，都能同意這一結論。因而也可以説中國人面形岩畫體現出了古人的最大想像能力。比

2·1
歐洲洞穴岩畫，呈現寫實性風格。歐洲史後藝術中的寫實風格，也許與此不無關係。

2·2
中國岩畫中的牛，寫實中有抽象，以線條勾勒。中國史後崇尚線藝術（國畫、書法都以線勾勒爲主），也許源出於岩畫。賀蘭山回回口。

2·3

之於這類符式的摹本——人臉，同其他岩畫符式與其摹本相比較，人面形岩畫的抽象和變幻幅度是極大的。

然而，統觀全體岩畫又不得不承認，中國的人面形岩畫，又是最具有規範特性的，它變幻無窮，卻又萬變不離其宗，數以千百計地散佈在相距三、四千公里的範圍內，卻嚴格地遵循着其內在的規定性，這不能不説是一種極壯觀的史前奇迹。這只能用同一的文化或文化的同一性才能予以合理的解釋。

巨匠是在嚴格的規範中體現。在遵循人面形岩畫同一性爲前提的構形上的千姿百態，確亦體現出了史前人類的非凡的想像與創造能力。

2·4

2·3
人面岩畫變幻最爲奇詭，體現了史前人類的最大想像力。桌子山木耳溝。

2·4
人面岩畫的基本特徵是只表現一個人臉。陰山格爾敖包溝。

一、人面岩畫的統一特徵

在岩畫符式上體現出的統一特徵是極顯見的，那就是僅畫人面，無身、無手、無足，以及無耳、無脖，只表現出一個孤立的臉廓。有的臉廓都不具備，只鐫有眼、鼻、嘴。甚至只有雙目，而無其他。但極大多數是有臉廓的人面形圖像。在桌子山的一處岩畫遺存地，人面岩畫下還有兩條斜線似表示雙腿。這種人面形岩畫，僅此地一處有。賀蘭山有一些帶有胸脯的人面岩畫，但數量很少，且都是最晚期作品。

從各處岩畫遺址石壁上的鐫鑿看，這類人面圖像具有一種獨立性，也就是説，它不依於身體的其他部位而獨立存在。相應地，必定在最初的觀念上有一個對人臉或人首獨立性的認定。但什麼時候，人將崇拜着的人首與其人身分離出來對待的呢？這是一個頗爲複雜的問題。

現在的人當然知道人首的重要性，並在作法上將其視爲該人的最有代表性的部分，如作半身肖像畫、半身免冠照、半身塑像。但現代人從來是將人身與人首聯繫起來對待的，這與其説是一種習俗，不如説是人類文化

倫理的結果。

因爲在史後的文化中，單獨的人首，總是同一種與死亡相關聯的行爲有關，即斬首。它意味着戰爭中被殺，俘虜後處決或獲罪後受刑。不僅是死亡，在文化上還蒙罩着一種受辱的色彩，因此在這樣的歷史時期中，人首、人臉不可能有一種受尊崇的獨立性內涵存在，不會在宗教文化上作爲至上觀念的形象性體現。

然而在縱橫幾千公里的地域中，都留有人面（首）崇拜的遺迹——人面岩畫，又不能不認爲是一種同一而又普遍的文化觀念所至。在文化人類學的調查中，個別地區與現世通行準則相違背的習俗，也時被發現；但若説在如此廣的地域中都存有違背現實準則的習俗，那肯定不可能。

合理的解釋應是，這種人面崇拜的文化，在時代上先於人類斬首行爲的出現。由此，在當初的觀念中，人們並不把人面（首）與斬首死亡相聯繫，也不體現爲受辱。這樣的假設無論在推測上或考古上都能獲得證實。江蘇銅山丘灣發現的商代社祀遺址周圍所殺之人，大多數是被石塊砸破頭顱而死的。由此可以想見，在青銅刀出現之前，殺人的方式並不是斬首砍頭。只在這樣的時期，文化觀念中才不會把人面（人首）與斬首死亡相聯繫。然而，這裏需要強調的是，在如此早的史前時期，在如此大的地域中，出現這樣統一的符式觀念與岩畫製作規範，不能不讓人推測到，在當時的文化、經濟，乃至種族等方面，這個地域中已經有着相應的同一性基礎。

在遙遠的史前時代，這無論如何是一個令人驚訝無比的事實。

2·5

2·5
河南安陽侯家莊商代後期甲種大型墓中被砍頭的殉葬奴隸肢體。

二、人面岩畫的基本分類

由於人面岩畫眾多，以及圖像變幻無窮，只能大至歸類，基本可分爲如下幾種：

1. 類圓形人面岩畫

圓形是人面形岩畫中最大量、最普泛的一種構圖方式，將軍崖、陰山、狼山、賀蘭山等處都有。原因不僅在於人臉是圓的，在史前時期，人類在生活中不一定能非常明確與直接地意識到這一點，在頭髮不加梳理修剪的蓬頭垢面時期，感覺中的人臉不一定是圓的。因此人面形岩畫中體現出的對純圓的深刻認識，必定還有另外的源泉。在文化與宗教上對太陽的尊崇必定是一個重要的方面，由此才形成對神聖圓的深刻認同。當需要用來表現人祖神的神聖時，便借用了這種單純的圓的形式來體現。而如果當初是比照着酋長的人頭鑿刻岩畫，構成人首形式的重要方面的髮飾，不會不進入岩畫之中的。而實際上頭髮的形式——無論是披髮、斷髮、椎髮等，基本上沒有在人面形岩畫中獲得展示。只有極少一部分，似有髮飾痕迹，但有的實際上又可歸入冠飾一類中去，而且年代上要晚。

有足夠理由認爲，單純圓形的人面岩畫是最早出現的一種。並不是説史前的岩畫製作者對人的頭髮的存在視若罔聞，而應認爲他們對這種圖形的理解與認同是源於高懸昊天的太陽。太陽對史前人類的意義，對人所依存的食物、光明、溫暖的源泉般的關係，使得遠古人們有可能由對太陽的崇拜進而對圓的形式形成一種特殊認識。許多方面都能證實，新石器時代文化中確存有對圓特殊愛好的習俗，如中國西北馬家窑文化彩陶中的四大圓圈紋飾，江南良渚文化中精美的玉璧、玉環、玉鐲，岩畫中還有眾多的非常規範的同心圓存在，等等。

但是，畢竟是用極簡陋的石製工具，在堅硬石壁上磨鐫岩畫，儘管崇聖圓形，但亦未必畫得很圓。故僅小部分的人面，畫得呈標準正圓形，大多都不標準，呈現出橢圓形、上圓下直形、猴面形，以及骷髏形等狀態。實地考察，不否認當初可能有一種區別在其中，故意以圓的不同方式來體現差別。但相當多的部分，可能僅是操

2·7

2·8

2·6
類圓形人面是人面岩畫中最普泛的一種符式。將軍崖。

2·7
類圓形人面通常不表現頭髮。陰山格爾敖包溝。

2·8
類圓形人面的圓大多數鐫刻得不標準。賀蘭山賀蘭口。

2·9

作上的問題。實際上正因爲畫得不圓，古樸稚拙，才是史前人類所爲。

由此，將這類岩畫歸爲類圓形人面岩畫，較爲妥當。其最大特徵是簡潔明瞭，僅以一個類圓形的圖像概括一切，其內再畫有眼、鼻、嘴。早期的類圓形比較標準，人面神情也慈祥和藹；中期變化比較大，心形、猴面形、骷髏形都出現；晚期該類岩畫幻形更大，顯出怪誕，尤其是呈現猙獰恐怖之狀態，在賀蘭山峽谷中南側陰暗石壁上出現的正是這類圖像，但最後又歸於單一。

2. 太陽形人面岩畫

太陽是中國岩畫常出現的固有的圖像。這裏所説的是體現爲太陽形的人面岩畫。在實地考察中觀察到，最初期的人面岩畫址中，有完整而又純粹的太陽，但無太陽形人面岩畫，這是兩個各自獨立，卻又同處一畫面中的符式；而後在各個岩畫遺址點中，逐漸演化出了太陽形人面岩畫。演化的過程又有迹可尋，起初是隱喻式的，從人面的圖案中暗示出與太陽之間的密切關係；而後太陽與人面岩畫完全重合，出現太陽形人面岩畫，尤如現代兒童所畫太陽公公圖像；再後太陽人面的圖像開始出現變異，演變的一個方向是呈現出抽象，體現太陽光芒的芒刺線不再均勻地佈滿圓形人面的周沿，越來越簡略，最後只在上部象徵性地留下數根。演變的另一個方向，則是太陽芒刺愈加繁密，並且拉長彎曲，而後形成了一種特殊的冠飾，這自是另一類人面岩畫了。

太陽形人面岩畫實爲中國人面岩畫中一大系統的符式。其製作之精，刻劃之繁，神聖之至，堪稱一流。在相當深刻程度上，爲中國人面形岩畫形成原因的揭示，提供着有價値的啓示。

3. 方形人面岩畫

這類人面岩畫的特徵是變圓形爲方形，尤以長方形

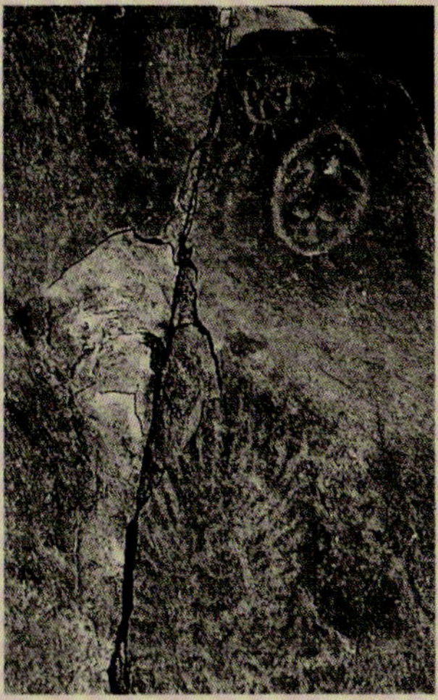
2·10

2·9
太陽形人面岩畫的特徵是人面外飾有太陽光芒。桌子山苕蕘溝。
2·10
中國人面岩畫中，有一個非常清晰的人面與太陽逐漸合一的演化過程。賀蘭山賀蘭口。

爲多。最初連雲港將軍崖出現過一幅這類圖像，其磨刻技法、線條、風格與同一幅畫面中圓形人面像一致，只不過其是方形。在方形內等距呈倒三角地排列三個圓圈，上兩個圓成一排，中間磨凹爲圓心，可肯定是一雙眼睛，下圓爲嘴。其方形的上方一條邊線上，畫有六條短豎線，似是頭髮，似是羽翎，又似是太陽光的芒刺。方形人面岩畫，看不出發展軌迹。只是到了陰山西部的默勒赫圖溝時，突然間地多了起來，那整整一堵幾十米高的赫然石壁上，都鐫有此類圖像，而且非常大，長方形人面長約 1 米多，寬亦在 40 厘米。方形之內鐫有眼、鼻與有規則的紋線，方形上方同樣刻有七條垂直的短線。這樣看來，陰山西部出現的方形人面應與連雲港將軍崖的同類岩畫有內在的聯繫。

至此，方形人面岩畫這一符式獲得了較強生命力。可以明顯地看出它往兩個方向發展，一是沿着陰山山脈南麓繼續往西。在托林溝，烏斯台溝、額勒斯台溝等地都出現方形人面岩畫，只是愈趨簡化，少加有黥面紋線或沒有這種紋線，頭上的芒刺線也由六、七根，減爲一根，置正中或位於一側呈斜線。眼、鼻、嘴不再以圓體現。用雙連弧線作眼，三角作鼻，扁方形作口，或更加簡單。這一方形人面岩畫符式不知從何處獲得一種健旺強悍的生命力，竟然越過浩瀚如海的騰格里沙漠，一直到達巴丹吉林沙漠的東側和北部邊緣。

另一發展方向，則是沿黃河南下，在桌子山的苕燒溝岩畫中出現。不過，這方形人面已大大地變形，在一個大的長方框內畫有四個光芒四射的太陽。不知是喻作四個眼睛還是另有別的用意，也許對應了上古之時主持儺祭的巫師“方相氏黃金四目”的裝扮。賀蘭山也有少量的方形人面岩畫。

據此，方形人面岩畫有四種較爲典型的圖式。

A. 連雲港將軍崖方形人面岩畫，呈正方形以三圓爲眼、嘴，上豎芒線。雖僅一幅，但圖形最爲古樸，似

2·11

2·12

2·11
方形人面則是以人面的外輪廓線爲類方形，並以此爲變化的基礎。連雲港將軍崖。
2·12
方形人面的符式具有極強的生命力，延傳數千公里仍生機勃勃。賀蘭山賀蘭口。

2·13
方形人面系列
(1) 將軍崖
(2) 必金河
(3) 東地里哈日
(4) 大壩溝
(5) 格爾敖包溝
(6) 默勒赫圖溝
(7A) 默勒赫圖溝西
(8A) 默勒赫圖溝西
(9A) 榆樹溝口
(10A) 托林溝東山
(11A) 托林溝東半山腰
(12A) 額勒斯台溝
(13A) 額勒斯台溝
(14A) 巴丹吉林沙漠筆棋溝
(7B) 苕燒溝
(8B) 苕燒溝
(9B) 賀蘭口

（6）

（5）

（4）

（3）

（2）

（1）

（7B）

（8B）

（9B）

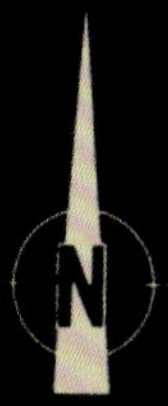

2 · 15

是最初出現的此類圖形。

B. 陰山默勒赫圖溝黥面巨長方形人面岩畫，此圖像在一堵被稱爲聖像的巨大壁面上，密密地鐫有許多，只是石面嚴重風蝕，大多數漫漶不清。

C. 陰山托林溝以西，至巴丹吉林沙漠中的簡略形長方形人面。黥面紋消失以雙弧或簡筆形作雙目，芒刺減少或消失。此類圖像分佈較廣，東西約近千公里，數量眾多。

D. 桌子山巨長方形人面。巨長方形中有四個太陽，又可作四個眼睛理解，其人面形的含意應是具備的，因爲該地共有此類大的長方形圖像七個，內在圖案不盡一致，有幾幅漫漶不辨；但小的方形人面則略多些，其內涵確定無疑是人面，能明顯看出自陰山傳播過來的痕迹。

4. 無輪廓形人面岩畫

此類岩畫的特徵是眼、鼻、口均有，惟無外輪廓線，最初在將軍崖岩畫中出現，係用磨刻法製出，圖像有點怪誕，而眼眉心上方有一個長橢圓形，其中有一點或一豎，圓的下方連着鼻梁。有的學者將其稱爲獸面。其實只要系統考察中國岩畫中這類無輪廓形圖像，就能認識到，仍應屬人面岩畫的一種。因爲中國動物岩畫中出現的各種類型的獸，全部是完整的形體，並無此類獸面，説明史前人類對動物的理解是整體性的。而那些無輪廓形人面岩畫，卻出現在沒有動物圖形的、純人面形岩畫的遺址中。在將軍崖眾多的人面形岩畫區外的另外一小區外，出現了幾個無輪廓形人面圖像，其中亦有類圓形的人面圖，兩者在結構上的同一性不容置疑，因此將其斷爲獸面是沒有理由的。

將軍崖的這類無輪廓形人面岩畫共有三類，第二類更加抽象，只有三個磨凹了的小圓點，喻作雙目與嘴。這類小圓點人面圖像，在這處岩畫遺址中特別地多，除

2·14

2·16

2·14
無輪廓形人面的特徵是有五官而無臉廓線，如圖中左右兩個符式。連雲港將軍崖。

2·15
僅有雙目雙眉或以三個小圓凹作雙目與嘴的，也是無輪廓形人面。連雲港將軍崖。

2·16
陰山格爾敖包溝的無輪廓形人面發展得極其輝煌。

2·17

了在一小區內較集中出現外，在另一類圓形人面岩畫區中也夾雜有許多。但圓點有的不止三個成一組，有四個五個，乃至更多成一組出現，不似人面像，故而三點成一組出現的是否屬人面也存有疑竇。

就磨凹了的圓點而言，在諸多的人面形岩畫遺址處都有出現。大都與太陽相伴，可理解爲星宿之類。但構成眼嘴狀成一組佈置的圓點，僅將軍崖一處有，而且該處不少其他的圓點同樣應理解爲與太陽相伴的星宿，甚至有一條同心圓與圓凹點密匝分佈的星系帶。因此“∵”小圓凹，是否看作抽象了的人面，確有可疑處。

但若將人面岩畫也理解爲與太陽同樣懸於天空的，如星辰般照耀人間的神，那麼將圓形人面幻化成三顆星宿狀，似也講得通。只是此形僅一處獨有，不必多論。

第三類此種圖像，是僅有弧形雙眉和圓形雙目，我最初曾將其斷爲鴞面的抽象圖，源於其與陝西華縣柳子鎮出土的陶梟器蓋的抽象圖極相似，但最終還是否定了此說。不過，此類圖形可以肯定，最初具有伴生性特徵，不列入爲人面岩畫的正宗地位，而且確乎有一種飛翔之鳥的意味，但此式經過一個長距離的演化之後，在陰山山脈西部的格爾敖包溝獲得空前的發展，突出地成爲一種主式符號。那裏有幾座山峰，遍山都鐫有這類圖像。雖略有變化，但基本結構仍然如此，可見此是一內在規範極強之符式，任憑傳播數千公里，基本構架無變，只是雙弧形雙眉，略有變化，成了在雙眼之間加三撇的目心眉。到此時，其內在性質涵意，尚有待研究認定。但一點可以肯定，它是一種類形的人面。

無輪廓形人面岩畫除了在北方出現外，在閩南等地也有發現，證明其確是一個有意味的符式。

5. 冠飾形人面岩畫

這是晚期人面形岩畫的特徵，觀念是高懸於昊空之中的神祇又復歸人格特性的結果之一。有趣的是最早期

2·18

2·19

2·17
仰韶文化的陶鴞形器。1959 年陝西華縣柳子鎮出土。

2·18
殷青銅斝上的鴞面紋飾。

2·19
無輪廓形人面同樣是一個內在規範極強的符式，傳延數千公里。陰山格爾敖包溝。

2·22

的人面形岩畫，儘管已有神祗的尊嚴，但仍有較強的世俗化特徵，因此人面頭上也有裝飾性的線條，但那不是冠飾，頂多是一些髮罩之類的抽象性表現。而且只在將軍崖岩畫中出現，以後就不見了。

有迹可尋的冠飾演變，是從太陽形人面岩畫的晚期開始的。人面岩畫的太陽光芒後來越愈不規則，尤其是在人面頂部隆起，呈高帽狀，這在桌子山苕燒溝獲得最大體現，但此時尚不能全稱之爲冠飾；直至高帽狀外的太陽光芒完全脱盡，只餘下正中的一根，或芒刺全集中到正中一根的兩側，這時，冠飾才非常清楚；再演變，則正中的一根芒線也不見了，僅留下一頂三角形的冠帽。然後，冠帽上又出現多種演化，千奇百怪的樣式都被幻想出來。桌子山木耳溝、苦菜溝與賀蘭山口南側的人面岩畫中，多有這種帶冠飾的圖像。到這時，創作者的想像力尚未消失，因此同一畫區的冠帽的各個樣式，都不盡相同的。

演變到賀蘭山北側岩壁上岩畫的階段，人面岩畫已進入尾聲，創作者的思想開始固滯，圖像明顯地見出程式化傾向。表現在冠飾上則越來越趨雷同，眾多的人面岩畫最後只畫一二種固定的冠飾。人面岩畫已經失卻史前的那種荒率蒼勁、拙樸奇麗的內在生機。表示着遠古人們概括世界、表達意願的這種符號方式，已從當時社會意識形態的最高峰遭降了下來，至終消融在當地的一種特殊民俗之中。

2·20

2·21

2·20
太陽形人面晚期演化出冠飾形人面的一種。桌子山苕燒溝。

2·21
另一形態的冠飾性人面。桌子山苕燒溝。

2·22
晚期人面岩畫中，冠飾性人面較多。賀蘭山賀蘭口。

第三章

製作技法與
伴生符號

3·1

3·2

一、製作技法

中國岩畫中的製作技法是眾多的，而且與地域形成獨特關係。中國岩畫按大類來分析可劃爲三個區域。

北中國岩畫。主要是以磨鑿的技法，即用硬器（石器或金屬工具）在裸露的石壁上，磨鑿出所表現物體的圖形。到目前爲止，只發現有兩處岩畫是用紅色顏料繪製：內蒙古白岔河的野豬崇拜儀式圖與山西吉縣的舞蹈圖。數量極少，只有幾幅。而這一區域以磨鑿技法製出的岩畫，則在數萬幅以上。北中國岩畫製作技法的特徵，相對來說是比較統一的。

南中國岩畫。指以長江爲界的南方岩畫。其技法主要採用有色顏料繪製圖像。顏料多用紅色，據分析是赤鐵礦等天然顏料拌人或動物血，也有拌清樹脂調和而成。故黏附力極強，繪在山崖石壁或岩穴中歷二、三千年而色澤不變。極少部分也發現有用白色作顏料的。但南中國的靠海省份與地區，發現的則是磨鑿岩畫，如福建閩南、廣東珠海、香港、台灣等地。可以認定是北方岩畫系統南傳的結果。

令人深思的是南中國岩畫系統中的這兩種製作技法，涇渭分明，不見混淆。在沿海地區不見彩繪式，在

3·1
北中國岩畫的作畫技法，主要是用硬器在石壁上磨刻出圖像。賀蘭山賀蘭口。
3·2
南中國岩畫，則以紅色顏料在石面上塗繪出圖像。貴州長順。

3·3

3·4

3·5

西部地區則無有磨鑿式，中間無過渡帶，卻有一片空白區域。

當然，在南中國岩畫中，彩繪製出的數量要十數倍地大於磨鑿製出的。故其主要的岩畫製作技法應指稱爲彩繪。

西中國岩畫。其區域範圍在中國大西北地區，包括甘肅、青海、西藏、新疆等地。此區域中岩畫的製作技法較爲多樣，有磨鑿式，有彩繪式，亦有磨鑿後彩繪的製作方式。如在新疆呼圖壁的生殖崇拜岩畫中，在石壁上鐫鑿磨凹出二、三米高的巨大人形後再填以紅色或白色；在新疆阿爾泰地區的阿克塔洞穴岩畫中，以線刻的方式鑿出牛和大尾羊的輪廓槽線，然後填以紅色。此種技法，不僅醒目，留存時間也長久。在風格技法上看，似乎與歐洲舊石器時代的洞穴彩繪岩畫有相似之處。

就目前的發現而言，中國人面形岩畫主要分佈地域都處在北中國岩畫的製作系統之中。一部分在南中國區域內。

西中國岩畫區域無發現人面形岩畫。青海、甘肅、新疆等地發現了數量眾多的動物與狩獵岩畫，新疆岩畫的動物符式與北中國岩畫中的動物符式有許多相似之處。但西部那幾個省份中均無人面形岩畫出現。①可見只出現過單向傳播。即中亞的動物岩畫傳向東亞，而東亞的人面岩畫無傳入中亞。

另外，南中國岩畫中，只有沿海地區的福建閩南與台灣島上發現有兩處人面形岩畫。如前所述，這兩地雖在南方，但仍屬北中國岩畫製作範式的傳播區域內；而在長江以南的西部諸省如貴州、廣西、雲南、四川等地，雖有眾多的其他岩畫，卻無一幅人面岩畫。

由此可見，中國人面岩畫分佈區域雖然很廣大，但比較有規律，其製作技法總體上較一致。若細究起來，人面岩畫的製法也可分作若干式，這對人面岩畫本身的代斷、傳播、演變等過程的研究，也很有意義。

3·6

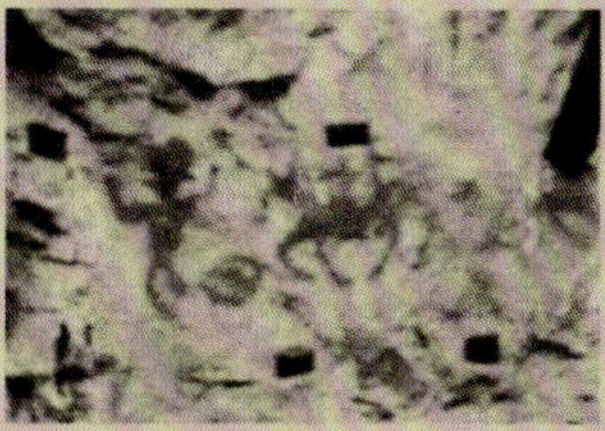

3·7

3·3
西中國岩畫多是動物和狩獵岩畫。新疆木壘。

3·4
沙漠中的動物岩畫栩栩如生，藝術品級很高。巴丹吉林沙漠曼德拉山。

3·5
圖案性極強的岩畫，具有濃郁的西亞風格。巴丹吉林沙漠曼德拉山。

3·6
川南的懸棺。奇妙在於高達近百米的懸棺旁石壁上，有的還繪有岩畫。四川珙縣。

3·7
懸棺岩畫，棺木已爛盡，岩畫仍在。四川珙縣。

1. 磨刻法

又稱輪廓磨刻法。其製作特點是用堅硬而又耐磨的礪石，在石壁上按預先設定好的圖像，長時間地磨刻，以線條的方式，將平整的岩壁面磨出一些凹槽，以顯出要表現圖形的輪廓。據觀察，這應是人面岩畫製作的最古老的技法。最初是不加敲鑿，完全磨刻而成，故線條平整光滑，刻線的剖面呈“U”。而且該類圖像對光線往往有獨特的設定，當陽光背面或正面照射時，圖像會隱匿不見；只有陽光在特定角度斜射時，圖像才全部清晰呈現。在光潔黝黑的岩面返射出陽光的特定效果下，有一瞬間，那磨刻在高處的人面岩畫，仿佛都飄浮在幻晃不定的光的空間。

也許古人就是追求這種效果，原始宗教似特別着意於這類帶有神秘特點的現象，説不定就在這種時刻舉行儀式。由此，至今在完全背陰處，無見有人面岩畫鐫刻。

磨刻法製出的圖像，是以線條的方式，顯出圖像的輪廓，故對線條本身特別講究，往往一幅圖像中，線條寬狹勻稱一致，深淺相當，剛柔互濟。這是東方中國線藝術的最原初的起始。當然這種“硬筆”畫的難度是很大的，線條的精當，體現出原始初民製作時的嚴謹執着態度，同時也顯出精神的拘謹與對崇聖之物的激情共存於一體。磨刻法不是岩畫製作中難度最大的。這很可以理解，當人面岩畫雖已在觀念上開始神聖，但並非達到至聖地位時，作畫者不會採用一種最費工時、作業量最爲巨大的方式。

因此，輪廓磨刻法製出的人面岩畫，最初往往既有神格性，又有世俗性，顯得和藹可親又可敬。作畫的技法與內容風格相吻合。再結合其他的觀察，可以證實，這種技法最早出現。以這種技法製作的圖像是最早期的，如連雲港將軍崖的岩畫和白岔河的一部分人面岩畫。作爲簡便易行的技法，在以後各期的技法中它也時常出現。

3·8

3·9

3·8
以輪廓磨刻法製出的岩畫。連雲港將軍崖。

3·9
用石器磨刻出線條而構成圖像。閩南仙字潭。

2. 磨礪法

與磨刻法使用的工具相同，不同之處在於並非僅以線條的方式顯出圖像之輪廓，而是通過磨礪，以岩石塊面凹凸的方式，來表現人面圖像。往往一個圖像中，有內容的部位深深地大面積地磨凹進去，如雙眼、鼻、嘴、或人面像周沿的光瓣芒刺；而無內容的部分，卻留置不動，相應地便高高凸起。圖像呈現出陰浮雕特徵。

此技法與歐洲舊石器時代出現的浮雕岩刻正相反，如法國勞塞爾岩窟中的“持角維納斯”圖形，其製作技法是將無內容的岩面敲鑿或磨礪掉，將有內容的裸體女像，及軀體中的各個部分，包括乳、腹、手、腿等都凸現出來。此種技法稱爲浮雕法（又稱陽浮雕法），歐洲不少岩畫是用此法製出，在古羅馬和文藝復興等古典風格的裝飾性雕刻藝術中，更是大量使用此法。

中國岩畫中不僅人面岩畫系統不見此浮雕法（陽浮雕法），就是更眾多的動物、狩獵等符式的岩畫中，亦無見此法。卻只有將有內容的部位通體磨凹進去的陰浮雕作法，如新疆呼圖壁生殖崇拜岩畫中，人體圖像大者達二、三米高，整幅岩壁人形多達數百個，全都一律通體磨凹進去，其工作量實比凸起的浮雕大無數，卻仍以此法而爲。只能說明，以岩畫作爲概括世界、表達意願的符式方法，東方的中國早在原始初期就有定式。其中見出的精神信仰力量更大。

與輪廓磨刻法相比較，兩者在出現的年代上是有先後的。前者見出精神的拘謹與對神靈的激情共存，製出圖像既有神格性，又有世俗性。而磨礪法製出的圖像則僅現其至聖性，完全的神格而不見世俗性。表明在史前初民的觀念中，人面形岩畫已形成了它的最高等級的受崇地位，它高如天神，煌如昊陽，製作者們由此而注進了最巨大的精神與肉體力量，不惜時間與功本地在堅硬的岩面上，通體磨礪出圖像。故以此技法製成的，大多爲太陽與人面合一的太陽形人面，太陽的光瓣被磨凹得

3·10

3·10
以磨礪法製成的岩畫，呈陰浮雕效果。狼山大壩溝。

3·11
以磨礪法製成的女性左手。賀蘭山賀蘭口。

3 · 13

如向日葵的花瓣，肥碩寬大，均勻規則地分佈在人面周沿。內蒙古狼山大壩溝，默勒赫圖溝等地都有這類圖像。

由於已處在至聖的地位，當初作畫時的拘謹態度與一定程度體現爲寫實性的世俗風格，全都捨棄。對神靈頂禮膜拜而產生的想像力被大幅度地抉發出來，圖像亦越愈脱離塵世，變得更加幻化離奇、千姿百態。而愈是這類圖像，便愈是採用了陰浮雕式的磨礪法。

由此可以認定，此類技法要晚於輪廓磨刻法，而成爲第二階段的岩畫製作技法。必須説明的是在某些岩畫遺址中，此類技法與磨刻法相比差別不一定很顯著，這就要參照其他因素來認定作畫技法和作畫年代。

3. 鑿磨法

此技法運用了兩種手段來完成圖像製作。先是用堅硬的鋭器，在岩壁上大致地鑿出圖像，此鋭器有可能是石英石、蛋白石等硬度很高的石器，也有可能是金屬器具。據我的觀察，石器工具的可能性是不能排除的。我在內蒙古巴盟地區的文管所見到眾多的粗矮短尖的石鑿，其長都在 4 到 5 厘米，直徑 1 到 1.5 厘米；一端平，另一端剝製出鋭利的石尖。

若將石尖立置在石面上，再用石錘打擊其平的另一端，相信能鑿動岩面。這種以石鑿爲中介的間接敲擊法，一定被古代的岩畫製作者所採用。因爲很多岩畫中的鑿點密集細小，且分佈規整，全都落在預先設定的部位之中，表明是一種很得心應手的工具，並且採用了間接敲擊的方法。

當然使用金屬工具的可能性也是存在的，目前尚難斷定。從現今所知的商周時期的青銅治煉工藝來看，應是能煉出硬度較高的青銅鑿器。埋地二千餘年的春秋越王劍，至今仍光可鑒人、削鐵如泥。然而這一切最好能通過實驗的方法，按當時的比例，煉出青銅鑿具，亦包

3·12

3·14

3·12
考古工作者試驗用石器作畫。
3·13
以鑿磨法製成的大型無輪廓形人面，高約 0.7 米。陰山格爾敖包溝。
3·14
陰山腳下巴盟文管所發掘出的石鑿。該所管區內現有中國數量最多、最精美的岩畫。

3·16

括磨製出硬度高的石質鑿器，並與鐵質鑿器一起在岩畫遺址實地模擬試驗。這其實是很有價值的。因爲一種工具的被確定，便在相當程度上框住了作畫的時間階段。

在大致鑿出圖像後，又採用第二道工序，用礪石進行磨製，使被鑿出的線條或圖像輪廓，磨礪得光滑細潔，顯出被製品的完美性。但這類技法製成的圖像，只要細察，就能看到在岩畫的線底或塊面的底部，都有許多細密的鑿點。尤其此技法早期製作的都是大型人面岩畫，雖作畫時態度認眞專注，亦很難在大的岩面上磨盡鑿點；到後期圖像雖趨小，但製畫態度已不像先前那樣謹嚴不苟，草率之風已經可見，亦不能磨盡鑿點。因此它與先期未經敲鑿的磨刻法與磨礪法的區別還是十分顯著的。

此法是在磨礪法之後出現的。其本身又可分爲先後兩類：先是陰浮雕式鑿磨法，它接在陰浮雕磨礪法之後。一定是磨礪法作畫實在太費時日，工程量又巨大；可是對人面像崇敬至尊的態度又沒有改變，不肯降低作畫標準，便引進了新的工藝技法，用鋭器鑿去大部之後，再行磨礪。故這一時期的圖像更巨大赫然，聲威可振，格爾敖包溝就是這一技法的典型遺址，那溝中有幾座山峰，密密匝匝地被遍鐫了這種技法的人面圖像。

第二類則是輪廓式鑿磨法。此時製作岩畫的執着勁頭已見鬆懈，不願費巨大力氣去通體雕凹，便回到輪廓法，而且更圖省力，鑿後再磨，磨也磨不徹底。寧夏賀蘭山賀蘭口北壁不少岩畫正是這個特點。

4. 敲鑿法

此法只敲鑿而不磨礪，基本是輪廓式地表現，以敲鑿點構成線條，完成圖形。

此法是在鑿磨法之後，草率之風更加顯著，往往鑿點分佈得不均勻，不密致，稀稀疏疏，歪歪扭扭。賀蘭口北壁有一部分是這種風格，台灣萬山岩畫中的幾只大

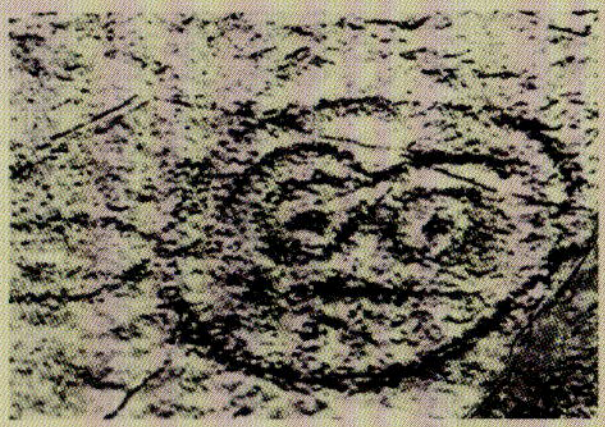

3·15

3·15
草率之氣，顯而易見。陰山格爾敖包溝。
3·16
以輪廓式鑿磨法製出的岩畫，鑿後只稍加磨礪。陰山格爾敖包溝。

腳印，也是用這種技法。也許此風已接近尾聲，不見有完全以這種風格爲主體的人面形岩畫遺址。

5. 彩繪法

彩繪法是南中國岩畫的主要風格，北中國岩畫系統中至今只發現兩處採用了紅色彩繪法。而其中的一處，即內蒙古白岔河岩畫中的一幅，竟也畫有一個人面形。雖然僅僅是一幅畫中的一個人面形，但作爲一種獨立的製作技法，確也成立了。故只得單列出，或許以後會發現這不是孤例。

該人面處在一幅以野豬爲崇尊對象的儀式性舞蹈圖中，場面較大，上方是一列正在上山坡的野豬，下方是舞蹈着的十多個人形。人面形處在中間部位的右側。也是輪廓勾勒法，人面呈豎菱形。光額下有豎雙眉、雙眼和小月形嘴。處在一隻獨處的四肢趴開豬形之下。從關係位置上看似乎有重要意義。

作畫技法顯然是用軟筆，蘸紅色礦物或動物血作顏料，在石壁上勾勒而成。在沒有發現其他彩繪人面岩畫之前，尚不知此技法是否有通用性。只是可認定與南方彩繪岩畫很相似。

3·17

3·18

3·17
以敲鑿法製作到一半而止的岩畫。
賀蘭山賀蘭口。
3·18
鑿點稀疏的腳印岩畫。台灣萬山。

二、伴生符號

將人面岩畫視作一個統一的岩畫系統，其依據除了圖像有相似性之外，還在於各處的人面岩畫遺址中普遍出現一些相似的伴生符號。這種體現爲史前同一文化、宗教的固定符式，當初一定有其特殊內涵。至今，大多都無可稽考了，只能作大致的揣測。現將這些伴生符號述列如下：

1. 太陽形

以規整的圓構成主體，外飾均勻短線或瓣葉狀，作四射之光芒。內圓往往作成兩重乃至三重同心圓。此圖像大都精美之至，無草率之作。

太陽，是中國岩畫中多見之符式。在北中國、南中國、西中國岩畫系統中都有出現。因中國三大岩畫系統的文化淵源、作者族屬與符式內涵各有所別，不能統而論之該一現象。但在北中國岩畫系統中，純粹動物或狩獵類岩畫遺存點內，基本無見太陽。只有人面岩畫中大量出現太陽圖形，可見兩者之間有一種特殊的關係。僅連雲港將軍崖岩畫中就有5個太陽。

太陽形岩畫在傳播演化過程中，還出現了不少變體。太陽形人面岩畫即是變體之一，前已述過，且略。變形之二是太陽中間又有太陽，此圖在大壩溝岩畫遺址中發現，外面的大太陽似圓近方，上面與下面各飾有七根略呈放射狀短線，似作光芒，左右兩側卻不設有，內中再有一個小圓，周沿都是光芒。此變體太陽之含意，至今未能得解。

太陽形岩畫變體之三，是該圓圓的太陽，只有在朝下的部位有長直粗壯的光芒線，其他各部位都作省略。這在狼山大壩溝岩畫中出現，同一圖形有兩個，都處在同一畫面中。該畫的正中是一張開雙臂的孕婦圖，其頭、雙臂與直立的雙腿，都被簡略地磨刻出。畫面突出的是其肥碩滾圓的腹部，以極規整的三重同心圓組成，顯然是一個孕婦圖。其緊挨着的左右兩側，各有一個光芒朝下照射的太陽。製作非常精緻，左邊一個尚完整，一圓下方射出六根深深磨凹進去的粗壯的光芒線；右邊一個因岩面碎裂，圓已不見，只殘剩下五根磨凹進去的光芒線，完整時，應同樣是一個太陽無疑。作畫技法屬最早期的一類——磨刻法。

這一幅圖的寓意很值得思索，它形象而又直觀地表達了古人對於宇宙、天地、太陽、人類之間關係的率直的認識。尤其是對太陽與人類生命之關係，把握住了真諦。

3·20

3·19
太陽是人面岩畫的主要伴生符式之一。賀蘭山賀蘭口。
3·20
太陽岩畫往往製作甚精，表明先民對太陽的敬畏。狼山大壩溝。

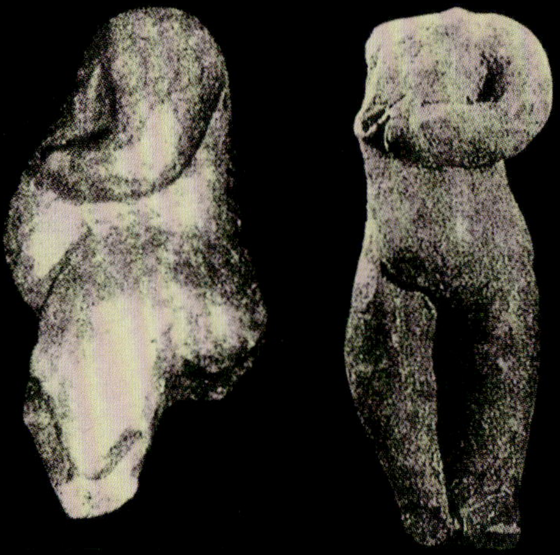

3 · 21

3 · 22

任何一個生物種群，均以種族的延續作爲其最高的生命律令。動物是憑藉本能遵循並執行這種律令；而人類，則漸漸地依靠智能來完成這種最高使命。據我的研究，人類最早意識到的這方面的因果關係是關於孕婦與種族繁衍之間的對應性。由此出現了一個對自我生命崇拜的時期，並在世界各地留下眾多的精美的表達這種崇拜的藝術品，其特徵多是突出性徵的女裸體，尤其是顯示其懷孕的樣式。歐洲在舊石器晚期的地層中，出現眾多的這類雕塑品，中國遼西紅山文化中也出現過這類陶土雕像。

而後人們又逐漸認識到自然界的動植物與人類之間的依賴關係，而動植物的盛衰又往往與太陽有關，春天太陽臨照，大地復蘇，萬物興榮；冬天陽光淡弱，大地寒冷，草木枯亡，人們也過得艱難。由此對太陽形成了崇拜，希望太陽始終照耀着大地。大壩溝這幅岩畫中兩個朝下照射的太陽，正表達了這種希望與祝願。而從整幅圖意來看，古人是充分理解並把握住了陽光照射與人類健康繁衍之間的關係。

在中國岩畫中，這不是一個孤例。在大壩溝西去數百公里的格爾敖包溝，也有一個刻得更加精緻的五重同心圓，其七根粗短的光芒線也朝下照射，在其左側沒有孕婦，卻有一個威儀的無輪廓人面像，雙眼由兩個三重同心圓構成。祈求陽光永照大地的意義與目的不在於子孫的繁衍，而在於一種現實政治的需要，即用以加強祖先神靈或部落酋長們的政治權威或宗教魔法力量。雖然陽光普照仍有光照萬物、繁衍人類之意，但到此時，卻須以部落神祇爲中介。從此陽光被壟斷，太陽被宗教、王權私有的岩畫表現時期便開始了。

這種只有朝下照射光芒的太陽變體圖形，在默勒赫圖溝也有出現。

太陽形岩畫的變體之四，是將四個太陽，安放進一個長方框子裏。就單個太陽來説，與其他太陽形岩畫無

3·23

3·21
陶塑裸體孕婦。1982 年遼寧喀左東山嘴紅山文化遺址出土，距今約有 5000 餘年。具有明顯的生殖崇拜特徵。該地區還出土了大量的幾近於眞人大小的女裸體像碎片，這表明中國史前生殖崇拜非常盛行。

3·22
持角的裸體女神。法國勞塞爾岩窟。舊石器晚期生殖崇拜遺物。這些裸體女神在西歐、東歐、西伯利亞一線廣泛出土，與我國遼西地區紅山文化遺址出土的女裸體像遙向呼應。

3·23
光芒朝下照射的太陽爲威儀的人面所獨享。陰山格爾敖包溝。

異，是以三重或二重同心圓作本體，周圍環以光芒；但安放於一個長方框內並分割成四個小框，其含意安在，一時似難說清。若是作爲人面來考慮，是否四個太陽構成一人的四目？這類大長方形框在桌子山的苕燒溝有七個，有的內有太陽，有的無太陽，不少已漫漶不清，難以辨識。

2. 同心圓

中國人面岩畫遺存處，都有同心圓。它的分佈，甚至比太陽形岩畫還要普泛。同太陽形岩畫一樣，在中國其他系統的岩畫區中也時有同心圓圖形出現，如內蒙古烏蘭察布草原上的動物馬蹄岩畫中間夾有同心圓，新疆阿爾泰地區洞穴岩畫中，也有此類精美的圖形。

我相信各人面形岩畫址中的同心圓必定是一種有着同一特殊內涵的符式。

同心圓是圓的複式顯現，因此它總是與圓相伴着出現。由於單個的圓往往會理解爲人面形或太陽形的半成品，所以容易被忽略。而且在某些遺址地，同心圓也容易被忽略。如閩南華安仙字潭岩畫，該處岩畫有可能作於新石器時代晚期，相當於中原的商周時期。但我可以肯定地說，圖畫中的主要圖形在以後的歷代中，不斷被重新摹磨，即照着老圖像的線條不斷磨新，故刻線處的石質比之於石面明顯地不同。而在重磨過程中，對原先圖面中的一個五重同心圓卻忽略了，一定是後人不明其意，故就不再照拂它。因此這個在畫面左角上的精美五重同心圓的刻線，竟與岩石一樣暗淡黝黑。我在一個偶然的時刻發現了它，最初竟不敢相信它會與相隔數千公里的北方岩畫，具有同一的內在結構。

同心圓在連雲港將軍崖岩畫、陰山岩畫、桌子山岩畫中部眾多地出現。磨製得較精美的是在賀蘭山岩畫中。在賀蘭口外半埋在沙土中的一塊孤石上，有一個與人面同處的五重同心圓，磨製得既深又規整，就像機床

3·24

3·25

3·24
烏蘭察布草原岩畫中的同心圓。
3·25
同心圓是最普泛的人面岩畫伴生符號。陰山格爾敖包溝。
3·26
磨製精美的同心圓往往伴隨精美的人面岩畫出現。賀蘭山賀蘭口。

3·29

車出來的一樣。賀蘭口進去不遠，在一塊重達幾十噸的大石上，還鐫有一個八重同心圓，其直徑 24 厘米。每條線徑 1 厘米，這樣它每一重圓的間隔在 2 厘米，連續八重，這種製作工藝是極精湛的。

中國人面岩畫中最精美的多重同心圓，是在台灣萬山岩畫中。在那孤巴察峨的山石上，竟鐫有一個十一重的同心圓。其細密而又規則的圓線，使那圖像顯得格外的神秘而又深邃，其左側又鐫有兩個一大一小人面圖像，大的一個頭上有飾以芒刺狀短線，與北中國岩畫系統中的人面形岩畫結構完全一致。

同心圓這一符式的功能意義特別複雜，對它的解析，似乎有三個思考方向。

首先，有可能是太陽的一種變體，即簡化了的一種太陽。因爲岩畫中太陽圖形的圓體，相當多是以同心圓體現的。而岩畫中太陽的這一畫法，現在看，又有深厚的考古文化的基礎。浙北河姆渡遺址中的太陽，都是一個周沿有熊熊火焰的多重同心圓，那最著名的雙鳳朝陽象牙雕，中間的太陽是一個五重同心圓。以同心圓作太陽圓體，在仰韶文化的彩陶紋飾中也有多見。

其次可以理解爲生殖崇拜的符號圖，大壩溝的那幅岩畫，孕婦的身軀就由一個五重同心圓構成。在烏蘭察布的馬蹄形岩畫中，夾有不少同心圓，而馬蹄岩畫本身則是一種特殊的生殖符號，體現了農牧期的初始，古人希望畜類繁殖興旺的願望。同心圓與之相處，完全可理解爲是祈願人類與畜類共同繁衍增殖。在甘肅地區馬家窑文化的彩陶紋飾中，與體現爲生殖崇拜願望的蛙人圖符同處的伴生符號，往往大都是同心圓，如樂都柳灣的裸體人像壺，其左右各有一個兩重同心圓。所以將人面岩畫中普遍出現的同心圓理解爲是一種史前的生殖符號圖，應當説依據是充足的。

第三個思考方向是理解其爲宇宙天體的象徵性圖符。中國歷來認爲天的概括與抽象性符號是圓，而地則

3·27

3·28

3·27
八重同心圓，每一重圓間隔 2 厘米。賀蘭山賀蘭口。
3·28
台灣萬山人面岩畫和同心圓，與大陸人面岩畫系統一脈相承。
3·29
此圖形同甲骨文中的“天”字。陰山格爾敖包溝。

3·31

是方。張光直認爲“中國古代宇宙觀有若干共同的基調。‘天圓地方’便是這種共同基調的一個重要成份。甲骨文中的天字，常在人的頭上頂着一個圓圈或圓點，使人推想商代已有天圓之説。”②而岩畫中大量出現圓與同心圓，它又與太陽與作爲神祇的人面形岩畫同處，有理由認爲，它是一種關於天的觀念的示意，是表明太陽與人面這類圖像與天同處的標誌。

而既有圓又有同心圓，也許就體現爲古人對天體高度的某種記識或區劃。屈原在《天問》中就有：“九天之際，安放安屬？”説明屈原的時代就已經形成天有九重的現象。中國最早的天文學著作《周髀算經》還提出了一種根據日影測量和計算天高的方法。按此法測出的“太陽高度爲八萬里。……根據日月都附在天體上的説法，推論出太陽的高度也就是天體的高度，因此，天的高度也是八萬里。”③有理由認爲，岩畫中多重同心圓是與這種天有多重的觀念有關的。但岩畫中同心圓的重數並不統一，有二、三、五、八、十一等重，可能古人僅有一個多重的觀念而並無一個統一的重數。

關於同心圓的這三個思考方向都有價值，但細作比較，似乎是第三種推測依據更充分些。因爲岩畫中太陽總是與同心圓同處，再把後者理解太陽，不合邏輯；另外單單地看，同心圓可以是一種生殖符號，但處在人面岩畫系統中，似乎不能作如此認識。因爲岩畫中生殖符號往往不是孤立地出現，它總與一些帶有暗示性的畫面同處。人面岩畫系統不是很多地存在這種暗示性符號或畫面。相反，這類岩畫卻處處強調一種高緲神界的特徵、一種超凡脱俗的氛圍、一種彼岸世界的神格性。

結合第三種伴生性符號的分析，也許同心圓符式的功能意義會看得更清楚。

3. 小圓凹

其圖像特徵是完全磨窪了的一個小圓凹，它與以輪

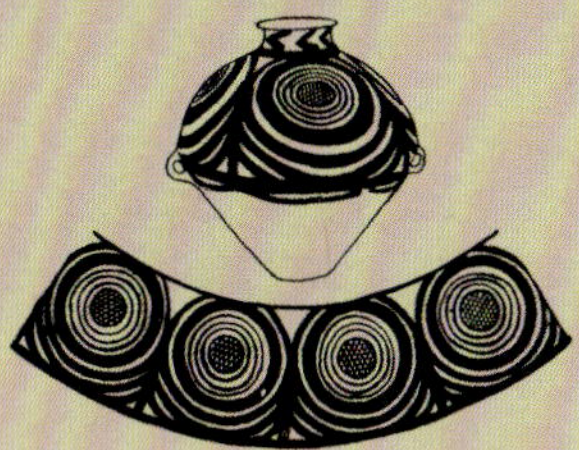

3·30

3·30
馬家窑文化彩陶中同心圓紋飾。青海樂都柳灣出土。

3·31
馬家窑文化馬廠類型裸體人像彩陶，人像兩側各有一個同心圓。

廓法磨刻出的小圓圈不同，是一個通體磨礪過的小凹圓，直徑一般在 3 至 5 厘米左右。在人面岩畫系統中，它的分佈亦十分普泛，連雲港將軍崖岩畫，陰山自東向西以及南方沿海的人面岩畫址中都有出現。有幾處呈密集狀態，並且總是環繞在太陽形人面岩畫，或類似這類圖形的人面岩畫周圍。

它的意義是比較明確的，體現爲天體中的星宿。在陰山東部的韓烏拉溝，以及陰山西部的默勒赫圖溝中，那些簇擁着人面岩畫的眾多的小圓凹，使得神祇人面仿佛飄浮在繁星密匝的超渺天際之中，更增添了人面岩畫的神格特徵。

這三種伴生符號，在長達 4000 公里的整個人面形岩畫的幾條分佈帶上都相應出現，其分別具有太陽、天際、星宿等內涵，在相當程度上亦界定住了中國人面岩畫的神格性質。

3·32

3·33

3·32
同心圓與小圓凹。連雲港將軍崖。
3·33
人面岩畫遺址中的小圓凹。陰山大壩溝。

註：
① 新疆阿爾泰地區富蘊縣的唐巴勒塔斯洞穴岩畫中，有一倒人面形圖像，與咒符、火炬、祭物、同心圓等圖像共處。我認爲不能以倒人面稱，它只是一種與咒語相似的特殊符式。再説與人面形差別甚大。該洞穴還有另一個被稱爲"人頭像"的圖像，但在前面説明中，則稱其爲"有一隻長角怪獸，只露出猙獰的頭部，身軀隱藏在同心多圈圓中"。故仍不能以人面形岩畫解釋，它有隱約顯現的身軀。
② 張光直：《談"王宗"及其在中國古史上的意義》，載《文物與考古論集》，文物出版社 1986 年版。
③ 周桂鈿：《天地奧秘的探索歷程》，中國社會科學出版社 1988 年版，第 29 頁。

第四章

主要遺存址

中國人面形岩畫分佈得雖有規律，卻不甚均勻。東西向的北分佈帶甚爲密集，基本是沿陰山南麓而逶迤西行。與北中國岩畫中的動物與狩獵系統岩畫，隔山而處。

南北向的東分佈帶，則是沿太平洋西岸演進，所拉開的距離比北分佈帶長，但人面形岩畫遺存址的出現，卻稀疏得多。岩畫的總數也不能與北分佈帶相比。

南北向的中分佈帶，是沿黃河兩岸而南進，雖距離較短，只及北分佈帶的四分之一，但岩畫遺存址與圖像數量卻更密集，內涵也豐富。

現將人面岩畫的主要遺存址簡述如下：

一、江蘇連雲港將軍崖岩畫

將軍崖位於江蘇連雲港市郊西南 9 公里錦屏山馬耳峰南麓，其下西、北兩面有清澈的螞蟥澗環繞而過。其地雖處鬧市邊緣，但地望上的俊異之氣，至今猶存。想必古時，此地氣象更加非凡。

岩畫處在海拔高度爲 20 米緩坡狀基岩上，岩質爲花崗片麻岩，岩畫分佈範圍約爲 22 × 15 米。依據圖像的分佈狀態，可分爲三區。

4 · 1

4 · 1
充滿原始氣息的大型史前岩畫，距市中心僅 12 公里，卻在 1979 年年末才被發現。連雲港將軍崖。

第一區：

位於將軍崖山坡岩畫區域的西側，範圍在 5.2 × 2.8 米，主要圖形是兩大類，水平狀地分呈兩大列。上列是類圓形人面像，圖像較大，最大一個人面像高 90 厘米、寬 110 厘米，額上環繞有一圈菱形飾物，面部眼睛用兩條複線勾出眼皮，再以三條橫線畫出眼睛，臉上繪有縱橫交錯的紋線，神情和藹慈祥，具有至尊的儀態，似是一老祖母之形象。

此岩畫區中，完整的人面形有十個。包括一個全身裹在長衣袍中的人像，似是巫師，處在岩畫的最右側；還有一個方形人面，內有三個圓，分作雙眼與嘴，頭上均勻畫有六根粗短線。除了方形人面與巫師形人像外，其他人面像臉上各飾有縱橫交錯不盡相同的黥面紋線，並大部分人面像有一條彎曲細線聯繫下面一列圖形，在視覺上造成人面像似乎飄浮於空中之感覺。

在人面像中還夾雜着兩個 ᘓᘐ 形，以及有太陽、月亮、星座與眾多的小圓凹，不少圓凹規則地形成“∵”狀。

第二列的圖像位於第一列之下，沿着一條山水沖成的小凹槽，一字兒排開。圖像較爲單一，都是 ψ 形的變體，從北面開始，眼鼻五官較爲清晰，而後向南逐漸簡略、抽象。加之有些處在沖槽邊上被磨損去了下部，唯餘其禾葉狀的上部。有的學者將其定爲禾苗，認定其是一處農業祭祀之地。其實並非如此，我認爲，成底線性的這類圖形，是頭上遍插羽毛的人頭，體現爲擁戴上列飄浮於空中的神祇像的民眾。

第二區：

位於山坡南側，分佈範圍 8 × 6 米。主要圖像是太陽、同心圓與無輪廓人面。十餘個無輪廓人面中有的圖像怪誕，刻痕寬平，最寬處達 4 厘米，但比第一區岩畫刻痕要淺得多。三個成一組的太陽極爲精緻，分佈基本構成直角，最大的太陽在直角點上。其內徑 12 厘

4·2
類圓形與無輪廓人面。連雲港將軍崖。

4·3
長 6.25 米的星系帶，其中鐫滿圓、同心圓和小圓凹。連雲港將軍崖。

4·4

米，帶光芒的外徑在 28 厘米。在太陽圖北 1 米外，有一 ，表示着與太陽之間的關係。

此岩畫區的西南側，有一條長達 6.23 米的星宿帶，岩面光潔，上磨刻密匝的同心圓與小圓凹，沿着坡面由上而下呈帶狀延展，寬在二、三十厘米不等。似表現爲銀河星系，圖像製作得很精細。

第三區：

位於山坡東側，是岩畫區位置最高處，以類圓形人面與小圓凹組成。人面共有四個，臉上未有黥面紋，以小圓凹和短線表示眼與嘴。最大的高 28 厘米，寬 24 厘米，頭上有二根羽毛狀飾物與三個深磨圓凹，另有一個人面頭上有倒三角形飾。

小結：

A. 人面類型。有類圓人面形（帶黥面紋）、方形、無輪廓形等三種符式；無輪廓形岩畫又包括有“  ”、“  ”與“ ∵ ”三種形式。

B. 伴生符號。有太陽、同心圓、小圓凹。

C. 製作技法。係磨刻法，典型的輪廓磨刻法。

D. 分析與討論。這是中國人面岩畫中最古老的遺存址之一，所呈現的人面岩畫類式最全。在其他各處演變出的人面岩畫類式，似乎在這兒都胚胎式地存在。而且它與上古“羿射十日”神話，還存在着一種對應性。因此這是一處意義十分重大的遺存址。

二、內蒙古白岔河岩畫

位於內蒙古東部克什克騰旗的白岔河流域。該河爲西拉木倫河的兩大源流之一。所處地域正在內蒙古高原和熱北山地交界處，地勢急劇下切，形成山高谷深、流水湍急與多懸崖陡壁的地形特點。從大的範圍看正處在豐富的新石器文化區域中。

岩畫沿河兩側而分佈，甚爲分散，人面岩畫圖像的

4·4

4·5

4·4
頭上飾有羽毛與圓珠的人面。此符式傳至西部地區的岩畫中。連雲港將軍崖。

4·5
白岔河流域山高谷深，懸崖上鐫有鹿岩畫。內蒙古克什克騰旗。

4·7

形成與作畫技法不統一，並與動物岩畫雜處。但此處的動物岩畫與陰山北麓的動物岩畫不是一個系統。此處絕大部分是鹿圖，只有極少的豬與虎圖。人面岩畫在具體的畫面中卻並不與純粹的動物岩畫相處，有動物的往往處在二、三十米高的懸崖石壁上，而人面岩畫多在山腳根，有的帶有明顯祭祀儀式性特徵。兩種岩畫的間隔至少有幾公里。個別人面岩畫中也有動物，但與狩獵爲特徵的動物岩畫區別是很大的。因此，在白岔河流域，動物與人面仍可看作是兩個系統的岩畫。

人面岩畫的數量並不多，約在十幅以內，但其中有三幅甚有特點。

第一幅是野豬圖騰岩畫。位於白岔河的上游部位，在距北岸 200 米（距古河床僅幾米）的懸崖底部的一塊內凹的垂直岩面上，岩畫面積不小，4 × 3.4 米，是一大型記事岩畫，作畫技法採用北中國岩畫系統中極少見的紅色顏料彩繪。

嚴格地說，這不是一幅純粹的人面形岩畫，而是一幅與野豬圖騰崇拜有關的祭祀舞蹈圖，其中包涵着祖先崇拜的內容。此處的人面像，明確地具有祖先的涵意，而且其主要體現出的是世俗性，神格性尚處在朦朧狀態，並且人面像還沒有從儀式中獨立出來，只是儀式中一個並非十分重要的有機組成部分而已。由此這幅岩畫在人面岩畫系統中的初始性是顯見的，它對人面岩畫形成與發展的研究，具有重要的價值。

第二幅，黥紋人面岩畫。此岩畫位於白岔河下游，距野豬圖騰岩畫約 10 公里處的河邊懸崖下。鐫在一塊 2.1 × 1.1 米的大石上，從實地觀察，該石應是從邊上的山崖峭壁上脱落下來，現峭壁上已無岩畫，古時可能還有些此類岩畫。大石上，原鐫有兩個完整的類圓形人面像，和兩個൭൭形無輪廓人面像。兩個類圓形人面中除了刻有眼鼻嘴之外，還飾有密密的黥紋線，右邊人面像比左邊的大一倍多，臉上的黥紋線顯得柔和安祥，似

4·6

4·6
最精美的人面岩畫之一，可惜於 1989 年被砸殘了。內蒙古克什克騰旗。
4·7
被殘黥紋人面岩畫的原圖。

有一種和藹可親之感，與連雲港將軍崖中最大的老祖母岩畫有相似之處。左邊的人面像直徑在 64 厘米，兩頰飾有剛毅的套角狀黥紋線，雙眼似光芒四射的太陽。

兩相比較，還有一意義極大的區別。小的黥面像外沿，還飾有一周尖朝外的連續三角紋，直觀上看，如同噴射烈焰的太陽。在岩畫與彩陶中，以向外的連續三角紋喻作太陽的光芒，這是一種常例；而右邊的大的黥面像也有一周連續三角紋，不同之處，它是畫在圓周內圈，並且尖朝裏。這樣的處理至少説明三點：首先，都具有太陽的芒刺，表明着開始暗示人面像與太陽之間的那種關係，而且將這種關係附着在已完全獨立的人面像結構之中。其次，一個外射一圈，另一個內向一周，此種處理方式，顯然是要體現出陰與陽之間的區別。在中國上古哲學中，陰陽也體現爲女、男之別，因此這兩個圖形，應可認爲是顯示出了性別，而且與黥紋線的特徵也相對應，陰者黥紋線柔和安祥，陽者黥紋線剛毅遒勁。另外，女像比男像大一倍多，這不可能無意義爲之，這是母系氏族社會時期觀念和狀態的一種眞實反映。

由此，該岩畫的成畫時代，亦可大至框定。十分遺憾的是這幅精美而又珍貴的岩畫，已於 1989 年春天毀去大半，村民們在此炸石築路，峭壁上炸落的巨石砸在岩畫石上，毀去其三分之二，現小黥紋人面像尚完整，大黥紋人面像僅剩一條孤形邊線。

第三幅，太陽、人面、星宿圖。白岔河的更下游，距黥紋人面像 30 公里，在白岔河北岸、哥佬營子村北，此岩畫距地面 3 米高，面積在 3 × 2.7 米，鐫有眾多的同心圓、人面和太陽，與連雲港將軍崖的第二區岩畫符式相似。在其北面還有兩幅同類的岩畫，只是規模小些。再北面約 10 米處的距地 8 米的石壁上，還鐫有一個更大的類圓形人面，用雙重同心圓作圓，並垂下長長的圓形鬍子。其崖下砌有幾個石台，此處可能是古時祭祀地。

小結：

A. 人面類型。有類圓形人面，其中兩個人面像飾有繁密黥面紋；還有  式無輪廓形人面。此兩類型與連雲港將軍崖岩畫結構上相似。

B. 伴生符號。有太陽與同心圓。

C. 製作與技法。有二種，彩繪法與磨刻法。其中以磨刻法製出的類圓形人面，顯出手法要比連雲港時期更熟練些，但仍處在較典型磨刻法時期。

D. 分析與討論。該地人面岩畫雖然數量很少，但內涵較豐富。彩繪人面岩畫和黥紋人面岩畫雖相距很近，但年代上差別很大，兩地也不一定存有承繼關係。那幅彩繪圖似不屬人面岩畫系統，即使是，也屬一個特例。另外，該地屬古文化豐富之地，山高壑深，人面岩畫分佈較散。可能還有相當數量的遺存點未被發現。

三、烏蘭察布草原塔克馬拉岩畫

位於內蒙古達爾罕茂明聯合旗的推喇嘛廟南 12 公里。此地屬草原地帶，古稱"漠南"。地勢平坦，在一條小山溝的東畔聳立有一條東西走向的僅 50 米的山崖，僅有的七幅人面岩畫被鐫在山崖南頭的石面上。不僅畫幅不多，就是每一幅畫中人面像也只有一二個，且製作得很不規整。

小結：

A. 人面類型。有一兩個類圓形人面，另有九個無輪廓形人面。後者有的僅是雙目，但大都是雙目之下，連有一寬橫圓作巨口，圖像顯得怪誕，與連雲港二區岩畫中的一種無輪廓人面岩畫結構相似。

B. 伴生符號。有同心圓和小圓凹，數量與無輪廓形人面像大致相同。

C. 製作技法。採用磨刻法，並以輪廓顯形的方法表示。

4·8

四、陰山韓烏拉溝岩畫

位於內蒙古五原縣北陰山南麓。韓烏拉山是一座山峰，屬陰山山系，漢唐之時著名的西受降城，位於山峰南麓。韓烏拉溝南口東畔巨石上，有一幅人面岩畫，畫面有眾多人面像和小圓凹構成的繁星狀，最左方是一方形人面，僅有雙眼與鼻；其右是一類圓形人面，外圓一周佈滿芒線狀線條，似又被另一大圓圍住，但圍得不完全。該岩畫最右面同樣是一個類圓形人面，外圓一周的芒線被另一大圓完全圍住。各圖像之間及上方分佈有許多小圓凹。

位於此岩畫之北約 5 公里的白齊溝同樣有幾幅與之相似的類圓形人面岩畫，另有更多的小圓凹和同心圓。人面圓的輪廓同樣由兩圓疊套而成，只是之間未飾有芒刺狀短線。

小結：

A. 人面類型。有方形人面一個，與連雲港一區方形人面相似，只是頭上無短線；類圓形人面若干，主要特徵是雙圓疊套作人面輪廓，之間並飾以一周短線。此構圖法，在結構上與白岔河黥紋人面岩畫周圍內或外飾以連續三角紋有相同之處，能見出承繼性關係。所體現出的功能意義，可能也相同。

B. 伴生符號。有同心圓與小圓凹。後者的數量不僅眾多，而且密集。環圍着人面岩畫，似乎要喻示着人面岩畫已處在高渺浩寬的繁星之中。

C. 製作技法。磨刻法，仍處在較爲典型的輪廓磨刻法時期。

4·8
陰山韓烏拉溝岩畫。白岔河黥紋人面周沿的連續三角紋，演化成短線紋。

五、烏拉特中旗必金河岩畫

位於內蒙古烏拉特中旗東地里哈日之西。此處山峰陡峭，狀如黑色馬鬃，巨石林立，山下四面山溝環繞，景色幽美。岩畫鐫在必金河東畔的石壁上，圖像距溝底

4·9

的石基 10 米左右。共有五幅人面岩畫。最大的一幅高 1.45 米、寬 1.71 米，在迎西的陡峭石壁上，面對着清澈的必金河流水和對岸高聳的西地里哈日山峰。人面像有的畫成正圓形，有的長圓形，也有的方形。此處人面岩畫雖然數量不多，但比較集中，都在必金河東岸的石壁上，一幅挨一幅地出現。之外便就是眾多的動物岩畫。

小結：

A. 人面類型。有方形人面三個，其中一個內以三圓凹爲眼、口，頭上飾以芒刺短線，與連雲港將軍崖岩畫中方形人面，無論在結構上還是形狀上都相似；有類圓形人面四個，多以三圓爲眼口，無多大特點；無輪廓形人面三個，與烏蘭察布塔克馬拉無輪廓形人面有明顯的繼承關係。

B. 伴生符號。圓和同心圓，各有兩個，分佈在三幅畫面中。

C. 製作技法。磨刻法，仍是輪廓顯現，無輪廓形人面的輪廓磨刻已經加深，輪廓線條也變粗。

六、狼山達里蓋溝岩畫

位於內蒙古烏拉特後旗巴音寶力格蘇木（鄉），屬於陰山山脈的狼山段。石峰聳崎，崗巒起伏，清澈的澗水迂曲蜿蜒於陡峻的岩石之間。達里蓋溝屬於貫通陰山的大山溝，溝中常年流水，有公路沿溝而行。修築公路時已破壞了這個岩畫遺址，現僅剩三幅岩畫，分處在公路南北兩側的殘石上。最大的一幅在公路北面，面積高 1.15 米，寬 1.36 米，磨刻在屋脊形巨石的平面上，畫面很古老，其中有一個形體模糊的小山羊是後來敲鑿上去的，風格不一致，畫面上有眾多的人面像，已顯得抽象化和圖案化，但製作得仍精細。其中兩幅有人面像的岩畫中，都密密地鐫有小圓凹，像是密佈的繁星。

4 · 10

4 · 9
狼山達里蓋溝岩畫。人面間雜以小圓凹，似密佈的繁星。

4 · 10
太陽岩畫。與鄭州大河村仰韶文化彩陶中太陽紋相似。狼山達里蓋溝。

4 · 11

小結：

A. 人面類型。有圓形人面十幾個，主要特徵是三角圓式的猴面形。其中一幅岩畫中的兩個猴面式的類圓形人面，與烏蘭察布塔克馬拉岩畫中的人面結構上相似，可認爲有承繼的關係。

B. 伴生符號。有太陽與小圓凹。太陽單獨處在公路南的小塊殘石上，製作得極精美，內圓由三重同心圓構成，周沿的光芒均匀而又遒勁，似連雲港將軍崖岩畫中的太陽，又與鄭州大河村仰韶文化晚期彩陶中太陽紋相似。小圓凹數量眾多，環繞着人面像而出現。

C. 製作技法。人面像採用磨刻法，同樣是輪廓式地顯現；太陽岩畫的製作，已具磨研法的特徵，圓與芒線磨研得深且寬，但尚不處在典型的磨研法階段。

七、狼山東升廟岩畫

位於烏拉特後旗巴音寶力格蘇木，就在蘇木（鄉）所在地東 1 公里的狼山山溝中。山溝不大，進深只有數百米，只是接近岩畫須攀上一個天然的垂直石階，那石體被雨天時的山水磨得發出暗青色的光澤，正面無法上去，只得從左側迂迴而上。此處應是最晚發現的人面岩畫遺存地，直到 1989 年 5 月，才被名叫火鷹的蒙古族考古工作者發現。

石階上有一天然石潭，我去時正是最炎熱天氣，潭底仍蓄有淺淺一池水。雨季時應能蓄滿一池水，石潭周圍栖息着眾多的大鳥，有巨大的鷹。岩畫分佈在水潭東面的石壁上，臨近潭邊緣突兀出的一道小石梁上磨刻得最多，密密麻麻地呈現，其中基本圖像是類圓形人面，也有相當多的是  形。

這處岩畫明顯地分爲二期，早期岩畫很古老，磨刻得很深，但多已被風蝕得辨識不清。另外幾幅屬於第二期的，兩者間隔時期很長，第二期的岩畫，在整個中國

4·12

4·11
鴞面式無輪廓人面，此符式在這裏第一次獲得獨立性體現，擺脫了輔助性地位。狼山東升廟。
4·12
類圓形人面。狼山東升廟。

人面岩畫系統中是屬於晚期的。這類岩畫離水潭稍遠，最有代表性的一幅通高 84 厘米、寬 98 厘米，有兩個人面，右面一個較大，高 52 厘米、寬 41 厘米，有飄下的鬍鬚，應是男性；與其相挨的左邊是一個頭戴珠冠的女性人面，臉廓小許多，但珠冠很大，儀態顯得雍容華貴。只是構圖呆板僵硬，已顯出程式化和公式化，與早期岩畫相比，缺乏那種撼人心魄的神秘力量。

這類岩畫在此地不多，在狼山、陰山其他地區更無見。倒是與寧夏賀蘭山中賀蘭口北側山壁上的人面岩畫極相似，可以說風格一致。那裏有眾多的這類岩畫。可能是從寧夏那兒遷移過來或者路過的一個部落留下的，畫面中的兩個人像，也許是這一部落的酋長與其夫人。

小結：

A. 人面類型。有類圓形人面，分早晚兩期，早期圖像磨刻較深，數量不多，風化嚴重，大都不可辨識；晚期圖像神態呆板，呈現程式化傾向，兩者差別很大，後者與寧夏賀蘭山晚期岩畫一致。無輪廓形人面，是此處早期岩畫中最主要和最突出的圖像，可以說在這一個岩畫遺存地中第一次獲得了主體性存在的地位。主要表現是形，我最初曾將其定爲鴞鳥的抽象表現。在此遺存地鐫有眾多的此類圖形，未必就不包涵這種意義，因爲此地水潭邊的鳥類特多，古時林木豐茂，鷹鳥類一定更多。但從格爾敖包溝遺存地看，這一符式確演化爲以人作主要內涵的無輪廓形人面。我認爲，在中國人面岩畫中，這是一個內涵十分豐富的符式，也許開始就是具備着人鳥共存的內涵，而且在連雲港與白岔河的岩畫中，明顯地看到它只有一種伴生的特徵，到後來，它竟發展成具有主導地位的岩畫。在東升廟，它第一次達到了這種地位，到格爾敖包，它出人意料地獲得超強度呈現。

B. 伴生符號。有同心圓與小圓凹。

C. 製作技法。早晚岩畫中一部分仍採用磨刻法，

4·13

4·13
後期圖像之一。左側戴珠冠狀人面與連雲港將軍崖一幅岩畫結構上相似。狼山東升廟。

5

另一剖分運用磨礪法，尤其是◎◎形圖像的製作，磨礪法已臻成熟，磨礪的最大塊面已達五、六厘米，深度都在四厘米，已明顯地呈現出陰浮雕特徵。晚期岩畫，採用鑿磨法，係採用鋭器在岩面敲鑿後再磨刻。故平寬的線條底部仍能見出鋭器的敲擊點。

D. 分析與討論。這是一處意義重大的岩畫遺存地，主要在於二點：一是◎◎式無輪廓形人面獲得了主導性的呈現，爲這一符式進一步演化奠定了基礎；二是晚期岩畫中的雙人面圖與白岔河的雙黥紋人面圖有可比性，這對整個人面岩畫系統演變發展的認識，有重要啓悟。

八、狼山大壩溝岩畫

位於東升廟遺址西 10 公里處的狼山南麓。大壩溝長近百公里，是一條貫通河套平原與蒙古草原的大溝。溝的北口各支溝中至少有上千幅動物與狩獵岩畫；人面岩畫只在溝南口兩側岩壁出現，至多只沿溝往北一、二公里。基本無動物岩畫出現，只見到一匹較潦草的馬，明顯係後期添加。溝中澗水清澈，雨季時水勢洶湧。

大壩溝人面岩畫現存約 35 幅左右，圖像個體亦有一百四、五十個。原先的數量一定不止這個數，由於當地居民在此大規模開山取石，岩畫破壞得非常嚴重。當地盟文管部門曾送我一張照片，其上非常精緻的岩畫，現已不存。很可能此地岩畫還在快速遞減。

擇幾幅主要岩畫介紹如下：

巨人面像。磨刻於迎西的小石峰頂端石壁，全面突出表現一個高 1.55 米、寬 1.04 米的巨人面像，由雙重圓構成人面，其內又有雙重圓構成的眼睛，以及呈現巨齒的大口。邊上又綴以簡筆鳥紋以及圓圈和圓凹。

太陽孕婦圖。兩個光芒朝下照射的太陽，中間有一同心圓構成主體的孕婦像。此圖的意義，已於第三章述

4·14

4·14
狼山大壩溝，雖處乾旱地區，流水長年不斷。

4·15
巨人面像，雙重圓構成人面，畫面高 1.55 米，寬 1.04 米。狼山大壩溝。

4 · 16

4 · 17

及。

太陽形人面像。從以上述及所知，太陽岩畫與人面最初是各自獨立地出現在同一人面岩畫遺存地中，而後不斷暗示出這兩者之間的關係。在大壩溝中這兩個圖形完全合歸於同一個符式。距南口約 300 米的峽谷西側，在光滑的坡壁頂端，鐫有這一類圖像，其製作之精，令人嘆爲觀止。

整幅畫面不小，有一、二米見方，但那個太陽形人面卻並不大，直徑只有 20 厘米。正説明此符式尚處在初始階段，再往後發展，這類圖像就有巨大的。這個太陽形人面雖不大，但製作時卻下了功夫，磨礪痕寬達 3 厘米，深亦在 1 至 2 厘米， 11 個光瓣，如向日葵的花瓣般肥厚寬大，均勻地飾在人面周沿。此地岩石很堅硬，呈青色，可能含有硫化鐵和銅，因爲附近建有這種礦井。但岩面分化龜裂較嚴重，此像的北端，就有幾厘米寬的裂紋帶，使一光瓣亦殘破了。其上又有一個刻痕略淺的圓形人面，似乎説明這兩者間的發展關係。

抽象太陽形人面圖，位於大壩溝南口西側石坡壁上。原先這是一幅巨大的岩畫圖，高 4.75米、寬 2.10 米，圖像有二、三十個，有太陽，太陽形人面，形，類圓形以及同心圓與小圓凹。現此圖因炸山取石而被毀，僅剩二、三個圖像。

小結：

A. 人面類型。有類圓形人面，數量並非很多，但都處在垂立於水邊的 20 米左右高的峭壁上，而且那些峭壁既高又寬，幾乎刀砍斧削般地一垂到底。人面像都處在最高處或三分之二高處。一個壁面圖像不多，磨刻着二、三個，如天神般飄然於高崖之上，威儀地註視着曠古如今的靜寂山谷。

如此高度的峭壁上的人面岩畫，此峽谷中至少有三、四處。人面岩畫演進至此，第一次提出了製作過程的問題。據分析，一定是從崖頂端將人用繩索放懸下

4 · 16
怪誕的人面像。磨礪法製出，呈陰浮雕風格。狼山大壩溝。
4 · 17
太陽、類圓形人面。狼山大壩溝。

來，至一定高度，而後磨刻製作。古人刻意而爲之，必定有着宗教文化或史前哲學上的依據。我認爲這與人面岩畫神格性特徵的完全凸現有關係，它已完全脱盡了世俗性，而高升至天神的地位，故而就須有相對應的體現。人面岩畫就不再鐫刻在石狀盤岩上，或舉手可至的石峰基崖處，或略作架設，略加攀援的那種石壁高度。它必須處在一種人從底下根本無法攀援上去的一削到底的峭壁上方。似乎唯有這樣，才能體現出那種高可比天的至聖性。

亦有方形人面，其中有一幅與類圓形人面升至同樣的高度，在臨水而立的幾十米高處。

第一次出現了標準的太陽形人面，形體規模不是很大，但製作極精湛。可以看出，是用本地岩畫中兩種獨立的符式——圓瓣太陽與猴式類圓形人面，合併而成。

B. 伴生符號。有太陽、同心圓、小圓凹。其中太陽不僅數量多，而且製作得精美，見出製作者的至誠態度。太陽亦出現了光芒朝下的變體。

C. 製作技法。磨刻法與磨礪法同時存在，數量似仍以磨刻法略居多，但質量上以磨礪法爲精湛，磨礪深度可達四、五厘米；在規模上，磨礪法只限於製作小的人面圖像，直徑一般在 20 厘米左右，比之同一遺存址內以磨刻法製出的“巨人面像”，要小五、六倍。可見磨礪法在此地時，仍屬早期階段，與晚期的大型圖像不能比擬。

D. 分析與討論。這是一處意義重大的岩畫遺存址。首先，類人面像已呈現出完全的神格性，圖像被鐫刻在遠離地面的雄偉的岩壁高處；其次，形成了第一個標準的太陽形人面像，表示着“天人合一”的觀念在岩畫形式上獲得顯現。很可能這亦是這種觀念的最初顯現。成爲中國古代哲學核心的“天人合一”觀念，完全有可能正是從這史前神格性人面岩畫中獲得最初的形成與確立。這是一個十分有價值的命題。

4·18

4·19

4·18
腳印岩畫，用石器工具磨礪出。上古神話中多記有大腳印。狼山大壩溝。

4·19
鐫於懸崖上的人面岩畫。從大壩溝始，人面岩畫開始往高處鐫鑿。狼山大壩溝。

還有變體太陽的出現與孕婦圖的同處，表明了“天人合一”觀念的深刻性。它一出現就體現出具有本體性的意義。它與隔峽谷而望的太陽形人面岩畫，共同表明着中國史前初民形成的“天人合一”觀念，既有政治皇權方面的意義，更有宇宙人類生存本體方面的意義。正是從這兩個方面共同形成了幾千年來中國哲學、宗教、政治權力等的東方特徵與意義。

九、格爾敖包溝岩畫

沿着狼山、陰山南麓一直西行約 150 公里，便是格爾敖包溝南口。在秦漢時期，那裏是防禦匈奴南進的重要防線。山麓之南是漢代著名的屯墾區，即朔方郡的三封縣地面。其廢址在現蹬口縣哈騰套海蘇木所在地保爾套勒蓋。本世紀七十年代時，知識青年又在這片古墾區中大規模展開屯墾戍邊，現仍能見到許多知青撤離後的遺迹。如今，這一帶沙化特別嚴重，哈騰套海蘇木的所在地幾乎被沙漠包圍住了，甚至要去它西邊的小學校時，都要經過一條新切進來的長長厚厚的沙崗帶。

我當時曾試圖從這條線進入到陰山尋找岩畫，但沒成功，只到保爾套勒蓋爲止，無法再進入。第二年再從臨河一帶沿狼山南麓西行，才到達該地，沿途能見到眾多的石築烽火台，以及著名的漢代鷄鹿塞遺址。

格爾敖包溝也是一條貫通山脈的大溝，澗水涓涓，經年不息。岩畫卻不是鐫在山峽的南口，而是在大溝的中間部位，一律都處在迎西南的東石壁上。較密集的出現有兩處，相距約 500 米，此處再往北不遠處，還有些零星的人面形岩畫。現簡略地分別介紹如下：

第一座山峰，高約 150 米，石質爲黝黑發亮的玢岩，基本無植被，山石堅硬，峭岩垂立，攀援上去，頗爲艱難。澗水幾乎沿基岩潺潺流過。從山峰基部 3 米開始，一直到高聳的峰頂，都遍鐫着極豐富又極精美的

4·20

4·22

4·20
抽象人面。高 0.35 米，寬 0.25 米；原先這是一幅巨大的岩畫圖，高 4.75 米，寬 2.10 米，圖像有二、三十個，現因炸山取石而毀，僅剩三、四個圖像。狼山大壩溝。

4·21
被毀岩畫圖的原照，僅是該幅圖的一小部分。從畫面看製作精湛，圖像規整；石面又嚴重風化，表明是一幅古老的岩畫。可惜這些精美圖像，現已完全不存。

4·22
陰山南麓漢代鷄鹿塞遺址。

圖像。絕大部分是人面岩畫，還有太陽、同心圓、小圓凹，以及少量的鹿形動物（其特徵是單杈樹枝狀茸角，從技法與風化程度看，應是與人面岩畫同期所爲）。幾幅有較強裝飾性特徵的虎圖，也是該時期的作品。最有特徵是幾幅巫師圖，畫有抽象人形，臂下和兩脅畫有羽毛，呈飛翔上升狀，正印證了張光直先生關於上古巫師是從高山上陟神的假説。另該地有幾幅狼、羊圖，應是後期添加的。整個山峰的岩畫，約在百十來幅。

第二座山峰高約 100 米，岩質與山體狀況同第一座相似，卻更陡直，多是二、三米見方的中小型垂直壁面，從山腳到山頂都有岩畫，數量略多於前一山。在山體中間的顯要位置鐫有幾幅主體岩畫。

小結：

A. 人面類型。有類圓形人面，太陽形人面，與無輪廓形人面。其中以無輪廓形人面爲此地岩畫址中主要圖形，似是以東部地區雙眉形無輪廓人面像爲基礎演化而成。基本從兩個方向演化：一是雙眉演化成雙眼之間的眉心紋，呈“  ”；另一是將雙眉演化成雙眼之下的鼻樑紋，呈“  ”。其中以前者爲主要方向，故數量眾多。無輪廓形人面在此地獲得極豐富、極充分的表現。然而一個岩畫符式獲得極高度繁盛的顯現，便也意味着其內在的生命能力已耗盡，這一符式將到此爲止，不再延續。無輪廓形人面岩畫，正是如此。在整個人面岩畫系統的北分佈帶，乃至與其有關的中分帶上，無輪廓形人面基本上到格爾敖包溝爲止。而後在它處眾多遺址中只有極個別地再現。當然它畢竟已獲得過輝煌的顯現了。

B. 伴生符號。有太陽、同心圓和小圓凹。其中太陽的變體較爲突出，朝下照射的光芒線，刻劃得清晰而又明白，能明顯地見出自東部演化過來的痕迹。在數量上，同心圓較多，製作也精細，又多鐫在高聳壁立的山石上，其所蘊含的高渺宇宙天界之含意應是顯見的。

4 · 23

4 · 24

4 · 26

4 · 23
類圓形人面岩畫，表明着與東部岩畫的關係。陰山格爾敖包溝。

4 · 24
山峰中上部的巨大壁面上鐫着神奇的符號和人面。畫面約 3.5 米寬、2.5 米高。陰山格爾敖包溝。

4 · 25
幾乎每一塊石頭的平面上，都鐫有圖像，可見當初的精神動機多麼強旺。陰山格爾敖包溝。畫面約 3 米寬、2 米高。

4 · 26
石峰邊緣人面岩畫。

4 · 27

4·28

4·27
羽人。巫者無疑。從神山飛往天界謁神。人面岩畫具有法器功能於此見一斑。陰山格爾敖包溝。

4·28
密集的人面與無輪廓人面。陰山格爾敖包溝。

4 · 29

C. 製作技法。磨礪法、鑿磨法與敲鑿法三種製作技法共存。其中以磨礪法製作得最爲精湛，遍體呈陰浮雕效果，處在山體重要位置的巨大無輪廓形人面像是由此法製成，威儀神聖，立體感特別強。然而格爾敖包溝中，以鑿磨法製成的爲數最多，許多圖像能見出鑿後再磨的過程。少數圖像採用敲鑿法，僅僅用鋭器敲鑿而無磨礪。

D. 分析與討論。這是一處極爲輝煌的人面岩畫遺存址，圖像密集眾多，製作精美絶倫。表明人面岩畫，自東部誕生，經過一個漫長而又久遠的發育演變期，至此，已處在極盛階段，完全超凡脱俗，只處在高聳壁立的山峰峭岩之上。人面的神格性質不僅已完全確立，而且在形式上獲得普遍地呈現。在大壩溝，鐫在高危壁面之上的人面岩畫雖已出現，畢竟是少數。而在此地，全部都處在如此狀態中了。

三種製作技法的同時呈現，也表明了製作時期的漫長。格爾敖包溝岩畫，至少能分爲二個時期，磨礪法製出的圖形爲早期岩畫，數量不在多數，但能見作畫態度極爲神聖，故圖像威儀無比。第二期的岩畫係採用鑿磨法製成，據分析，這應該是在鋭利的鑿石工具出現之後製作的，數量略多，但製出的圖像已見出簡略與抽象。在人面岩畫中，以無輪廓人面居多，且簡略的幅度更大。

4·30

4·31

4·29
威儀的無輪廓人面和鹿羊圖。陰山格爾敖包溝。

4·30
無輪廓人面和鹿羊。陰山格爾敖包溝。

4·31
垂直壁面上的人面與無輪廓人面。陰山格爾敖包溝。

十、默勒赫圖溝岩畫

位距格爾敖包溝十幾公里。岩畫處在默勒赫圖溝的中段南岸石崖上，溝中清水長流，汩汩潺潺，山溝至此有一直角狀折出的巨大山壁，高約七、八十米，山溝在此被迫拐了個彎。遙想當年山林葱鬱、水勢浩大之時，山水一定直撞山壁，氣勢肯定壯觀。因此，人面岩畫主要鐫在這堵突兀的大黑石山壁上，而且多鐫在二分之一

4 · 35

以上高的部位，線條縱橫交錯，圖像密密疊疊，岩皮層層剝裂，風化十分嚴重。一眼望之便可知這是古代一處十分重要的岩畫祭祀地。

此山體基本上是完整的一塊大壁面，寬約 100 米，長約 80 米，上面有數百計圖像呈現，其製作一定十分艱難，只能是從上方吊放下人來，整個壁面圖像都要如此製作，可見工程是多麼浩大。

黥紋方形人面圖。此圖位於巨山壁畫的中下方，是兩個方形人面相並排。左邊一個較大，標準的長方形輪廓，其上飾有七個短線，方框內有眼鼻嘴，並飾以直的和弧形的短線，很有規律地排放，使人聯想到白岔河的黥紋人面像，黥紋線很多，但對稱勻致地放置。右邊的方形人面像要小三分之一左右，頭上似有三戟狀羽飾，臉面中的黥紋線基本相似，略有不同。

太陽形人面圖。畫面中有四個人面，最主要的是太陽形人面，磨刻得很深，呈陰浮雕狀態，其額上飾有五根光芒狀短線，最有特點的是其周圍密佈點點小圓凹，似宇宙中環繞的繁星，將整個畫面高聖渺遠之氛圍，極眞實地呈現出來。

小結：

A. 人面類型。有類圓形、太陽形、方形、無輪廓形人面。其最突出的是方形人面，它構成這一岩畫址的最大特點。雖然與格爾敖包溝相距不甚遠，但無輪廓形人面只出現一幅。類圓形人面中一種上三角橢圓形人面開始獲得顯現，其外沿有的飾以芒線，但尚未佔主導地位。這一圖像要到桌子山的召燒溝，才佔主導地位。

B. 伴生符號。有太陽、圓與小圓凹。有一個太陽同樣是變體形的，光芒朝下照射。這裏圓形符式不少，卻缺乏同心圓，小圓凹數量眾多，大都分佈在人面像周圍，尤其是帶有光芒狀芒刺的人面像周圍。

C. 製作技法。磨刻法與磨礪法。以磨刻法製作的圖像不少，但這遺畫址的基岩風化太嚴重，很多圖像已

4 · 32

4 · 33

4 · 34

4 · 32
沙化日益嚴重的西部陰山。

4 · 33
氣勢壯麗、雄偉的聖像壁。畫面處在一座巨大峭壁的中部，高 20 餘米。畫面範圍高約 3 米，寬 20 餘米。陰山默勒赫圖溝。

4 · 34
變異的或充滿黥紋的方形人面是該處岩畫最有特徵的符式。陰山默勒赫圖溝。

4 · 35
此高聳峭壁根本無立錐之地，當初磨刻這些人面岩畫定艱巨異常。陰山默勒赫圖溝。

漫漶不清，從現存的圖像看，是以磨礪法製出的爲多。磨凹的幅度很大，顯著呈現陰浮雕風格。

D. 分析與討論。方形人面在此處獲得較爲突出的顯現，而在格爾敖包溝盛極一時的無輪廓形人面，卻迅速地衰落，在這裏僅有一幅較爲規範的這類圖像存在。方形人面無論在所處位置的顯要、圖像的巨大、製作的精心認眞等方面來看，都已達到鼎盛狀態。自然，這一符式從此之後也走向衰退，只不過方形人面在這裏的顯現與無輪廓形人面在格爾敖包溝的顯現於程度上還是有區別的，沒有達到格爾敖包溝岩畫極至與輝煌的程度，故方形人面符式內的生命張力，仍未用盡，它在衰退中還有一個漫長的餘響過程。

此處圖像的製作不見鑿礪法，都是磨刻法和磨礪法，在作畫的時代上，當與格爾敖包溝早期圖像的年代相彷，但在風化上卻更甚於格爾敖包溝。這樣就給岩畫符式的傳播上，孰以爲先，孰以爲繼提出了難題。不過據地質學家的意見，岩石表面風化，除了年代之外，還有其他諸多因素，如岩質、光照、受風方向與程度等，所以這不是能立即作出回答的問題。

4·36

4·37

4·36
類圓形人面，臉上似有黥紋線。陰山默勒赫圖溝。

4·37
鐫於高處石壁的岩畫，已呈嚴重風化狀。

十一、托林溝中段岩畫

托林溝是與默勒赫圖溝相通的一個支溝，全長約15 公里。所存岩畫達千幅以上，多是動物與狩獵岩畫，其中段一處是人面岩畫。該段是全溝中景色最爲俏麗之地，山高澗深，並有大跌谷，澗水由此往下直瀉，形成瀑布，岩畫就鐫在山谷石崖的兩邊主壁上，人面岩畫數量並不很多，但十分有特點。第一個人面岩畫是太陽形黥紋像，約有半米左右大小，橢圓形的周沿有一圈密密的光芒形短線，彎眉狀的黥紋飾以多道，顯得額頭皺紋很多，可能是一老者形像。

此處最有特點的一幅岩畫是鐫有兩個方形人面，右

邊的略大，長方形，上部飾以一長一短的兩根羽翎，朝右彎曲。雙彎眉形的眼，通體磨凹的三角形作鼻，扁長方形式嘴，露出一個個白齒。此處的方形人面，都是此式，或以此式為基礎的變體。

小結：

A. 人面類型。有類圓形、太陽形和方形。仍以方形人面為主，但已現出程式化特徵。圖像顯得呆板，缺乏生氣，並略顯出猙獰相。

B. 伴生符號。有同心圓。

C. 製作技法。用鑿磨法，鑿痕與磨痕都較淺。

D. 分析與討論。不僅是方形人面岩畫的餘聲，而且人面岩畫北方分佈帶至此亦進入衰退期，圖像顯出潦草與程式的特徵。

十二、烏斯台溝岩畫

位於托林溝中段岩畫西南約 20 公里處。山谷中植被稀疏，山石裸露，谷底澗水常年不涸，此處人面岩畫數量也不是很多，但有一幅畫面較大，高 1.69 米、寬 2.56 米。在距溝底 1 米左右的岩壁上，畫中有十多個人面像，刻痕較深，但製作得不甚精，以類圓形人面為多。另在半山腰鑿就的一幅圖中見出方形人面已呈圖案化式的變異，方輪廓中仍有雙眉與眼，但又另外填畫了不少線條與小圓。

小結：

A. 人面類型。有類圓形、太陽形、方形、無輪廓形。其中以類圓形為多，無突出特點。無輪廓形只有一幅，係類格爾敖包溝晚期作品。方形人面已見出圖案化式的變異，這種變異到桌子山苕燒溝，發展到了十分顯著的程度。

B. 伴生符號。有圓與小圓凹。無同心圓。

C. 製作技法。用磨刻法與鑿磨法。前者製作較認

眞，刻痕頗深。

D. 分析與討論。由於人面岩畫北方分佈帶的高潮已過，自托林溝中段岩畫開始，人面岩畫已與動物和狩獵岩畫雜處，雖然具體畫面中尚不見動物圖形，人面岩畫本身還有獨立性，但周圍大多分佈有動物岩畫。人面岩畫有別於狩獵和游牧文化的內在特徵越愈不甚突出了。這一狀態，也許蘊含着此地史前文化上的一種深刻變化。

十三、德和尚德溝岩畫

德和尚德溝係烏斯台溝的一個支溝。主要有一幅大的人面岩畫，位於東側山腳下，畫面較爲宏偉，高 3.32 米、寬 2.40 米，是人面岩畫中較爲大型的作品，人面像在幾十個以內。

A. 人面類型。有類圓形、太陽形，圖像約在十個以內。其中一個太陽形人面製作得較爲精細。

B. 伴生符號。有變異形太陽、圓與小圓凹。

C. 製作技法。用磨刻法與磨礪法。其中後者製作的圖像較爲完整與精美。

D. 分析與討論。從製作技法看，是一處早期的人面岩畫。但整個畫面中不限於人面，還有不少舞蹈人形與動物圖像。可能此處作畫曾延續了相當一個時期，內容和含意也就顯得愈加複雜。

十四、額勒斯台溝岩畫

額勒斯台溝位於內蒙古磴口縣西北角，與烏斯台溝隔開一座高山。此地十分乾旱，沙化得特別嚴重，有些地方沙漠已移漫到山頂處，但尚有淙淙清泉，從石隙中流出。人面岩畫不多且較分散，總共有十餘個人面像。

小結：

4·38

4·39

4·40

4·38
動物與狩獵圖。純粹是狩獵對象的動物，而不是帶有神性的作爲祭司助手的神獸。陰山德和尚德溝。

4·39
雙人舞圖。陰山德和尚德溝。

4·40
無輪廓人面岩畫和動物岩畫。陰山德和尚德溝。

4·41
陰山西部較爲精緻且畫幅較大的人面岩畫。但畫面較爲雜亂，表明人面岩畫內在規範不再很嚴謹了。陰山德和尚德溝。

A. 人面類型。有類圓形、方形、太陽形。具有符式規整性、體現出固定內涵的倒還是方形人面，與默勒赫圖溝之後的托林溝方形人面符式基本相似，雙眼作雙弧形。其餘人面岩畫較潦草，以簡略拙樸的類圓形爲多。另有一個簡略的無輪廓形人面。

B. 伴生符號。只有一個單圓。

C. 製件技法。鑿磨法。

D. 分析與討論。此是人面形岩畫北分佈帶陰山段的尾聲，從這裏起人面岩畫符式將進入沙漠地帶。從這幾個小岩畫遺存址來看，人面形岩畫中有着符式內聚力與規範性的，是以方形人面岩畫爲強。可猜測最西端的沙漠中，也應有方形人面的存在。這一點後來被驗證了。類圓形人面作爲最傳統的主流符式，在陰山尾端仍作爲主要符式出現，應認爲仍有生命力。

十五、巴丹吉林沙漠岩畫

這裏借用這個名稱。巴丹吉林沙漠岩畫的準確含意應是包括這個沙漠的全部岩畫。巴丹吉林沙漠是騰格里沙漠以西的又一個大沙漠，北接蒙古人民共和國，西達弱水河東岸，南接河西走廊，方圓在千餘公里。在東部與騰格里沙漠交界處，有一條雅布賴山系。1986 年在沙漠中發現了第一幅岩畫，以後找到了十幾個密佈岩畫的遺存址，現沙漠中已發現岩畫達 1 萬餘幅，大多是動物、狩獵、舞蹈、記事等岩畫。人面岩畫也有，但數量較少，僅十數幅，且分佈在沙漠八、九個小岩畫遺址內，間隔距離非常大，最遠的相距 500 公里，故在這裏只能以沙漠名統稱。

巴丹吉林沙漠南部靠近河西走廊，那裏有龍首山岩畫，但沒有人面岩畫。只在沙漠的東部與北部有人面岩畫。可見人面岩畫仍是從東北面的狼山、陰山一帶傳播過來的。河西走廊、甘肅西南，以及更南的青海高原，

4 · 42

4 · 43

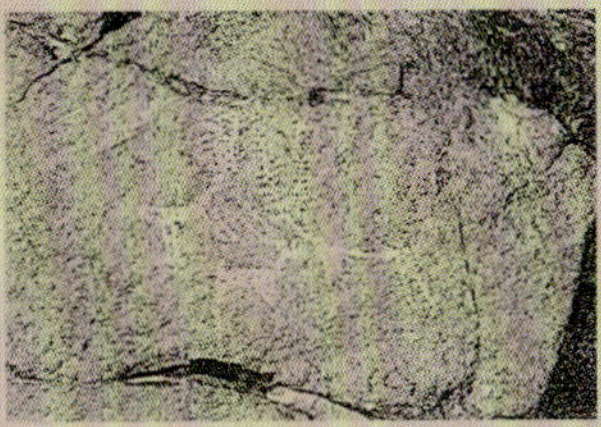

4 · 44

4 · 42
巴丹吉林沙漠中的雅布賴山。
4 · 43
沙漠南部只有漢代鐫刻的戰匈奴岩畫。阿拉善右旗龍首山。
4 · 44
鹿圖。阿拉善右旗曼德拉山岩畫。

4·45

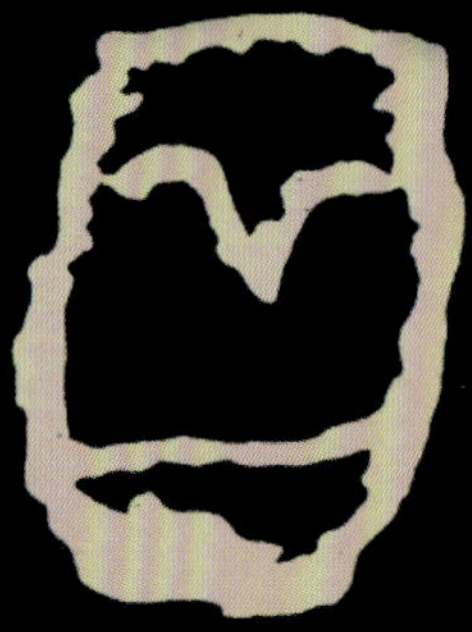

4·46

都屬西中國岩畫符式系統，本就不存有人面岩畫，故沙漠南部也無該類圓形岩畫，是符合分佈規律的。

在沙漠最北端分佈有人面岩畫的遺址是布勒古圖岩畫，那裏緊靠着與蒙古接壤的國境線，共有 50 幅岩畫，主要是駱駝、騎者、符號。人面像有，但數量很少，只有幾幅。

海爾汗岩畫址中的人面像相對來説數量最多，也較集中。該處岩畫離旗府所在地阿拉善右旗有 500 餘公里，位於巴丹吉林北部沙漠之中，該處岩畫約有 300 餘幅，主要分佈在一座小山和一條季節性河流東岸的石面上。人面岩畫面河而鐫，其數量也很少，只有四幅，畫面略大，共有十幾個人面個體。畢竟已是強弩之末，能這樣的出現，也算回光返照。

還有一處是筆棋溝岩畫，那裏有一幅較爲大型的人面岩畫，畫中以方形人面爲主，完全見出托林溝以西方形人面的那種特殊符式，雙眼處理成雙弧，似一隻抽象化的飛燕。該地同樣有衆多的羊、馬、駱駝、人、狼等岩畫，人面岩畫與之雜處。

小結：

A. 人面類型。有類圓形、方形、帶冠飾形。其中類圓形人面爲多數，構圖返樸歸眞，圖像不怪誕奇特，簡簡單單一個類圓形，三個大圓爲眼、嘴。有的中間再有一豎爲鼻子。倒是與青銅器時代的青銅人面像相似。方形人面符式的內聚力最強，與東部 500 餘公里處的默勒赫圖溝、托林溝一帶傳出的方形人面基本相符，尤其是雙弧式的雙眼一路傳播過來，未曾有變化。其規整的長方形臉框也沒有變化，好像還是生氣勃勃，堅韌不拔地在沙漠戈壁中向西行進，至終消融在夕陽西沉的浩瀚沙海深處。此景此情不由得令人肅然默思。帶冠飾形人面在北分佈帶上基本沒出現，僅在巴丹吉林的海爾汗岩畫址中出現了一幅。但它是否肯定是冠飾人面，還可再推敲。它是兩頭各有一個橢圓形，中間又有兩個方形

4 · 47

4 · 45, 4 · 46
巴丹吉林沙漠中的方形人面像，與數百公里外的陰山方形人面像結構上相似。筆棋溝。
4 · 47
巴丹吉林沙漠中水源奇缺。

4 · 48

的縱向拼接，正中左右兩側又水平狀伸出兩根短線。橢圓與方形內都佈有不規則的小圓凹，是否屬人面還可懷疑。它與諸多類圓形人面共處一畫面，其中有一個似貓頭狀類圓形人面。

B. 伴生符號。有太陽、同心圓與小圓凹。並不是每處岩畫點都同時具有這三種伴生符號。儘管各處岩畫址相距遙遠，最遠的間隔可達四、五百公里，但巴丹吉林沙漠岩畫，除了龍首山岩畫與曼德拉山岩畫等幾處外，其餘的八、九處岩畫址具有明顯的統一性，也恰恰是這幾處存在人面岩畫。三種伴生符號從整體上具備，表明雖然地貌特徵與東部沿海和草原山地有很大差別，但人面岩畫同屬一個系統。

C. 製作技法。鑿磨法和敲鑿法。前者是用鋭器鑿擊成形後略加磨刻，但點點鑿痕，清晰可辨；後者是採用鋭器（很可能是金屬工具）在石壁上敲鑿出人面圖像，未加任何修飾。

D. 分析與討論。這是人面岩畫北分佈帶的最末端，這一條東西向水平狀的分佈帶，從其最東部赤峰地區克什克騰旗至此地已達 1590 公里。從地理狀態上説是從高原與平原的斷裂地區，到南漠草原，到陰山、狼山山脈，至此完全進入到戈壁大沙漠之中，但人面岩畫符式的基本結構沒有變，伴生符號沒有變。這應是一種較奇特罕見的文化傳播現象。

具體地分析，在人面岩畫址所在的自然地貌方面，有了些變化。東部地區都分佈在靠近水源的山谷口，面對着平原。從格爾敖包溝開始在山峽的縱深處出現，以後的遺址包括巴丹吉林沙漠中的，雖還明顯地有靠近水源的迹象，有的也在山谷口，如海爾汗岩畫，但這一切執行的似不如東部嚴格。

另外在托林溝岩畫之前，人面岩畫基本上不與以狩獵的游牧文化爲特徵的動物、狩獵岩畫相混淆，顯出是兩種涇渭分明的岩畫系統。但從默勒赫圖溝之後的托林

4·49

4·48
青銅人面盾飾。商代。直徑 11 厘米。陝西省博物館藏。
4·49
巴丹吉林沙漠海爾汗人面岩畫。

溝岩畫開始，人面岩畫已與動物、狩獵岩畫靠近，出現分畫同處的局面，此種狀態一直延續到該符式進入巴丹吉林沙漠，而且越往西越甚，這一現象或許反映出人面岩畫傳播者的文化經濟性質逐漸有所改變。

另外還有變化的是製作技法，自格爾敖包溝的後期岩畫，出現了鑿礪技法。從其點點鑿痕看，有理由相信是使用了鑿具，採用間接敲擊法。鑿具可能是石器，也可能是青銅質地。格爾敖包溝屬內蒙古巴盟地區。該地文館所獲得的眾多石鑿，雖並不出自岩畫遺址，但用來鑿岩畫是可行的。這樣就爲人面岩畫下限的斷代，提供了一定的依據。與其相挨的默勒赫圖溝，除幾幅明顯係後期加工的畫外，基本無採用鑿具製作的，西去若干處的岩畫也是如此。

人面岩畫，尤其是仍保持着符式內在規整性的方形人面，頑強地經過漫長跋涉，至終同瑰麗的落日一道，消失在浩瀚無際的沙漠之中。這必定伴隨一段曾正式演繹過的驚心動魄的史前故事。這段失落了的故事從哪兒去尋找？沙海孤山上的岩畫會告訴我們嗎？這必定是每個循迹追尋岩畫而跋涉於沙漠中的藝術考古者所深深思索的。

十六、桌子山諸人面岩畫

桌子山位於內蒙古中南部黃河東岸烏海市境內（古稱海勃灣地區）。烏海市北與磴口縣相鄰，南接寧夏省界。桌子山最高海拔 2149 米。

桌子山岩畫北接磴口縣的默勒赫圖溝岩畫，南連賀蘭山岩畫，構成人面岩畫系統中的中分佈帶。該分佈帶全長達 450 餘公里。

苕燒溝岩畫是桌子山系中最具代表性的一處人面岩畫。位於桌子山南端西麓，面朝黃河。鐫在苕燒溝西口南畔磐石上，圖像密集，風格一致，技法統一。圖像分

4·51

4·50
中國最西端的人面岩畫。已幾近被黃沙掩蓋，但圖像仍規整，同心圓和小圓凹仍伴隨，表示精神不滅。然而至終它還是消融在浩瀚沙海深處。巴丹吉林海爾汗。

4·51
作者第二次在內蒙古桌子苕燒溝岩畫區考察。

佈面積南北 50 米、東西 40 米。原先可能是一完整的石灰質坡狀基岩，由於流水侵蝕，現被割裂成數塊小區。由於該區沙化嚴重，加之溝口磐岩處位置較低，岩面曾一度被流沙掩埋。從地貌觀察，當初這磐岩之旁一定有澗水流過。現山峽口兩側的基岩仍泛出山水沖刷的青亮色。

其中主要的一塊岩畫區長 15 米、寬 6 米，佈滿了各種形態的人面像，計有七、八十個圖像。神情怪誕，充滿神秘氣氛，以太陽及太陽形變體人面爲主。分佈似乎無秩，但整個畫面有一種內在的張力，極似一幅畢加索風格的現代派繪畫。

畫面刻痕寬深，見出初民製作時態度極神聖嚴謹，但現在風化得很嚴重，整個岩畫區內至少有半數以上的圖像斑駁，無法辨識。即使如此，該區的圖像也約存有 200 餘個體。

此外，桌子山的木耳溝、苦菜溝也蘊有相當豐富的人面岩畫，人面圖像幻變幅度很大，表明符式內充滿着張力。

小結：

A. 人面類型。有類圓形、太陽形、方形、冠飾形人面像，因各圖像較爲典型，又變化有致，故分而述之。

類圓形人面在此岩畫區內地位不顯要。除了有少數通常類型的圓形人面以外，還有一種類似三角式類圓形人面，這種圖像在默勒赫圖溝岩畫中就已出現，有的還略微飾有幾根芒狀線。此圖像在這兒獲得發展，呈兩種方向。一是只留頂端中間一根芒線，連接下方的三角形圓人面，漸漸地這種符式在這裏演化成冠飾形人面，三角形的上部加了一、二道橫線，成了一頂三角形帽。這類人面形似乎又返回到世俗的特徵，那種尊可比天的顯赫神聖氣氛減弱了很多。此一符式在桌子山岩畫中不佔主要地位，然而在更南區的賀蘭山岩畫中，則成爲了主流。三角式類圓形人面的另一演變方向是與太陽形人

4 · 53

4 · 52, 4 · 53
太陽人面形達到高潮後，向冠飾方面演變。桌子山苕燒溝。

4 · 54

面結合，在其三角式外沿飾以密密的短芒線，這一圖像在此佔有重要的地位，形成最有特色的符式，呈現出的風格是至尊與世俗奇妙地結合。也許這意味着人神分離的時代即將到來。

太陽形人面。在默勒赫圖溝不佔重要位置。但磨刻精細、周圍並環以密密繁星的太陽形人面，在此處獲得極盛的發展。鐫刻製作也更爲精細，幾達到至美的程度。採用磨礪技法，呈現立體感極強的陰浮雕效果。不知是由於過細的製作還是觀念已有變化，太陽形人面的表情也刻劃得豐富生動。如此這個天帝人祖大神似乎也一改威嚴至上的神態，變得親近可掬。實際上體現出人面岩畫這一圖形的世俗性獲得了回歸。零亂無序的苕燒溝岩畫，一定不是一次完成，而延續了相當時期。因此將此地各種太陽形人面作一對比，能清晰地看到其威儀之氣在減弱，而世俗之態在漸現。正由於此，其內圓逐漸變長，不再相似於太陽，最後與三角式圓形人面符式方法結合。這種結合在此地延續了相當時期，製作出了一批最高等級的人面岩畫，形成這一地區獨有的風格。

太陽形人面在此地達到極盛的狀況，之後便迅速地消退衰亡。

方形人面。這一符式的最盛處位於默勒赫圖溝，而且其衰退的餘脈是循着陰山向西發展的，故此地只有些餘響。又因方形人面在默勒赫圖溝達到至聖至偉之程度，而桌子山苕燒溝又明顯地承前繼後地發展，故餘響也是可觀。在一塊完整的大的岩畫區內，留有七個大型長方框圖形。有一個框內填有四個太陽，將方框全部分割佔滿。另一方框內填有兩個太陽，還雜以其他，還有一個大方框有些不規則小方格，外沿衍化出大耳朵似的線條，已完全不像人面了。另外幾個則漫漶不清。岩畫中分佈帶的方形人面基本上就到此爲止，更南面的賀蘭山麓中，還有些零星的存在，但個體很小，氣勢不大，僅是餘響的餘響而已。

4·56

4·54
這些岩畫證明史前中國確有過一個太陽崇拜的時期。桌子山苕燒溝。

4·55
太陽與穹廬。桌子山苕燒溝。

4·56
陰山默勒赫圖溝的方形人面在此地也留有餘響。桌子山苕燒溝。

B. 伴生符號。太陽、同心圓、小圓凹都出現。只是太陽符號不甚典型，不是被填在方框中，就是略帶有人面的痕迹，但這三類伴生符號都製作得很精湛。雖太陽的至聖威儀在減弱，但古代藝人在製作時的那股子精神並未失卻。

C. 製作技法。磨刻和磨礪法。未見鑿具加工痕迹，磨刻線很寬，有的達五、六厘米。磨礪法製出人面岩畫數量很多，雖歷數千年的風雨侵蝕，但陰浮雕效果之強烈，在中國岩畫中仍屬罕見。

D. 分析與討論。人面岩畫由東向西發展至格爾敖包溝和默勒赫圖溝之後，雖然繼續向西推進了近千里，但那其實只是漫長的尾聲而已。其勢頭勃蓬的主流，已經沿着黃河而南下。桌子山人面岩畫的存在，正是這種史前文化主流演進的結果。不僅在苕燒溝留下了大面積的密集的人面岩畫，還在桌子山的木耳溝、苦菜溝等地留下風格相一致的人面岩畫。只是該兩地的圖像，顯然要晚於苕燒溝，故不如苕燒溝如此精湛聖美。但岩畫符式內部的生命張力，仍然強旺，每一圖像的形式都各有特徵，盡量不雷同。因而，在木耳溝、苦菜溝兩地百十個人面岩畫圖像中，除了“人面”與“太陽”這兩個基本要素作爲固定的結構形態存在外，其他的表現形態及至構圖方式，都各不相同。人面岩畫的變異甚爲強烈。變異越大，那種赫然威儀的神性就會減弱，尤其是高潮之後的衰弱階段。這樣，世俗性就會乘隙而獲發展。比之於苕燒溝，木耳溝與苦菜溝兩地的人面岩畫更有這種趨向，此特徵在再南去百十公里的賀蘭山岩畫中，獲得了更充分體現。

4·57

4·57
蛙形人。桌子山苦菜溝。
4·58
變異的太陽形人面。桌子山苦菜溝。

十七、賀蘭山人面岩畫

位於寧夏賀蘭山中部。賀蘭山全長 250 公里，南北走向，列於黃河西岸。該地古時多種民族在那裏繁衍

生息，留下了豐富的岩畫。但人面岩畫只有蘇峪口和賀蘭口以及賀蘭山最南端的中衛縣出現。其中尤以賀蘭口較爲密集。人面圖像包括已漫漶不清的至少在 1000 幅以上。

該地俗稱的“口”，其實與內蒙古俗稱的“溝”同，都是一山峽谷口。賀蘭口位於賀蘭縣金山鄉，距銀川約 65 公里。該地山勢巍峨峻拔，位於主峰之下的這一山谷，橫貫賀蘭山體，有一清澗長年從山峽中流出，雨季時，水勢定洶湧，因爲峽谷外有一個寬約幾公里範圍的巨大扇形沖積地層，其上遍佈大小鵝卵石。

密集的人面岩畫，都只鐫在峽谷口的南北兩側石壁，往谷縱深進 2 公里，便無見有。

賀蘭口岩畫，明顯地分早晚兩期。早期岩畫以南側石壁爲主，多用磨刻技法，線條輪廓式地勾勒出人面；也有少數屬磨礪法，陰浮雕特徵明顯。人面符式世俗化特徵很強，並已明顯滲入政治權力色彩。完全不具有桌子山、格爾敖包溝、默勒赫圖溝等地人面岩畫的威儀超邁、至聖無上的那種氣氛，卻增加了猙獰恐怖的色彩。這類早期岩畫除了主要集中在南壁外，北壁也略有分佈，尤其是谷口朝東的一片岩坡上，密密地留有眾多已嚴重漫漶了的人面岩畫。

但晚期岩畫，都只在北壁出現，南壁似無見。其圖像明顯地呈現雷同，多鐫成帶角飾的人面，有的是獨角，但更多是左右彎曲的雙角，似羊首狀。北壁羊圖也出現多幅，有的羊圖邊上就是人面，有理由相信角飾與羊圖騰有關。北壁的人面岩畫總量與南壁相差不多，但分佈得集中密匝。構圖單調，缺乏生氣，全然失去了南壁岩畫以及其他地區人面岩畫在形式方面的勃勃生機。圖像從猙獰可怖，又歸於偶像式，是一種呆板拘泥的受祭的偶像。

與人面岩畫共處的有靈獸圖，如羊、鹿、虎。其中虎圖最多、最精美，呈現濃厚的裝飾性特徵。張光直先

4 · 59

4 · 59
賀蘭山賀蘭口峽谷南壁的岩畫，爲該地早期岩畫。賀蘭山賀蘭口。

4 · 60

生在論述中國上古宗教時說到，虎也是巫師施法的助手。看來賀蘭口眾多神靈化了的虎圖正證明了這一假設。

賀蘭口外的扇形沖積地東邊緣，我還發現有一座高約 20 米的大土石墩，肯定係人工堆築。其頂端，平廣有七、八米，不規則地埋着一些大石塊。此石堆若能排斥是墓葬、烽燧，那就有可能是原始初民築就的祭台。而烽燧的可能性幾乎不存在，因爲它離賀蘭山太近，無烽燧設在高山腳下的。如果是原始祭台，就有可能與幾百米外的峽谷口人面岩畫有着直接的關係。

小結：

A. 人面類型。主要有類圓形與冠飾形人面，亦有少量的太陽形與方形人面。其中冠飾人面，顯然是後期作品，與山峽南壁的類圓形人面岩畫年代間隔較長。南壁圖像刻鐫線的色澤幾乎與石壁相同，説明年代久遠；北壁圖像的刻線色澤，則明顯地鮮亮於南石壁。這是對南北兩壁人面符式風格迥異的一種很好的説明。

B. 伴生符號。有太陽、同心圓。小圓凹則少見。太陽形不多，也不甚精，以寫實的方式表現，完全不具有赫然的威儀，倒是與連雲港將軍崖第一組岩畫中的太陽相似。同心圓則非常精美，峽谷口內南側的一塊巨石上，鐫有一個八重同心圓，直徑 24 厘米，平均每條刻線 1 厘米寬，間隔 2 厘米，鐫得極規範精緻。山峽口外一塊孤石上的同心圓，刻得更加圓，磨痕也深。

C. 製作技法。賀蘭口山峽南壁的人面像主要採用磨刻法和磨礪法，係石器工具所爲。刻痕深寬。北壁的人面像，有少量的與南壁相似，但更多的是採用鑿磨法。有少量採用敲磨法，即用堅硬鑿具敲鑿而不加磨礪。有一個尚未完成的人面僅敲鑿一半，點點鑿痕，清晰可辨。

D. 分析與討論。賀蘭口南壁人面岩畫，在製作技法與製作年代上，與桌子山苕燒溝的岩畫有繼承性，很可能是取苕燒溝一種已顯世俗化特徵的人面符式。這種

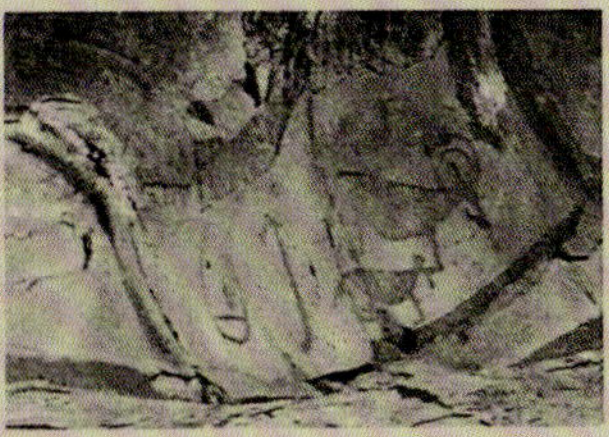

4·61

4·60
圖像怪誕神秘，但北面一路高漲而來的太陽神性，卻在此地減弱了。賀蘭山賀蘭口。

4·61
人面與羊。羊顯然也被認作神獸。賀蘭山賀蘭口。

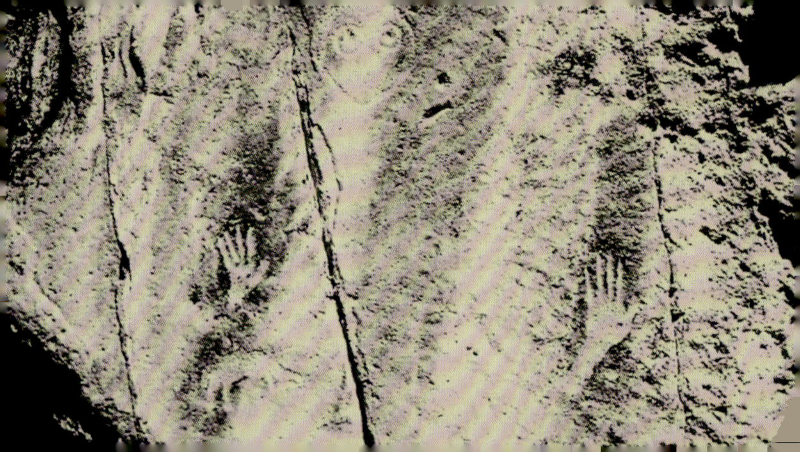

人面符式在此地獲極至發展。兩相比較，失去了桌子山威儀顯赫的那種神性，更多顯出了人的性質，卻添進了世俗間政治權力的因素。賀蘭山南壁的那些瞪鼓雙目、頭髮豎立、露出雙排利齒的人面像，顯示出政治權力在這種宗教祭祀活動中體現。此刻文化政治觀念所要強調的不僅是超渺高遠的天帝之神的顯赫，而且要突出塵世間人祖、酋長在現實生活中的權威性，尤其是對子民們的那種絕對的支配權力。爲了達到這個目的，人面符式中增加了猙獰可怖的因素，以使子民們懾服。當然形式僅僅只是當時宗教禮儀文化的一個方面的體現。我們現在只能看到留在石壁上的圖像，而在當初，它是與社會現象、權力結構、禮儀程式等有機地結合在一起的，因而定能起到這樣的作用，這種形式上的特徵後來便流轉到了殷商的青銅器紋飾上。

北壁的人面像與南壁的間隔較長，似乎不是直接在南壁的基礎上衍化出來。我猜度，可能是間隔相當時期後，這裏出現了一支由別處遷入的初民部落，他們受到此地文化的影響，也開始製作人面岩畫，但圖像符式卻與原來的差別很大，失卻了原來猙獰可怖的氣息，卻顯得華貴、富態，並具有裝飾風格。

這些已顯出程式化並且呆板雷同的人面圖像，是中國人面岩畫系統中最晚期的符式。然而，有趣的是，在這些圖像中竟還夾雜着眾多的石斧圖形，完全是典型形狀的石斧圖。石斧是酋長權力的體現，它與人面岩畫的表現在內涵邏輯上一致。賀蘭口北壁人面岩畫中共出現七、八個石斧圖形。這表明最晚期的人面岩畫符式，在其製作時仍處在石器時代。這是十分有價值的例證。

在賀蘭山除了賀蘭口有人面岩畫外，在其南五、六公里的蘇峪口也有一些人面岩畫。圖像有圓形、方形和同心圓形。其個體規模較小，數量也不多。因在山峽深處發現了硫鐵礦，在修築運礦公路時，將不少岩畫毀去了。現僅殘存少部分。此外，再往南 150 公里的賀蘭

4 · 62
人面與手印。左側是兒童手，右側是女性手，係摹眞人手而成。賀蘭山賀蘭口。

4 · 63

4 · 64

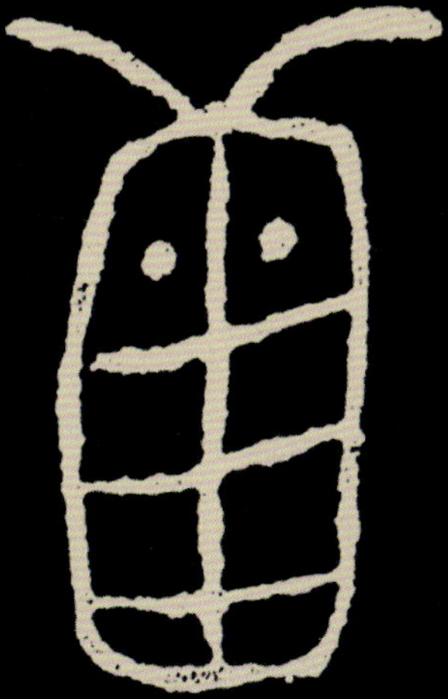

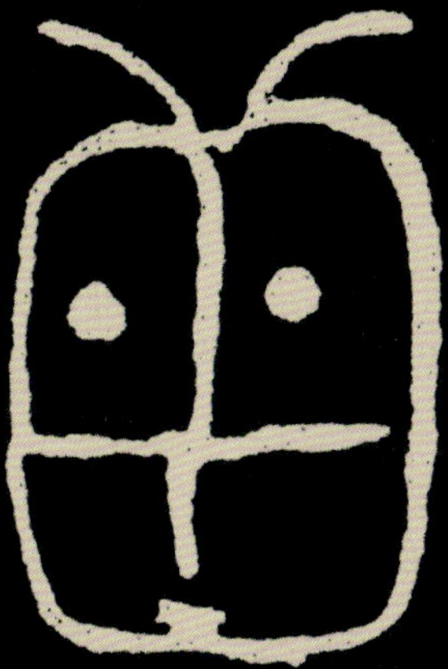

4 · 65

4 · 66

4 · 63
呈現裝飾化的類圓形和方形人面岩畫。賀蘭山賀蘭口。

4 · 64
北壁岩畫，已出現雷同和程式化，屬晚期岩畫。

4 · 65
人工堆築的土墩，高約 20 餘米。位於賀蘭口峽谷外，可能是古祭台。

4 · 66
賀蘭山蘇峪口岩畫。處更南面，故愈加草率。

山南終端，在寧夏中衛縣和內蒙古的阿拉善左旗境內，也還發現了少量的人面岩畫，多是類圓形人面，圖像散亂分佈約有百十多個，但製作得草率粗劣，係晚期之後的餘響與尾聲。

十八、閩南仙字潭岩畫

位於福建省南部華安縣沙建鄉。鐫在仙字潭北峰的峭壁上，山壁總高約 30 米，20 米以下部位開始有岩畫。該處岩畫是中國近代以來最早發現並有確切記載的地點。同時學者對它也開始了學術研究。嶺南大學教授黃仲琴於 1915 年發現了它，並撰寫論文，於 1935 年發表於《嶺南大學學報》。

仙字潭岩畫的研究較充分，但一直來都是從古文字的角度去研究。這處石刻有些畫幅較規整，確使人會聯想到可能是一種未被破譯的古文字。直到八十年代中期，隨着中國南北方岩畫的大量發現，對照其他岩畫圖式，學術界又有人提出了“岩畫説”的觀點。現意見尚未統一，但“岩畫説”的論據較爲充分。因爲石刻中顯示的人體姿式是南中國岩畫中最爲典型的圖式，甚至北中國岩畫中都存有。在別處確鑿不疑地是畫，此處則不可能是字。況且我在考察時，又發現了在最大一幅石刻的左下角，還鐫有一個五重同心圓，甚是精美。如此，屬“畫”的論據更充分了。與仙字潭岩畫隔海相望的台灣萬山岩畫，都有眾多的同心圓畫像，有理由認爲台灣的岩畫是經由閩南而傳播過去的。

仙字潭岩畫，可分六組，其中一組是唐代鑿刻的楷書漢字。其餘五組，主要是垂臂蹲立狀的人形，也間有人面符式等。由於距北中國岩畫千餘公里，人面圖像顯現較大的變異。但在基本結構上，仍有較多相同之處，只是人面形岩畫數量不多，只有七、八幅。

小結：

4 · 67

4 · 67
閩南仙字潭岩畫遠景。岩畫鐫在傍水而依的石壁上。
4 · 68
岩畫氣氛熱烈，歷來有字畫之爭。閩南仙字潭。

4 · 70

A. 人面類形。有類圓形、無輪廓形和冠飾形。其中類圓形人面僅有一例，並連有抽象成線條的軀體與雙腳，該圖像是仙字潭岩畫中最大的個體，長 74 厘米，寬 35 厘米。臉頰上似有黥紋線。冠飾形人面有兩個，與連雲港將軍崖第三組岩畫中的一種圖式有着很直接的繼承關係。無輪廓形人面數量略多，有五個，結構大致相同，都突出雙目。畫兩個較大的圓作眼睛，炯炯有神。鼻子與嘴，則各有不同表現，有用圓點，也有用線條勾勒。

B. 伴生符號。有同心圓，小圓凹，無太陽。

C. 製作技法。大部分採用磨刻法，工具係石器，故刻線寬淺，線底平滑。也有少部分用利器（有可能是金屬）鑴鑿，並未加磨琢，點點鑿痕，清晰可辨。可見仙字潭岩畫至少存有二期作品。後期的製作年代有可能已進入青銅時期。

D. 分析與討論。這是中國唯一一處北中國岩畫風格與南中國岩畫風格相交滙而形成的岩畫遺存地。南北中國岩畫以長江爲分界，形成風格迥異、技法不同的岩畫區域。仙字潭岩畫，雖處在南方地域，卻採用北方的磨刻技法，而不採用南中國岩畫中的紅色顏料彩繪方式。在內容上則主要是南中國岩畫普遍出現的蹲立式人體展示，並夾有北中國岩畫的人面圖像。因此這是一處很有研究價值的岩畫遺存地。在東西縱橫幾千公里的南中國岩畫中，唯有東部沿海一線，被北中國岩畫所體現的文化突破傳入。這只能説明，人面岩畫是一種與海洋有着特殊內在聯繫的岩畫符式，但在岩畫的內容和細節上，現在又看不出與海洋的直接關係。①

十九、台灣萬山岩畫

位於台灣高雄縣萬山，共發現三處岩畫遺址：孤巴察峨、祖布里里、莎娜奇勒娥。均處在萬山舊村社東北

4 · 69

4 · 71

4 · 69
右上角的圖像，其上部類圓形相似於連雲港將軍崖岩畫。最右邊的一個帶兩根羽飾的人面以及左側第二個小的無輪廓人面，都是未被記錄的新發現圖像。閩南仙字潭。

4 · 70
無輪廓人面與類圓形。閩南仙字潭。

4 · 71
仙字潭岩畫中人形多是男女成對出現。有明顯的生殖崇拜特徵。考察中發現閩南仍存有此風。這一石女陰，現仍受祭。閩南東山。

方的萬頭蘭山原始森林中。

孤巴察峨岩畫處在密林中的岩石坡地上，面積約有50餘平方米，主要圖像是人面形、全身人像、同心圓、圓渦紋、對稱倒掛式的曲線紋、蛇紋、曲線、凹坑，以及線條交纏、無法辨清的刻劃線條與小圓凹點。是三處岩畫遺址中圖像最爲豐富的一處。

祖布里里的岩畫主要是二十七、八個腳掌印，呈帶狀自左而右分佈，其間夾雜一些小圓凹點和一個凹坑。

莎娜奇勒峨岩畫除了頂端有三處琢出的凹坑外，有十餘條蜿蜒沿伸的曲線，另外少數三角紋、方格紋，以及散佈在各處的無數小圓凹點。有一些呈星狀排列。

三處岩畫，位於萬頭蘭山頂不到的地方，海拔在1475米。呈三角點狀分佈，各自相距都在2公里左右。雖然岩畫的內容各有側重，不完全一致，可以想見是三個不同部落或人群所製。但從作畫的工具與技術來看，顯示出他們具有共同的文化內涵與特徵。

關於岩畫的創作年代，該處岩畫的發現者高業榮認爲：這“岩雕藝術的存在至少已有一千多年的說法應當可以成立，這是最保守的估計。”這一年代的認定是依據生活在該地古老民族魯凱族遷移年代而推測的。據認爲魯凱族遷入台灣最早應在公元一世紀之後，最遲則在公元九世紀前後，以下限計，距今至少有一千多年。但高先生認爲“在魯凱族祖先，居萬頭蘭山附近之前，岩雕藝術或許早就存在了。”如此岩畫成畫年代則將大大推前。

小結：

A. 人面類型。有類圓形、太陽形人面，數量不多，呈荒率拙樸的風格。

B. 伴生符號。有眾多的同心圓與小圓凹。同心圓是台灣岩畫中最壯麗至聖的圓像，不僅數量眾多，其製作之精湛，亦是中國如此眾多岩畫中首屈一指的。最精美的一個同心圓竟重重叠叠套着十一個圓。一大一小的

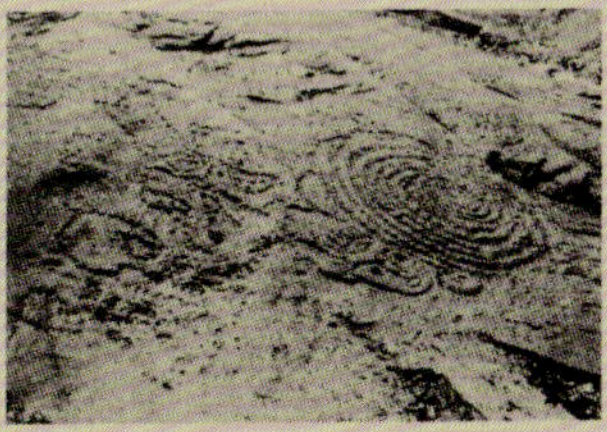

4·72

4·73

4·72
同心圓發展至台灣萬山達到最輝煌的顯現。

4·73
岩坡上的岩畫蔚爲壯觀，是中國人面岩畫最南端遺存地。符式內生命力仍茁壯旺盛，未見頹衰。台灣萬山。

兩個人面，與圓相切，表明着同心圓與人面像之間的深刻聯繫。在孤巴察峨岩畫中，同心圓似乎也不再處在伴生符號的地位，而獲得獨立主體式的表現。

C. 製作技法。以敲鑿爲主，少量的在敲鑿後有磨刻。高業榮認爲“岩雕琢製法的特徵，是不論凹點或凹條的邊緣，都呈現不規則的狀態。線條底部不但異常粗糙，並且佈滿許多凹點，這可能暗示琢製線條的過程，是採取連接點而成線。”這就是敲鑿法，以敲鑿的點連成線，勾勒出圖像。我雖未有機會實地考察台灣萬山岩畫，但細察了高先生所攝的照片，我認爲還是有部分岩畫，在敲鑿後，用石器作了磨研。那幅十一個同心圓就是如此。

另在沙娜奇勒娥岩畫中，還有幾個三角形，是採用了刀刻法，刻線細而直，可能是後期的過路獵人所爲。

D. 分析與討論。此是現今發現的中國人面岩畫東分佈帶最南端遺存地。岩畫符式內生命力仍茁壯旺盛，未見頹衰。與北分佈帶最西端那種強弩之末岩畫相比，似乎還未能打下句號。可能在中國更南部的大陸海岸或南太平洋的島嶼中，還會有這類符式的岩畫遺存地存在。

儘管距離最西部沙漠中人面岩畫遺存地約有 4000 公里，可岩畫所處的地理環境位置、伴生符號以及功能意義同樣是如此地相一致。

高業榮在總結台灣萬山三處岩畫遺存址的相同點時，歸納了三點：

“（1）岩雕都座落在接近水源，倚靠在絕壁的平緩坡地上，是一群人或一個部落共營生活的理想環境。

（2）岩雕的製作方法，以琢製法爲主，有極多凹點和二個到八個凹坑散佈着。

（3）岩雕的本身都具備雄偉、神秘的外型，是視覺最佳的集中點，適宜做某種宗教儀式或集會的場所。”

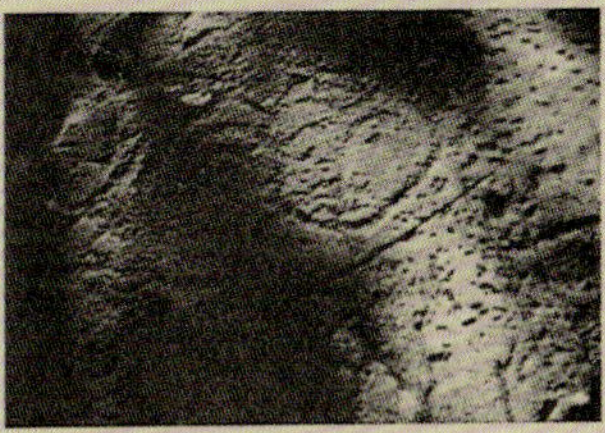

4·74

4·74
人面的人格性似乎大於神格性。台灣萬山。

高業榮是在沒有獲知中國大陸存在人面岩畫的情況下，僅就台灣萬山一地的岩畫歸納出的這些特徵。然而這些特徵，與中國人面岩畫東分佈帶、北分佈帶、中分佈帶各個遺存地中的狀況是何其相似。幾乎所有的人面岩畫遺存地當初都鐫在水源邊，即使現在西北之地如此缺雨少水，幾乎成不毛之地，但仍有百分之九十五以上的人面岩畫遺存地，現有流水經過，哪怕是涓涓細流。

如此相比較，不僅表明着，東西南北中的人面岩畫都具有共同的文化宗教觀念，是同一文化傳播所致；而且能説明，這一文化區域的內在規定性與凝聚力、約束力是這樣地強健有力、堅韌無比。這是一種奇異的、深邃的、充滿生命原氣的文化。正是這種文化，在廣袤的亞洲東部孕育出了華夏民族，並使之延續數千年至今日仍茁壯勃發。

註：

① 在人面岩畫內容上，連雲港的岩畫有明顯的祭日含意。祭日未必與海有關。然中國上古卻有濱海祭日的習俗，神話與典籍中有記載。也許這方面與海洋有關。

第五章

製作年代與製作者族屬

岩畫的斷代至今是世界性的難題。科學家能對生命合成的物質如骨片、木頭作測定，也能對人工合成的物質如陶片作熱釋光斷代。至於岩石，現代科學也可以測出其地質年代。但是，刻在岩石上的畫的年代，那就難以測定了。世界岩畫學界至今沒研究出一種有效的科學測定岩畫的方法。

這並不意味着岩畫的製作年代是不能被認定的，歐洲舊石器晚期洞穴岩畫的年代確定是依據着地層學原理。有一部分在岩壁底部的岩畫，被文化堆積層掩埋了。而這些文化層中清理出的骨片等是可以被科學測定出年代的，於是相對地岩畫的年代也大致被框定了。

可是，這一方法，對於中國人面岩畫的斷代，則基本上不能借用。因爲依據地層關係斷代的前提條件是土層不能被擾亂。歐洲的岩畫多在洞穴中，且由於洞口崩塌等原因，洞穴一直封閉直至被發現，它滿足了這個條件。中國人面岩畫如前所述，大都在水源近旁的山峽谷口，裸露於天地間，雖亦發現有被掩埋於沙土下的岩畫，但那地層每年都被擾亂，一年幾度的山洪沖刷，改變着地面堆積的式樣。

好在本世紀以來，考古學界基本摸清了中國境內各區域史前文化發展的特徵以及演化系列，這爲採用綜合

5 · 2

分析法判定人面岩畫的製作年代，提供了可能。借用邏輯推導，以及與相關出土器物類比分析，我相信大致能界定住中國人面岩畫的製作年代。當然這種界定仍是一種需要被驗證的假設。

一、生成的先決條件

一種文化或文化的特殊表現方式，其生成或出現必定要滿足相應的先決條件，否則就不成其爲可能。從現存的人面岩畫狀況與分佈範圍來看，它屬於一種原始期佔主流或主導地位的文化表現方式，而不是歷史過程中短暫出現的偶發現象。因此它的出現必定具備着諸種先決條件。

由此我們可以來討論第一個先決條件。

人面岩畫所體現出來的主要文化類型是一種原始巫教，並構成這一巫教中敬神祭祖儀式的一部分。這一性質，僅憑直觀就能感知到。從各種特徵看，它所代表的是薩滿教。

薩滿教曾是史前時期廣泛分佈於亞洲北部的原始宗教，中國的東北部內蒙古一帶，以及西北邊疆地區的許多民族部落都信奉過它。該教在萬物有靈信念支配下，以崇奉氏族或部落的祖靈爲主，兼有自然崇拜和圖騰崇拜的內容。

不少學者在論述中國殷商時的巫術宗教時，都談及其有明顯的薩滿教痕迹。如敬神信鬼、祭祖祀宗、灼骨占卜等。商人的祖先有可能經歷過一個草原文化的時期，要不就是深受草原文化宗教的影響。

有意義的是本世紀五十年代，薩滿教還存留於中國境內一些封閉的少數民族中。這對於我們了解薩滿教與以人面像爲體現的偶像崇拜之間的關係，很有價值。例如赫哲族人，“許多鬼神，都要製成一定的偶像來崇拜祭祀。開始是用石頭製作偶像，後來大都削木而成。有

5·1

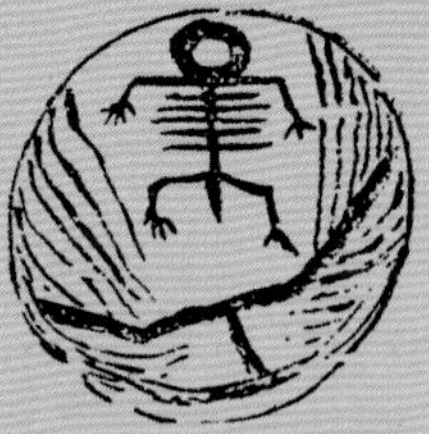

5·3

5·1
χ 光照片式人物，這是古代薩滿教的特殊符式。陰山格爾敖包溝。

5·2
χ 光照片式人物與手印。此式人物圖仰韶文化彩陶中也出現過。賀蘭山賀蘭口。

5·3
仰韶文化半山彩陶上的 χ 光像人形。此類圖形北美大陸都出現過。

的也畫成畫像，平時藏皮袋之中，出獵時携帶，祭祀時排列。”[①]鄂倫春人崇拜的神靈偶像，也是這樣“有用松木刻製的稱‘毛木台’，有用狍皮縫作的，有用馬尾編織的，也有畫在花布上或紙上的。……每次遷徙，這些神像也用馬馱着搬走，神也像人們一樣過着游動生活。”[②]

人面岩畫與之相比，雖然在宗教的功能上是一樣的，但它卻鐫在永久固定的石壁上，而不能遷徙。因此可以認爲，人面岩畫不是游牧民族所爲，而是過着一種定居生活的民族所爲。而且從其分佈範圍之廣大，製作規模之巨大來看，它不可能是一個弱小封閉的小民族所爲，而是由一個強大、統一的、數千年來就保持着文化延續性的民族所製造。

按照以考古發掘爲依據的，中國區域性新石器時代文化發展序列來看，這個民族只能是華夏族或華夏族的祖先。考慮到人面岩畫不僅在北方草原與平原的交界處存在，在中部的黃河兩岸，以及在中國東部沿海一線同樣存有廣泛分佈。這個製作人面岩畫的族屬應是華夏族或其祖先無疑。

這一方面的認定很重要。如果能同意這種假設並認爲理由是充足的，便可以採用一系列的推理方法，來排定出它的創作年代的上限或下限。

提出的問題是：在什麼情況下，華夏族不可能製作出人面岩畫？

人面岩畫的特徵是製作在露天的山峽谷口的石壁上，相應地敬神祭祖的儀式也在野地中舉行。據資料考證，華夏族確是十分重視這種祭祀活動，但在一種情況下他們不會把祖神像鐫在山野石壁之中，那便是在宗廟明堂的禮儀制度建立起來之後。

宗廟是祭祀祖先的處所。《禮記·祭法》鄭玄註：“宗廟者，先祖之尊貌也。”即先祖的神像要立於宗廟之中，而不能棄於山野之中。除了天子諸候，其他人也

5·5

5·6

5·4
薩滿教神像。鄂倫春族所祭祀。
5·5
立於宗廟之中的先祖神像。
5·6
立於宗廟之中的先祖像。

都一律被規定了祭祖的場所。如周制規定，天子設七廟（供始祖和其他六位祖先），諸侯五廟，大夫三廟，士一廟，庶人祭於寢（正屋）。

從周制看，人面岩畫所體現的祭祀禮儀與文化特徵，基本已無所存留。因爲周禮中都無所記。而宗廟祭祀制度至少早於周王朝500年就存有。對殷墟的發掘，探明洹河南岸的小屯村東北地就是商代宮殿和宗廟區，其中發掘的夯土建築基址就有53座。甚至在被認爲有可能是夏代文化的河南二里頭遺址中也發掘出了二座，最大的一座東西長108米，南北寬100米。"從這座宗廟的建造來看，僅僅是台基，其夯土的土方總量即達20000立方米以上，今天如果完全用人工夯築，至少也需用10萬個勞動日，在三、四千年前的勞動條件下，更當數倍於今日。"③可見我們的先民是何等地重視用以敬神祭祖的宗廟建築。

上已述及，人面岩畫體現的是一種主導性文化，否則無法理解它能在中國4000公里的範圍內傳播。而它表現出的巫教方式又與夏代殷代不盡相同。可以肯定的是，在進入上古三代之後，中國佔主導性的文化，就是中原地區的華夏族文化。不會允許有另一個與它相異的文化在如此大的地域中存在，並讓其流轉傳播至大半個中國。

由此，比較合理的解釋便是，人面岩畫屬一種早於三代的文化遺存。因爲三代之後的宗廟制度，不能給足人面岩畫產生的先決條件，祖宗神祇像不會裸露在山野空谷之中。

第二個先決條件，人面岩畫的誕生，必定在將人頭與砍頭斬首等受刑受辱結局相聯繫的文化觀念形成之前。

而這種觀念，很顯然是青銅鑄造出現之後，有了青銅刀才能產生。不能設想在使用石斧或小石葉片的時代能形成砍頭習俗與觀念。而這種觀念形成之後，是不會

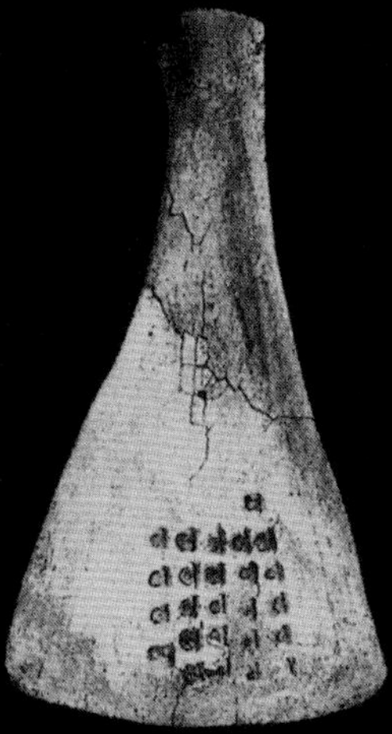

5·8

形成人面岩畫這種巫教之俗的。高鐫於危崖峭壁之上的人面，多像是“懸首示眾”！以此法尊祖祭神，會被認爲大不敬。殷商時砍頭之俗甚盛。在河南安陽商王陵區內共發掘出 1400 多個排葬坑，其中很多是無頭軀體，一般每坑埋 10 人；有不少方坑是埋頭骨，一般也是一坑 10 個，多者達 39 個。“商代祭祀用的人牲，有一些是奴隸，但大部分是戰俘，其中最多的是羌人。每次祭祀所用人數，少者幾個，多者達三、四百人”。侯家莊 1001 號墓僅四條墓道中就埋有 73 個人頭骨。單獨的人首，此時在觀念上，必定與下賤之民，即奴隸或戰俘的死亡相聯繫。

人面岩畫的主體，確在殷商之前就中止。這在邏輯上就一致了。

第三個先決條件，人面岩畫的誕生出現，必定沒有文字的出現和通行。

人面岩畫不僅具有祭祀的功能，而且還有記事的作用。記錄這件祭祀活動的過程，本身也是祭祀活動的重要方面。連雲港岩畫的祭祀性場面的畫面大概就是這樣出現的。殷商卜辭的契刻相應地也體現了這種觀念。古人在甲骨上灼卜，而後把所貞問之事，刻在原甲骨的裂兆一傍，有時還把事後的結果繼契在該甲骨上。僅現所發掘出的甲骨片數就達 16 萬片之巨，而當時所契刻的甲骨片一定更大於這個數。可見契刻是占卜這個巫教方式中的重要部分，而且必須要契刻在這同一塊的甲骨上。

人面岩畫一定具有同樣的效用。除了鐫於石壁祭祀之外，記錄本身也是一個十分重要的環節或目的。而當文字形成之後，就無須如此耗工費時地在石壁鐫刻畫面記錄了。因此人面岩畫早於文字，在邏輯上是肯定的。正因爲人面岩畫有着記錄的功能，它能夠爲甲骨、金文中很多字，提供着一種原始象形，尤其是祭祀範疇的那些字。這將在第八章的第二節再作詳細探討。

5·7

5·7
河南安陽侯家莊殷墟甲種 I 式大型墓南墓道內被砍頭的殉人肢體骨第 IV 組。

5·8
卜骨。用以向上帝先王求疑問卜。先將修整過的龜版或牛胛骨施以鑿鑽，然後烤炙，使骨出現“卜”形裂紋，以此判凶吉；並將問卜事項刻記甲骨上，日後如應驗還將刻“驗辭”。

二、實證性的分析

依靠思辨邏輯的理論推導，儘管能縷清思路，但畢竟不能作斷代認定的最後依據，還必須進行實證性的分析。

1. 製作工具的認定

這種認定相應地也包括着年代的確定。因爲石器與金屬器具本身就構成人類進化發展的不同階段。中國人面岩畫大部分都採用石器工具磨製，早期在其深深磨刻進去的圖像線條底部，無見鋭器的鑿點。這意味着始終採用石器磨製的方法作出圖像。當然問題也可以這樣提出：會不會先用金屬工具鑿出輪廓，而後磨礪，因磨得徹底，便不見鑿痕？

可以肯定，早期人面岩畫，如將軍崖的人面儀式場面，白岔河的黥紋人面像，東升廟的像，大壩溝的太陽人面合一像等不是這種情況。工具的不同，不僅表現出年代的不同，而且還體現爲製作人面岩畫的態度的差别。當利用鋭器採用鑿製法作畫時，人面岩畫已進入中、晚期階段，製作者的態度不再很神聖專注，他們已不肯化很大功夫去磨製圖像，稍作磨礪便罷手。接近尾聲時期的人面岩畫，便只鑿而不再磨製，明顯地現出以點連成線的痕迹。中國的青銅器是在龍山文化的晚期出現的，最早期的器形是錐、鑿之類的工具，而並非是鼎、尊之類的禮器。山東栖霞楊家圈和三里河遺址出土的三件銅錐應是中國最早的青銅工具。同處龍山文化範圍，與山東相鄰的連雲港將軍崖人面岩畫，都是用石器磨製，而非金屬工具所爲，只能認爲作畫年代要早於青銅工具的出現年代。

而在人面岩畫區域中，用來鑿製岩畫的鋭器，很可能是石器。巴盟地區發現有眾多的這類短粗的石鑿，而巴盟地區人面岩畫數量是最眾多的。從畫面看，人面岩畫的製作技法之一——鑿製法也從該地區始出。

5·9

5·9
岩畫中的石斧圖形。賀蘭山賀蘭口。

賀蘭口北壁上的程式化人面像是人面岩畫傳播主流中最晚期的符式。然而它與石斧圖像共處，共有七、八個石斧圖，有一大人面像邊上，附帶地鑿刻一把石斧，強調着祖神像與尚體現爲權力的石斧之間的關係。這表明晚期人面岩畫都處於石器時代之中。這應是很能説明問題的。只有北分佈線最末端的巴丹吉林沙漠人面岩畫和東分佈線的最末端的台灣萬山岩畫，有可能用金屬工具所爲。

2. 岩石畫面的風化狀況

這其實很難得出一種絶對的年代數。因爲岩石的風化狀況，不僅與岩石本身的質地構成有關，亦與這塊石面所處的方位角度、朝陽面陰或迎風背風等有關係。但無論如何，這些堅硬岩石面的自然龜裂與嚴重風化，都需漫長歲月才能使然，這對於年代考釋，多少能起到一些輔助作用。

如狼山大壩溝岩畫，有幅太陽人面合一的岩畫，採用石器磨製成，構圖十分精美。人面周沿飾以十一個向日葵瓣般肥碩的芒刺，分佈得均匀規整。但這幅圖的最上部岩石卻龜裂出一道寬約 8 厘米的口子，將其中一個芒刺光瓣殘損了。裂口的上緣正好切入另一個類圓形人面岩畫的下部，將一段圓弧線切去，使得圖像不再完整。

古人最初作畫時，不會選擇一塊殘破的岩面，而作一不完整的圖像。可以肯定是岩石的龜裂而導致圖像的殘破。這種硬度達 6 的黑色火成岩。要風化到這種程度，憑直覺看非數千年而不成。

在與其相連的東升廟岩畫，以及西去幾百公里的陰山默勒赫圖溝岩畫，都呈現相似的風化狀況。

3. 與相關出土文物的類比分析

由於中國岩畫的研究，尚處在發現和地面考察階

5·10

5·10
人面與石斧共處圖，表明酋長（或祖先神）與權力的合一。賀蘭山賀蘭口。

段，未進入與考古發掘相結合的綜合研究時期，故至今尚未獲得與人面岩畫有直接地層關係的出土物。據內蒙古赤峰市博物館張先生來信云，近來在林西縣出土了一個女神雕像，其面部雕刻手法和白岔河人面岩畫很近似。待其發掘報告公佈了後，也許可作比較研究。

三、出土的人面形器物排列

一種具有主導性特徵的文化，不可能單向性地存在和呈現。尤其史前文化，唯其原始，也更顯一元化地在眾多方面獲得體現。以人面岩畫爲特徵的文化亦定如此。

本世紀以來的考古發掘，在中國境內出土了眾多人面形或以人面紋爲主要裝飾特徵的器物。在質地上有石、骨、玉、陶、青銅；製作技法上有雕、刻、劃、畫、塑；功能上有祭祀、配掛、附飾、把玩等。

將這些珍貴文物按出土的地層年代排列，有助我們對人面岩畫的諸多問題作出解答。(見後表)

人面形器物和紋飾此後就不再在陶石器中出現，而在夏、商、周的青銅器中得到復現，夏代的爵中就有與格爾敖包溝岩畫中極相一致的人面形紋飾。商周時期出現了用青銅質地做成的人面形器物，在當時周邊的一些王國中，更是尊寵這些器物，四川三星堆遺址的發掘，就證明了這一點。而後，到春秋戰國時期，人面形器物和紋飾逐漸消亡，以後就不復出現。

序號	名稱	質地	出土地點與文化類型	形狀特徵	年代
1	陶塑人頭 	泥質淺灰陶	河南密縣莪溝北崗裴李崗文化遺址	大如核桃，扁頭方臉，前額較平，寬鼻深目癟嘴。據認爲是老婦形象。	公元前5500年
2	石雕人頭 	石質	河北武安縣磁山文化遺址	眼成圓窩形凸起，口部很大，眉以陰刻紋表現。頜部有一穿孔，可用以佩繫。	公元前5400年左右
3	陶塑人頭 		浙江余姚縣河姆渡遺址	塑像較爲簡略，粗具五官，而在額、顴骨、下頦部位加以誇張表現，高4厘米，寬4.5厘米。	公元前5000年
4	石斧刻劃人面 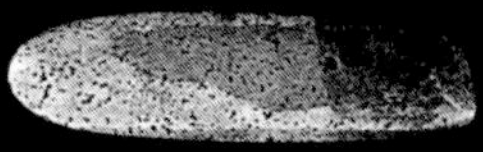	石質	內蒙古敖漢旗小山遺址	在長橢圓形石斧的穿孔一端，淺淺地刻劃出一個類圓形人面，圖像簡潔古樸。	公元前4700年

序號	名稱	質地	出土地點與文化類型	形狀特徵	年代
5	彩繪人面魚紋	紅陶黑彩	陝西西安半坡遺址	人面與魚紋的結合，頂戴飾有許多小刺的三角形冠帽，臉頰左右各飾一條或二條魚。繪於紅陶盆內。	公元前 4500 年

6	陶塑中空人頭	夾砂褐陶	內蒙古敖漢旗趙寶溝一號遺址	圓雕手法製成。腦部塑空，口、鼻、眉、目、耳均突出。耳靠上，雙眉相接，神態生動。高 5.1 厘米，寬 4.5 厘米。	公元前 4000 年
7	玉人面形佩	玉質	四川巫山大溪遺址出土	器扁平，呈橢圓形，面部作正視，飾雙圈形雙目，外有陰線刻瓜子形人頭輪廓。	公元前 4000 年
8	骨雕人頭	骨質	陝西西鄉縣何家灣	形態生動，比例勻稱，表面光潔。高 2.5 厘米，頂徑 1.5 厘米，底部直徑 1 厘米。面部最寬處 2 厘米。	約公元前 4000 年
9	石雕人頭	滑石	遼寧東溝縣後窪	面部用規整的線條刻出眉目，富有裝飾意味。上有穿孔，旁通兩孔，可能是項飾的中部佩件。	約公元前 4000 年

10	陶塑人頭	夾砂陶	黑龍江密山縣新開流遺址	細眼，尖頷，長鼻。非常酷似近代赫哲族信仰的薩滿教中的愛米神。	公元前 4000 年

序號	名稱	質地	出土地點與文化類型	形狀特徵	年代
11	彩繪人面魚紋	紅陶黑彩	陝西臨潼縣姜寨遺址	人面紋與魚紋的結合，基本與半坡的人面魚紋相似，只是簡略了一些。	約公元前 6000 年
12	彩繪方形人面	紅陶黑彩	陝西臨潼縣姜寨遺址史家類型地層	人面呈方形，上部飾有三個尖狀三角形，圖像抽象化程度較高，線條粗獷流暢。	公元前 3690 年
13	彩繪人面	紅陶黑彩	浙江海寧彭城遺址	人面呈猴頭狀，線條粗細均勻，自然流暢，圖像拙樸。	約公元前 3500 年

14	彩陶瓶口人頭	紅陶	甘肅秦安縣大地灣遺址	在器口圓雕人頭，以貼塑和刻劃做出頭上披髮和額前短髮。鼻孔與嘴都鏤刻成空洞，兩耳有繫飾物的小孔。瓶通高 31.8 厘米，口徑 4.5 厘米。	約公元前 3500 年

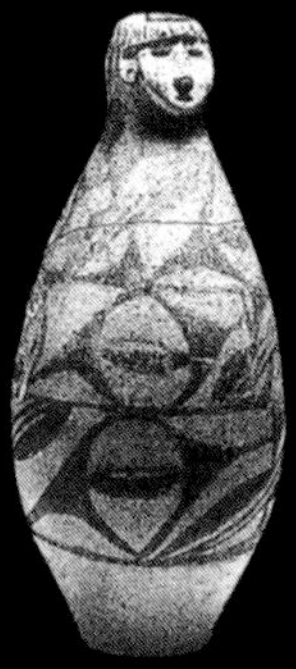

15	雙面石雕人面	質地細膩的黑色玢岩	大溪文化晚期一兒童墓內	平面呈橢圓形，雙面各雕形象相似的人面。臉部輪廓及眼、鼻、口部均突起，並打磨光潔。高 6 厘米，寬 3.6 厘米。	約公元前 3500 年

序號	名稱	質地	出土地點與文化類型	形狀特徵	年代
16	陶塑人頭 	紅陶，應是陶器殘存頂部	甘肅禮縣高寺頭	人像造型飽滿敦厚，頂部有黃豆大小孔，兩耳亦有小穿孔。似非實用器物。殘高 12.5 厘米。	約公元前 3500 年
17	彩陶瓶口人頭 	紅陶	甘肅西秦寺嘴村	額上堆塑一排短髮，眼圈凸出，鼻呈微翹的三角體，嘴鏤成孔洞，兩耳有小穿孔。瓶高 26 厘米，口徑 6.5 厘米。	約公元前 3500 年
18	陶塑人面 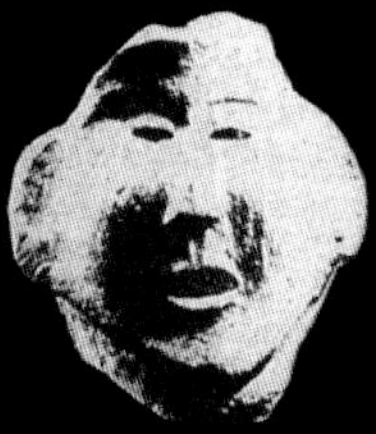	陶質，大型陶器殘部	甘肅天水柴家坪	人面的顴骨大而突出，眼角微上翹，臉型明顯具有蒙古人種特點。耳垂也有小穿孔。殘件高 25.5 厘米。	約公元前 3000 年
19	人面形玉飾	碧玉質	山東滕縣出土	人面類方形，以陰線刻劃出五官，具有抽象化風格。高 3.2 厘米，寬 3.9 厘米。	公元前 3000 年
20	彩塑頭像	陶質，眼睛由嵌入淡青色圓形玉片構成	遼寧西部牛河梁遺址出土	約相當於眞人頭部大小，高 22.5 厘米，臉面寬 16.5 厘米，通耳寬 23.5 厘米，推測爲一全身女像的頭部。圓形玉片做的雙眼晶瑩光澤。	公元前 3000 年

序號	名稱	質地	出土地點與文化類型	形狀特徵	年代
21	陶塑人面	夾砂陶，甕口沿下殘片	陝西扶風姜西村	人面採用堆塑加錐刺，倒八字眼，長鼻梁，寬嘴，喜戲般苦笑表情。	約公元前3000年

序號	名稱	質地	出土地點與文化類型	形狀特徵	年代
22	彩陶瓶頸口人面	紅陶，部分彩繪	甘肅秦安焦家溝	瓶頸一側貼塑人面五官，雙眼用深褐色繪出，眼下有三道豎線，似是黥紋標誌。	約公元前3000年
23	彩陶壺頸口人面	陶質，僅剩壺頸	甘肅蘭州市	壺頸一側爲人面像，鼻、耳貼塑而成，眼、嘴用黑彩繪製。壺徑直徑13.3厘米。	約公元前3000年
24	彩陶器把人面	陶質，可能是陶勺殘存把手	甘肅車鄉縣林家	鼻、眼、嘴呈凸凹，眉及臉下部彩繪成，並畫出黥紋線。	約公元前3000年
25	彩陶瓶頸口人面	陶質	甘肅甘谷縣禮辛	瓶頸前半作人面，鼻、雙耳貼塑，耳有小穿孔，眼、嘴彩繪，並畫黥紋。瓶高31.5厘米。	約公元前3000年
26	彩陶器蓋人頭	陶質	甘肅廣河縣半山	器蓋上部圓雕人頭像，頭頂有一對突角。耳廓作鋸齒狀，有穿孔。臉以鼻爲中心，滿繪放射狀紅黑相間的鋸齒帶紋。高12.5厘米。	約公元前2500年

序號	名稱	質地	出土地點與文化類型	形狀特徵	年代
27	彩陶器蓋人頭	陶質	甘肅廣河縣半山	人頭形狀與上相同。高 14.8 厘米。	約公元前 2500 年
28	彩陶器蓋人頭	陶質	甘肅	人頭形狀基本同上。頂部還往後突起一條蛇狀紋。面部四周有一圈鋸齒狀凸堆紋。	約公元前 2500 年
29	玉人頭	白玉	陝西神木石峁	頭像作側視，頭頂有一橢圓形髮髻，高 4.5 厘米。	公元前 2000 年
30	彩陶壺口人頭	陶質	青海樂都柳灣	壺口塑人頭，雙耳有穿孔，臉部黥紋。	公元前 2000 年
31	彩陶壺口人頭	陶質	青海樂都柳灣	同上。頸部還畫出由貝殼串成的項鏈。	公元前 2000 年
32	彩陶壺人頭	陶質	青海民和縣山城	堆塑的人頭位於器腹上部，臉部器官刻成凹洞，嘴和臉頰黑彩繪出。	公元前 2000 年
33	彩陶人頭像	陶質，爲陶器殘部	甘肅臨夏市	眼、嘴、鼻孔雕鏤而成。眉毛彩繪出。臉部有黥紋。殘高 7 厘米。	公元前 2000 年

新石器時代人面形器物出土地點
與人面岩畫遺址對照分佈圖

△ 新石器時代人面形器物出土地點　　▲ 中國人面岩畫遺址

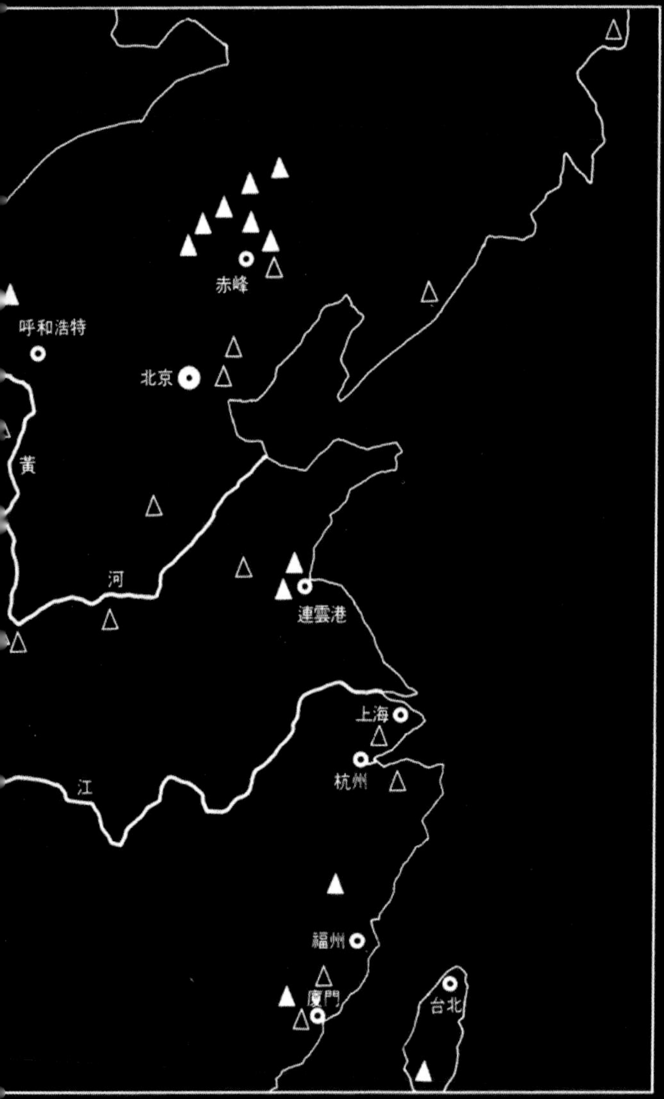
赤峰
呼和浩特
北京
黃
河
連雲港
上海
杭州
江
福州
廈門
台北

四、引伸出的幾點結論

這些人面形或以人面紋爲主要裝飾的器物，在分佈區域似有規律可循。再將這種分佈狀況與人面岩畫的三條分佈帶作一比較，自然就可以引伸出如下幾點結論：

1. 人面形器物出土和人面岩畫分佈帶在區域上相一致

人面形或以人面紋爲主要裝飾的器物，其出土分佈主要在東南沿海一線和黃河流域一帶。前者構成南北縱向的線狀，後者形成東西橫向的帶狀。這與人面岩畫的分佈帶大至吻合。只是人面岩畫的北分佈帶在緯度上要更高些，東分佈帶在南方的傳播還要更延長些。而人面形器物則在長江上游和東北地區也出現了。

2. 人面形器物和人面岩畫的文化源頭，在於舊石器文化的某種傳統中

以人面爲符式特徵的這種文化，似乎在新石器初期的中國境內，就已經具有了超越於各區域性文化的特點。中國大約是在距今 8000 年之前開始進入新石器時代，而後由於各地的地理條件、經濟資源等的不同，逐漸形成了各具文化特徵與有自身發展序列的區域性文化。以人面爲符式特徵的文化顯然是超越於這些區域文化，並跨在各區域文化之上。在距今約 7500 年的河南裴李崗文化、磁山文化，距今約 7000 年的浙江河姆渡文化，距今 6870 年前後的內蒙古赤峰地區趙寶溝文化，都出土有陶塑的人頭塑像。這表明此類文化的源頭應在更上一輪的一元文化中，即在某種舊石器文化或該文化的某種傳統中。

由於考古發掘與資料的局限，現尚不能明瞭，這是何種舊石器文化，也不明瞭它的來源方向。

5·11

5·11
岩畫區內的石棺墓，考察中時常能遇見，但至今無正式發掘。狼山大壩溝。

3. 人面形器物和人面岩畫，都是農業文化的產物

人面形器物的出土地點，除了黑龍江密山縣新開流遺址的陶塑人頭處在漁獵文化區域中，其他的均出自農業文化區。而且幾個最古老的農業文化遺址都出土有石質或陶質的人頭像，如裴李崗、磁山、河姆渡、敖漢旗等。由此其農業文化產物的性質是毋庸再論的。

人面岩畫的性質與之相同。江蘇連雲港、福建華安、台灣萬山這東部沿海一線唯有人面岩畫，而無動物岩畫。內蒙古、寧夏一帶有眾多的動物和狩獵岩畫，但人面岩畫基本不與其雜處。而且能明顯地看出，在以中原爲軸心的這樣一種扇面狀的向度上，人面岩畫的分佈，比狩獵岩畫更內一圈。例如陰山北麓遍佈動物狩獵岩畫，無見人面岩畫；而陰山南麓卻以人面岩畫爲主，少見大型密集的狩獵岩畫。這至少表明人面岩畫所體現的不是狩獵文化、游牧文化，而是一種農業文化，或農牧文化。

4. 人面形器物和人面岩畫的創作者，都是華夏族的祖先

本世紀以來的考古發掘已證實，在中國大陸創造出燦爛文明曙光的華夏族，其文化來源是多元的。在距今六、七千年左右的新石器時代，中國境內就已經出現了多元紛繁的文化發展局面——北部的紅山文化，東部的大汶口文化，東南的馬家浜文化，中原的仰韶文化，西南的大溪文化，西北的馬家窑文化。正是這些區域性文化，共同融滙出了華夏文化。人面形器物在這六個文化區域中都曾出土，而在這六個古文化區域之外的中國境內其他地區，除了東北以外，就無見存有。足證人面形器物的創作者都是華夏族祖先。

人面岩畫，雖然並未在六個文化區內都發現它的存在。但其分佈帶實際跨越了中國東部的三個古文化區：

5·12

5·13

5·12
青銅人面。盾飾附件。陝西省博物館藏。
5·13
青銅人面。四川廣漢三星堆。

5·16

5·16

紅山文化、大汶口文化、馬家浜文化；北分佈帶與仰韶文化的北緣相一致；中分佈帶的南端，與馬家窖文化的北分佈線（寧夏南部）隔河相望。

加之它與人面形器物在符式上的一致性，以及人面岩畫所體現出的文化內涵與中國上古文化在諸多方面的深刻契合，都表明着它的創作者同樣是華夏族祖先。

5. 人面岩畫的製作年代

人面岩畫與人面形器物既然在文化內涵和符式特徵上是一致的，那麼它們顯然是同一文化的產物；而人面形器物的地層年代又都是確定的，那麼人面岩畫創作的大致年代也能被框定。

從年代排列的表可得知，人面形器物最初源於距今七、八千年的新石器早期，而後在四、五千年前的新石器中晚期獲較大的發展。至殷商成爲青銅器中的一種紋飾，到戰國及至春秋逐漸絕迹。

人面岩畫的出現、發展到終止，大致與人面形器物的創作、流行過程相仿。從其早期採用石器工具磨製，到晚期運用金屬利器敲鑿，表明它起始於新石器早中期，而終止於青銅時代。大致製作在距今7000年至3000年之際。東分佈線的南端，如閩南仙字潭岩畫和台灣的萬山岩畫，可能還要晚些。

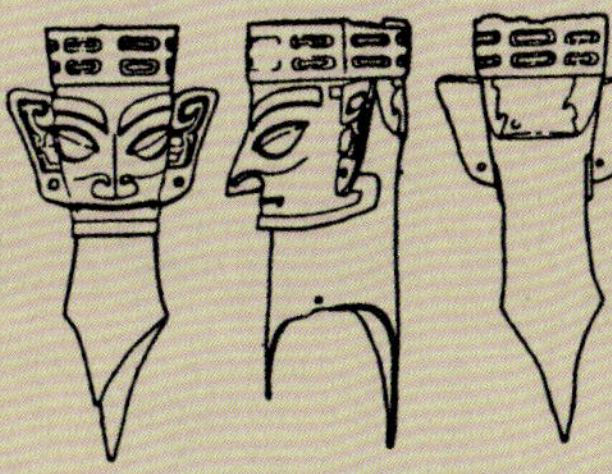
5·14

5·15

5·14
青銅人面像，B型。四川廣漢三星堆。

5·15, 5·16
青銅器紋飾的主體，實際也由人面形演變而成。

註：
①②《中國少數民族宗教概覽》，中央民族學院出版社1988年版，第18、60頁。
③《商周考古》，文物出版社1979年版，第28頁。
④⑤朱延平：《小山尊形器"鳥獸圖"試析》，《考古》，1990年4期。

第六章

符式的起源、傳播與演變

人面形器物和人面岩畫的源頭，可能深藏在至今尚不明瞭的舊石器文化傳統中。雖然從出土的人面形器物來分析，未見其中有直接的傳播影響與秩序；但是中國境內的人面岩畫，就其符式特徵、製作技法包括製作工具來看，卻存在着明顯的傳播影響痕迹。其理由有三：

第一，中國現今發現的人面岩畫遺存址，以連續線性的方式延展分佈，並非星羅棋布般無規則存在。三大分佈帶都是如此。尤以北分佈帶更爲典型，其基本位於華北平原、河套平原與內蒙古高原的相交處，沿着陰山（狼山）南麓向西演進，一般隔幾公里、幾十公里，及至百十公里，出現一處人面岩畫遺存地。中分佈帶亦是如此，沿黃河向南，在兩岸階地朝向黃河的山麓谷口，出現符式相同的岩畫遺址。

這是一種同源文化傳播發展的最典型方式。

第二，每兩相鄰的遺存址，儘管岩畫的符式特徵、表現風格各有迥異，但總在某些符式方面存有明顯的直接承繼關係。往往是一地中不起主導作用的輔助性符式，在下一地卻獲得顯著發展；而原先佔主導地位的符式，卻又下降到陪襯性的地位；到再下一地，又會有上一地某種未獲得充分展示的符式，被小心翼翼地挑選出來，而後向其灌注富強的生命力。

6·1

6·1
鐫在峭壁高處的神格人面。狼山大壩溝。

這是符號演化的最典型特徵。

第三，儘管人面岩畫分佈非常廣，三大分佈帶的總長超過 4000 公里，且地理地域差別也特別巨大，從東海之濱到北方草原山地，到西部沙漠戈壁，到中部黃河兩岸，然而各人面岩畫遺址，總的內涵精神是和諧統一的，首尾之間都存在深刻的契合。不僅人面符式，就是伴生符號也如此地相同。這表明它們共是一種有着極強內在規定性的獨具特徵的岩畫。

由此，推論中國境內人面岩畫是由一種同一文化傳播影響所至，理由應是充足的。

一、關於發源地的一般哲學討論

既然中國人面岩畫是由同一文化傳播所至，那麼必定有個發源地的問題。

我多次考察各個人面岩畫遺存地，經過反覆比較研究，認爲位於太平洋西岸的江蘇省連雲港將軍崖岩畫，很可能是中國人面岩畫符式的起源地。至少就目前已有的關於人面岩畫的發現來看，可以這麼認爲。

當然這是一種假設。在具體論述這種假設的論據之前，我認爲先應在一般哲學的層面上，討論人面岩畫符式起源地的基本條件。

如此的基本條件是：

1. 年代必須是最古老的

然而，如前所述，岩畫的年代，很難用儀器的方法測定。由此求其次，至少在直觀上，應能被認爲是最古老的。這樣的提法不能說沒有意義。因爲即使能用儀器測定，也須與經驗判斷相吻合。與地層關係和類型排比相衝突的碳十四數據多是棄置不用的。這正說明由人類思維建立起來的邏輯關係有時高於儀器的測定。建立在經驗基礎上的對岩石岩面風化程度的考察，也是有意義

6·2

6·2
嚴重風化狀的默勒赫圖溝岩畫。
6·3
圖像漫漶的將軍崖岩畫。

的。

經遴選，中國人面岩畫中至少有三處，憑直覺可以感覺到是最古老的。因爲構成畫面的岩石本身，風化狀態十分嚴重。

一處是內蒙古陰山默勒赫圖溝岩畫，畫面以方形人面爲主。石質爲火成岩，青黑色，表面風化成絲狀開裂，如木板長期在烈日下曝曬後的狀況。

第二處是江蘇連雲港將軍崖岩畫。畫面以類圓形人面爲主。石質爲花崗岩，日光下石表微微泛紅，許多岩畫因風化而圖像漫漶，不少部位，石面呈片狀剝落。

第三處是桌子山苕燒溝岩畫，畫面以太陽形人面爲主，石質爲石灰岩，呈淡青色。深深磨刻的線條，因風化而模糊，部分有開裂現象。

2. 作畫工具必須是石器，不能有金屬工具製作的痕迹

上列三處岩畫的製作工具都是石器，無見使用金屬工具痕迹。默勒赫圖溝岩畫以線條磨刻法爲主，磨礪法爲副；將軍崖岩畫完全是線條磨刻法，線條粗細均勻；苕燒溝岩畫則以磨礪法爲主，陰浮雕效果明顯。

3. 人面性狀必須呈世俗性

當然這是一種相對意義上的判斷。所謂世俗性，是指人面岩畫所呈現出來的特徵，相似於人間的人，而不完全是天界威嚴的神。因爲人面岩畫起於祭祀，最初是對氏族部落祖先或領袖的崇拜。因此邏輯上可以認定，人面岩畫早期必定有一個相似於人的形狀的階段。即由人格而後才演化成神格。

相比較，默勒赫圖溝的人面岩畫已完全抽象化、符號化，其主體畫面是符式特徵十分強烈的方形人面，神格特性十分明顯。

苕燒溝岩畫中的人面，顯示出威儀的神態，赫然是

6·4

6·5

6·4
深受風雨歲月侵蝕的苕燒溝岩畫。
6·5
默勒赫圖溝人面岩畫神格特性十分顯著。

一派天神模樣，而且是典型的太陽神性狀，人面周沿飾以繁密的光芒線。

連雲港岩畫中的人面，雖也具有一定的抽象，但在中國人面岩畫中是一處最具有世俗性特徵的岩畫址。其中最突出的一個人面，似是老祖母的形象，面部的線條柔和安祥，兩耳邊還飾有串珠。世俗氣息不容置疑。

4. 太陽與人面在符式上必須分別以獨立的方式出現

中國上古存在着部落領袖崇拜的同時，還存在着太陽崇拜。而且可以認爲後者的文化淵源遠遠早於前者。因此早先兩種崇拜有過並列而行的時期，那時祖先神尚未達到天神和天帝的地位。在岩畫表現上，必定有一個太陽與人面分別以獨立的方式呈現的階段。

在中國人面岩畫中，唯有將軍崖岩畫是如此，人面是人面，太陽是太陽，分別獨處在同一畫面中。而且太陽符式的諸元素，如光芒四射狀等，並沒有融合在人面符式之中（唯有圖形相似，這可能是與太陽相關，但也可以理解爲人面本是圓的）。默勒赫圖溝太陽形人面不少，有些方形人面上部飾有幾根芒刺，這是融進了太陽光芒的結果。苕燒溝岩畫，則主體是太陽與人面的合一。後兩處的岩畫，都意味着祖先神已上升爲天神，並爲太陽神合而爲一。體現出的觀念，已不屬於人面岩畫的早期階段。

5. 符式特徵必須前不見傳承，而後有接繼

默勒赫圖溝和苕燒溝都是既前有傳承，又後有接繼。在格爾敖包溝中，方形人面開始具有獨立的特徵，傳至默勒赫圖溝，該符式出現鼎盛之勢。而後，方形人面分爲兩支：向西、向南。向南的傳至桌子山苕燒溝，不過此符式已不佔主導地位，另一種同路傳來的上飾有太陽芒刺的尖圓形人面，卻獲空前發展。

6·6

6·7

6·6
苕燒溝人面岩畫赫然一派天神模樣。

6·7
太陽與人面已完全合一。苕燒溝。

唯有將軍崖岩面，至今尚未見到在它之前的傳承者。而它的特點，如世俗化的類圓形、面部黥紋與和藹慈祥的老祖母形象等等，卻十分明顯地傳至了白岔河的那幅黥紋人面岩畫中。

二、關於發源地的特定辨析

如上討論，可以得知，將軍崖岩畫最能滿足以上五項基本條件。但最後的認定，還需對該岩畫址作一番具體辨析與討論。

1. 將軍崖岩畫處在發達稠密的史前文化區域中

據考古發掘，將軍崖岩畫址周圍環佈着舊石器和新石器文化遺址，其數量之多，相距之近，在中國各岩畫遺存址中，名列榜首。而且並不是因爲先發現了岩畫，而刻意去尋找周圍的古文化遺址。恰恰是這一地區先發現了眾多古遺址，最後才偶而見到岩畫。這一順序，在概率統計上具有意義。如果刻意而爲之，其他岩畫址也許同樣可以在地下找到一些古文化遺址。而它是自然而然地發現的，説明所存的遺址確實很繁多。爲了説明問題，現將將軍崖周圍的古文化址，按相距的遠近排列如下：

大村遺址。新石器時代至商、戰國、漢，距將軍崖 10 公里，出土有陶杵、紡輪、杯、罐、壺、鼎等，龍山文化的蛋殼陶，商代鼎、鬲，戰國銅劍等。1961 年發佈。

朝陽遺址。新石器時代，距將軍崖 10 公里左右，出土彩陶、紅陶、龍山文化鳥頭形鼎足。1976 年發掘。

小村遺址。新石器時代至漢，距將軍崖 10 公里左右，出土大汶口文化的陶片、鼎足、幾何印紋陶等。1984 年發佈。

尾礦壩遺址。新石器時代至漢，距將軍崖 1400 米，出土有平底泥質陶缽、夾砂陶罐。1960 年發佈。

馬腰嶺遺址。新石器時代至漢，距將軍崖 1350 米，出土有平底泥質陶器。1960 年發佈。

陶灣遺址。新石器時代至漢，距將軍崖 1250 米，出土有夾砂紅陶、商代繩紋灰陶鬲和幾何印紋陶。1960 年發佈。

九龍口遺址。新石器時代至戰國，距將軍崖 1200 米，出土有夾砂陶和泥質陶器。1960 年發佈。

二澗遺址。新石器時代至漢，距將軍崖 1000 米，遺址下層出土夾砂紅陶的釜、缽、鼎、盆等器物，器形紋飾原始、簡單而粗拙。1962 年發佈。

酒店遺址。舊石器時代晚期至新石器時代早期（文化層土壤分析爲距今 19080 年），距將軍崖 1000 米，出土有亞洲象、牛、馬、鹿化石，石英、燧石刮削器。1984 年發佈。

桃花澗遺址。舊石器時代，距將軍崖 150 米，發現一處小石葉和不規則小石片加工場，石質爲瑪瑙石、石英石、燧石等。1979 年發掘。

更有甚者，在距將軍崖岩畫西側 15 米的螞蟥澗裏，早在 50 年代就採集到網墜、骨針，以後又陸續發現了陶片、紡輪、石斧。1982 年連雲港市博物館在該地採集到大批的細石器，有刮削器、船底形石核、多面體石核及大量石片，還有美麗堅硬的瑪瑙石器。

可見將軍崖岩畫區，在史前確是一處文化很發達的地區。其上可追溯到舊石器晚期的細石器時期，而後經新石器時代到晚期的龍山文化，到商周、秦漢。各種文化在這裏此起彼伏。表明文化因子有着極強的生命力。在這樣地域中，產生一種獨具特色的岩畫符式，而後流播全國，這種可能性是存在的。

從大一點範圍看，在這區域（山東省和江蘇北部）

(1)

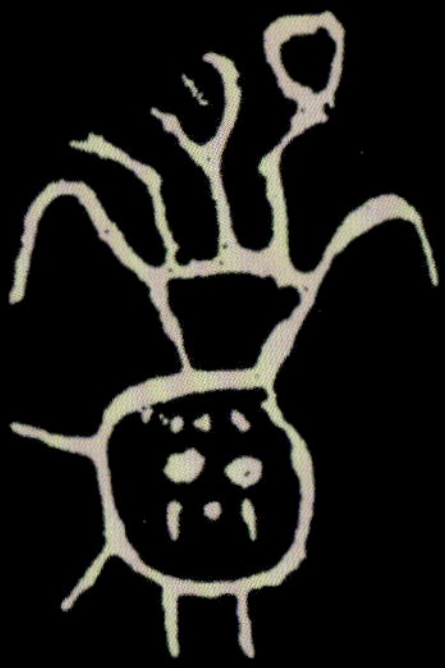

(2)

6·8

(3)

(4)

形成和分佈的新石器晚期龍山文化，其文化因素也傳播到北半個中國，成爲華夏文化之源。

2. 各處人面岩畫流變出的符式特徵，在將軍崖岩畫中均胚胎式地存在

將軍崖人面岩畫中的符式可分爲兩類：一類是作爲岩畫主體的人面類岩畫；另一類則是作爲輔助的伴生符號。①

將軍崖岩畫中的人面類可分爲：類圓形、黥紋類圓形、方形、無輪廓形、冠飾形、羽飾形。

將軍崖岩畫的伴生符號有：太陽、圓、同心圓、七子（五子）星座、小圓凹。

其實人面類中無輪廓形內一種  式與第一岩畫區內作底線性的  式羽飾形，也處在一種非主體的地位。當然也是按今人觀念區分的結果。

將軍崖岩畫中的這些具有獨特內涵的符式，大多都流播出去，在別的人面岩畫遺址中出現。其中有些一再演變，如方形人面，至少形成四種亞形式，但最初的一種卻是在將軍崖岩畫中，其他諸種都是以這個近方略顯長方的符式爲基本原型而演化出來的。

將軍崖岩畫中只有三種符式未被流播出：一種是作爲子民在岩畫中體現的  式人面形，另一種是以幾條直線相交叉的五子或七子星座，還有一種是三個小圓點構成的人面（呈∵形）。在其他人面岩畫址中未見這些類型的圖像。

此種現象，也許正是在這樣兩個方面具有啓示的意義。

其一，人面岩畫所體現的是祖先神乃至天神，正是在這種觀念基礎上，此類岩畫才流播出去。而子民乃芸芸眾生，自然沒有人理會。同時也證明了，將軍崖的人面岩畫，尚處在祖先神崇拜的地位，既然是祖神，就得有子民；也説明岩畫所表現的是儀式性的場面，既然是

6·8
冠飾形人面岩畫演化系列
（1） 將軍崖
（2） 東升廟
（3） 賀蘭口
（4） 賀蘭口

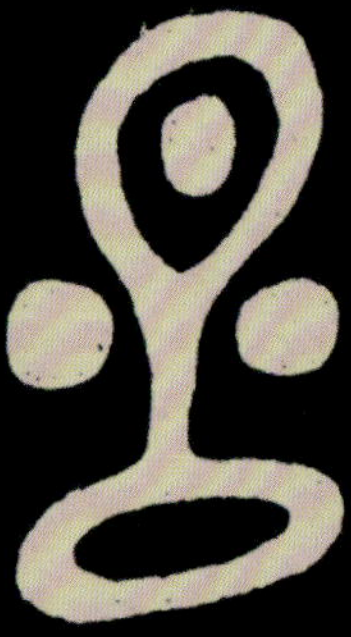
(1)

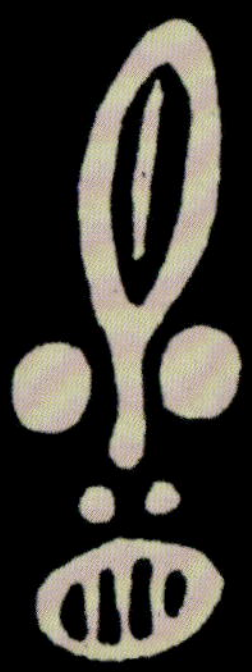
(2)

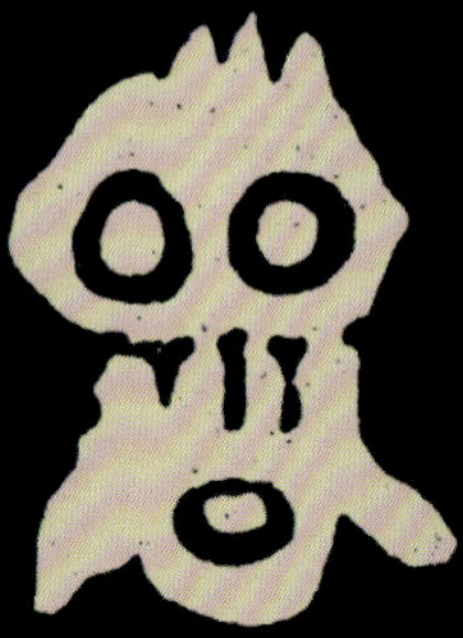
(5)

(6)

6·9

6·9
無輪廓人面演化系列
(1) 將軍崖
(2) 將軍崖
(3) 烏蘭察布
(4) 必金河
(5) 格爾敖包溝
(6) 格爾敖包溝
(7) 格爾敖包溝
(8) 默勒赫圖溝

(3)

(4)

(7)

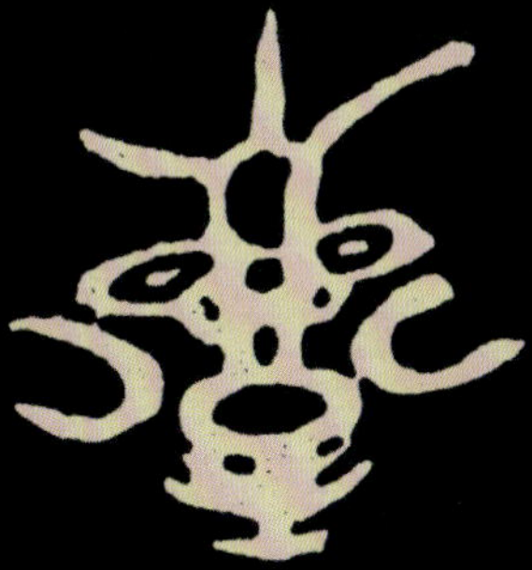

(8)

場面，同樣得有民眾。於是頭上飾羽毛的子民形象就存在了。岩畫傳到他處後，觀念又有遭遞，祖神上升到天神的地位，天神遠離人間，便無需子民陪伴；再說鐫鑿人面體現爲對天神的虔誠與敬畏，不再表現完整的場面和儀式過程，也就無需讓子民出場。

其二，從一個側面也證實了在奉行祖神崇拜的同時，亦奉行太陽崇拜。因將軍崖岩畫記錄着一個盛大隆重的祭祀儀式。其中有具體的時辰方位與特定內涵等，鐫鑿七子星座便就是這種特定的時間意義的體現。其岩畫流播到他處，在非儀式性場面記錄的畫面中，七子星座顯然與太陽崇拜發生了衝突，於是就被捨棄不用。而那些小圓凹，雖然亦是星宿的體現，但同時也是高邈天際的象徵，而天神是需要被認爲處在至聖至上的天界的，於是小圓凹就作爲一種必須符號而出在各處人面岩畫址中。“∵”形無輪廓人面，也消融在小圓凹的表現中，無單獨復現。

圓，在將軍崖岩畫中具有兩種涵意：一是月亮，一是同心圓的初級形態。當它與七子星座同處時，則屬月亮無疑。將軍崖岩畫的第一區是如此表現的。這種含意的圓，因與太陽崇拜觀念衝突，而無在他處獲再現。但圓在其他岩畫址出現還是較多的，都是第二意義上的符式。故一般與同心圓共論，而不再單列出。

如此看來，將軍崖岩畫十三種符式中的十種是流播到了全國各地，遠約達數千里之外。說明這種岩畫符式具有多麼強的生命力。

6·11

6·10
將軍崖岩畫中的各種人面與伴生符號，前不見傳者，後卻有承者。
6·11
圓、同心圓、小圓凹。星系圖岩畫。陰山韓烏拉溝。

三、傳播的途徑與演變過程

由此，據目前的發現可以論定，中國人面岩畫的三大分佈帶，都是由將軍崖岩畫爲發源地而傳播開的。其中北分佈帶與中分佈帶是符式傳播的主流，這傳播過程可分成若干個發展階段。

（1）

6·12
人面岩畫神格性演化系列（上）
（1）具有世俗性特徵的人面岩畫，簡樸而又慈祥的老祖母形像。連雲港將軍崖。
（2）已暗示出太陽與人面之間的關係，並以周圓內或外的三角紋體現。此岩畫已遭殘。內蒙古克什克騰旗白岔河。

（2）

1. 第一階段——世俗性的人面岩畫

將軍崖人面岩畫首先是往北傳播，內蒙古東部赤峯地區白岔河的那幅黥紋人面岩畫，與之有着直接的親緣關係。目前，這是一塊孤立的殘石，我們已無法得知其總的面貌。當時所體現的信息量中，只有極小一部分存留着，這不能不是一種極大的遺憾（尤其是 1989 年它再度受到殘損）。然而就是在這小部分的殘留中，也與將軍崖岩畫有着多處的一致。

（1）類圓形相似。都圓得規整、豐滿、碩大卻又簡樸。以後在其他遺存址中，這類圓都發生了變異，顯出怪誕。不再有這兩處那般相似。

（2）黥面紋相似。人面中遍飾黥紋，男子的黥紋線剛毅，女子的柔和舒展。黥紋的方式也有相似之處，如男子臉上以三角紋線顯出果敢的氣概，女子則以舒曼的線條顯其慈祥溫和。並都以同心圓的方式突出雙目。

（3）男女比例相似。將軍崖岩畫中最大的人面圖像是女性的，似是祖母形象，女性的要比男性的大一倍多，大概表明着尚處母系時期，女子在社會中有特別的地位。白岔河的那幅儘管只留下畫面的一部分，卻也是畫着男女兩個人面，女性的同樣要大於男性一倍多。這似乎説明當岩畫傳至該地區時，那裏的社會性質同樣處在母系時期。

（4）輔助性符式相似。將軍崖那幅儀式性場面的岩畫，人面當然是主體，在主體之外，尚有眾多的輔助性、陪伴性符式。其中靠得最近的是  形，這是一種介於人和鳥之間的圖像，也許兩種含意都有。但在此處，主要是鴞面的性質，似是與太陽有關的陽鳥的抽象。白岔河的畫面中同樣存有兩個 ，而且與人面同樣相挨得很近。因其是殘石，無法搞清是否還有其他輔助性符式。但有這兩個，也足已矣。這是一種特殊的符式，不太可能是各自有淵源而碰巧相似。

（5）作畫技法與風格相似。都運用石器工具，採

(3)

(4)

6 · 12
人面岩畫神格性演化系列（上）
（3）進一步強化太陽與人面之間的關係。三角紋變成雙圈短線紋。陰山韓烏拉溝。
（4）周圍外的短線紋演化爲圓凹紋。陰山白齊溝。

用磨刻法，而且都以一種粗細相等、均勻綿長的線勾勒出整個人面輪廓。目前尚無發現第三個岩畫址，在風格上有這兩個如此相近的。

當然，這兩地的岩畫也有一些不相似的方面。如將軍崖岩畫有較強的世俗性特徵（在整個中國人面岩畫中相比較而言），白岔河的點紋人面同樣有世俗性氣息，但更突出的是一種符號化，繁密的點紋線條帶有更明顯的超自然特性的意味。

另外將軍崖岩畫中的人面與太陽是獨處的，兩者的符式元素並沒有相互交融。白岔河點紋人面岩畫從整體上已無從考察，但在這幅僅存的畫面中，太陽的元素已被吸收到人面符式之中，而且男女圖像呈現出的方式不同。它們都吸收了太陽周沿光芒的元素。男性人面將太陽光芒化合成小三角連續紋，飾在人面圓的外周沿；女性人面則將這類小三角連續紋飾在圓的內圈中，三角形光芒朝內。這不能不認爲已體現出男陽女陰的觀念。關於這種觀念的形成，最早可追溯到八卦思想。按神話傳説，八卦是由三皇五帝之首的伏羲所制定的。無論實際歷史上是否眞有這位創世者，神話所指向的時代，應是新石器時代，當時尚處在漁獵經濟之中。“作結繩而爲罔罟，以佃以漁。”這與岩畫製作的年代大體是吻合的。這亦從一個方面證實，岩畫體現出陰陽觀念在客觀的時代上是可能的。

這兩種相異之處，只是程度上的區別，而非本質上的差別。這説明人面岩畫傳至白岔河地區後，符式特徵有了進一步的發展。這種發展與總的人面岩畫的演進趨勢相一致，即總是世俗性減少，符號性、至聖性增強，祖先神與太陽神愈趨結合爲一。

據以上分析，將軍崖岩畫傳至白岔河地區，應是無疑。這構成了整個人面岩畫演進的第一階段，即世俗性的人面階段。

(5)

6·12

人面岩畫神格性演化系列（上）

（5）周圍外的圓凹演化成了光瓣。太陽與人面完全結合。從哲學上看，意味着“天人合一”觀念開始形成。狼山大壩溝。

（6）太陽形人面、無輪廓人面和類圓形人面，並列於畫面中。陰山格爾敖包溝。

(6)

2. 第二階段——天人合一的人面岩畫

白岔河西去數百公里，在陰山南麓的韓烏拉溝東畔巨石上，有一幅人面岩畫。其最大的特徵在兩點：首先，類圓形的人面似有兩個迭套的圓構成，兩圓之間又均勻地畫着許多橫道的短線，圓內眼、鼻、嘴俱有，還有一些簡略了的黥紋線。第二個特徵是周圍佈以眾多的深磨出的小圓凹。

與其有5公里之隔的白濟溝人面岩畫，同樣有這兩個特徵。只是迭套的圓之間，短線簡化了，有一個是以許多小圓點替代。

這兩處岩畫，似與白岔河黥紋人面岩畫有承繼關係。它的第一特徵是，兩個迭套的圓內飾以短橫線，與黥紋人面的圓外或圓內飾以連續三角紋，在結構上是一致的。只不過又進一步地呈現出抽象和簡化。其功能意義也一定相同，是對太陽符式元素的吸收。

其周圍又磨出眾多的密集小圓凹，似乎表明氏族的祖先、首領像處在越來越高的天際之中。人面岩畫的神格意義在增強。果然，在更西面的地里哈日必金河岩畫中，人面岩畫被鐫在離地面10米高的峭壁之上。

再往西到狼山大壩溝岩畫之地，人面岩畫被鐫得更高，幾處倚水而屹的約20米高的山壁上都鐫有人面像。而且是完全的峭壁，一削到底，無立足之處，製作時須從山峯頂端用繩索掛人下來。環顧整個大壩溝內，處在溝底基岩位置的光滑平整石壁多得很，古代的藝術家選擇在一、二十米高的峭壁上磨刻人面像，不能不認爲具有更加特殊的涵意在其中。

天人合一的觀念在大壩溝岩畫中獲得較爲成形的體現，產生出了一幅太陽與人面完全複合的岩畫，一個具有十一個均勻光瓣的太陽，中間又磨刻出一個有雙眼與嘴的人面。此種符式在此山谷中僅一例，可以看出古人在製作時戰戰兢兢、小心翼翼的那種心態與神情，岩畫製作得比較小，連光瓣直徑只有20厘米，與以後它處

6·13

6·13
人面岩畫往高處鐫刻。狼山大壩溝。

近1米方圓的此種類型的人面岩畫不可相比。但製作得精細勻稱，磨礪得光潔細膩，則是別處岩畫所不逮。這正説明，神人合一的人面岩畫符式剛剛形成，製作者既虔誠又拘謹。

無論如何，這是一個飛躍。這在當時的宗教禮儀觀念、氏族政治權力組合，乃至岩畫符式的構成等方面都是件大事。形成如此飛躍的也必定是思想很活躍的時期或部落。從現在大壩溝山谷中殘存的岩畫看（此地岩畫曾受到較爲嚴重的自然和人爲的破壞），無論是在風格、內容，還是在符式等方面，都是豐富多樣的。有生殖崇拜岩畫、腳印岩畫、太陽岩畫、宇宙圖像岩畫以及具體、抽象、怪誕等各種類型的人面岩畫。

在中國眾多的人面岩畫遺存址中，這處岩畫的數量並不多。然而呈現出的思想觀念意識卻是較爲豐富、繁雜和活躍的。正是在這種情形下，人面岩畫在其“格性”方面實現了極其重要的一個飛躍，完全脱離了世俗人格的境地，而上升爲神格。

這一飛躍不僅對人面岩畫的演進發展有意義，而且閃爍出的哲學思想、人文精神，意義更加重大。因爲正是天人合一的思想成爲中國自文明期以來數千年間文化哲學精神中最深刻和深層的部分。當然，大壩溝岩畫呈現的天人合一觀念，與商周禮制所體現的以及先秦哲儒們倡導的天人合一思想，在內涵上是否一致，這需要經過慎密的討論。留待後章論述吧。

6·14
人面岩畫高可比天。狼山大壩溝。

3. 第三階段——神威顯赫的人面岩畫

由於人面岩畫在宗教上、政治上、符式表達上都完成了重大飛躍，於是在其繼續向西傳播發展的進程中，迅速推湧成了高潮，出現了極其紛繁鼎盛的階段。其代表遺存址則是格爾敖包溝岩畫和默勒赫圖溝岩畫。

岩畫鐫得更高更密，整個高約百米的山峯，上上下下遍鐫岩畫，簡直就像一座座人面岩畫山。這樣的山在

那兩個遺存址中至少有三座。

岩畫畫面與單個的圖符被製作得更大，有的構成巨幅畫面，如默勒赫圖溝中，一座高七、八十米，寬約 100 米的大石壁上遍鐫岩畫，總計圖像有數百個。其中最大的人面個體，高約有 1 米餘。格爾敖包溝岩畫則鐫刻得特別深，該地岩畫大致可分二期：早期的採用石器磨製，晚期似有以鑿具鑿製後再磨製的。倒是早期的岩畫磨製圖像更深，達 3 至 5 厘米，具有明顯的陰浮雕風格，可見早期的岩畫製作動力更強。

在圖像的內容方面，除了繼續表現太陽人面複合的圖像外，還精美地表現了兩種無輪廓人面和一種方形人面。也許由於當時觀念上已完成了氏族部落祖先與天神的合一，各種類型的人面，都有了神格的性質。無輪廓人面和方形人面顯然被認爲與活動在此地的氏族部落在血緣或觀念上有聯繫，於是這些圖像便如天帝神般被供奉祭祀了起來，漫山遍野地被鐫刻，使這荒涼寂靜的深山幽谷，呈現出一派神威顯赫的繁盛景況。

6·15

6·15
在格爾敖包溝，無輪廓人面數量最多，製作最精。

縱觀中國整個人面岩畫系統，至聖的天神是太陽神。可以肯定地說，中國北方地區史前曾存有一個較爲廣泛的太陽崇拜區域。然而在人面岩畫的最鼎盛階段，太陽神岩畫卻並不處在唯一至聖的地位。在格爾敖包溝和默勒赫圖溝中，太陽人面合一的圖像存在不少，製作得也尚好；但不是最多，不是最大，也不是最精。無輪廓和方形人面岩畫，雖然在符式的構成上也吸收了太陽的元素，但強調的自身特性卻很顯著，其製作得也精，也大，也多，所處位置亦高。

是否意味着史前時期存在着多神崇拜的狀況？或者說並沒有出現尊神於一的局面？從這兩處岩畫來看，有這種可能性。但須說明的是，太陽崇拜基本上佔主導地位，成爲主流之神。從人面岩畫一出現，似乎就確立了太陽崇拜的地位。只是在人面岩畫的演化過程中，有時其不是唯一的主導，還出現多種符式崇拜併存的狀況。

(7)

這種情況在上古的典籍中似有很好的説明。

在東周的古籍中，多處記載着一則重、黎絶地天通的神話故事。張光直先生在《中國青銅時代》書中對其作了詳盡的解析，使之成爲研究商周宗教、藝術的一把鑰匙。用其來解釋岩畫現象，似也十分恰切與管用。

這則神話是説在古時，民、神不混雜，民中優秀杰出者，"其聖能光遠宣朗"的人，"則明神降之"，附於他身上，成爲神的代表者。然後"及少皞之衰也，九黎亂德，民神雜糅，不可方物……民神同位，民瀆齊盟，無有嚴威，神狎民則，不蠲其爲"。在人神之間，祭祀的禮儀方面，出現了一派混亂。於是"顓頊受之，乃命南正重司天以屬神，命火正黎司地以屬民，使復舊常，無相侵瀆，是謂絶地天通。"[2]使天地之間的秩序重新獲得確立，不讓所有的氏族祖先或部落領袖都能上升爲神格，以配作享。

人面岩畫的演化系列，似乎表明着神話敘及的這樣一個過程是存在過的。當然，對其中的"民神雜糅"、"民神同位"的"民"，要作進一步解釋，並不是指每個人，而實指各個小氏族部落的祖先或領袖。對於一個想成或已成了大一統的宗教、政治集團來説，那些小部落祖先仍屬於"民"的地位。

如此看來，人面岩畫確是十分眞實地、形象地呈現了這樣一個過程。

6·16

6·17

6·16
方形人面在格爾敖包溝顯出日後強勁發展勢頭。
6·17
方形人面在默勒赫圖溝獲得鼎盛的發展。陰山默勒赫圖溝。

4. 第四階段——輝煌的太陽神人面岩畫

人面岩畫一路向西傳播，到格爾敖包溝又傳至默勒赫圖溝。至此岩畫分作兩路，一路溯黃河南下，一路繼續西進。南下的一路在其製作的地理環境等方面都同以前一樣，即出現在山谷口，水源近傍，不與狩獵游牧岩畫混雜。西進的一路卻部分改變了既定的規則，也在於其無條件實行某些規則，如更乾旱而無水源，谷口地形更險惡。總之在崇山峻嶺間更艱難地逶迤西進。

6·12

人面岩畫神格性演化系列(上)

(8)黄河東岸桌子山中的太陽形人面岩畫。桌子山苦菜溝。

從中可分析出西進的一路是迫不得已的。然而是什麼原因促使它們必須西進，而不順着黃河進入膏腴之地，乃至最終消失殆盡在沙漠之中呢？

依我看來可能是發生了戰爭，被擊敗的一方不得不在險惡的山谷中繼續西進。這可從兵分兩路的人面岩畫符式分析起。往南的一支是最正宗的太陽形人面岩畫，在大壩溝完成的這種符式到了黃河東岸桌子山谷口獲得強化呈現，圖像肅正而又輝煌，太陽神重又獲得至高無上的確立。

往西的一支主要是方形人面。應當説其亦有極強的生命力，在極艱苦的境地中，西行數百公里，穿出陰山山脈，散佈到了沙漠之中。然而這整個路途中，不再復現出輝煌的呈現。僅作爲一縷餘脈，延傳到了巴丹吉林沙漠。

作爲一種是有自主意識的、以人爲載體的文化，可能當初是想穿出崇山峻嶺，找到草場或農田。然而沒料到大山的盡頭是一望無際的沙漠，它們終於消失殆盡了。

如此的假設在神話中能找到印證。

直觀這類方形人面岩畫，最能產生的聯想是上古神話中的“刑天”。《山海經·海外西經》：“形天與帝至此爭神，帝斷其首，葬之常羊之山。乃以乳爲目，以臍爲口，操干戚以舞。”形刑古通。袁珂認爲：“刑天當爲炎帝屬臣，‘刑天與帝爭神’，蓋黃、炎鬥爭之餘緒。其所與爭神之帝，成爲黃帝。”

儘管古籍中記有黃帝以雷神崛起而爲中央天帝，“黃帝以雷精起”。③“軒轅，主雷雨之神也。”④但近來也有學者認爲黃帝是太陽神。《説文》中指出：“黃”字從古文“光”字，也讀作光聲。《釋名》曰：“黃，晃也。猶晃晃像日光色也。”《易傳》曰：“日煌煌似黃。”可見黃帝可理解爲光帝、日帝，亦即太陽大帝。《尚書·湯誓》中記，當時人民詛咒夏王時，唱

6·18

6·19

6·18
太陽形人面處在高渺的星空之中。陰山默勒赫圖溝。
6·19
距今 5000 多年仰韶文化彩陶中的太陽紋。河南鄭州大河村。

6·12
人面岩畫神格性演化系列（上）
9）磨礪法製出的太陽人面岩畫。桌子山苕燒溝。
10）太陽人面周沿的光芒愈飾愈密。桌子山苕燒溝。

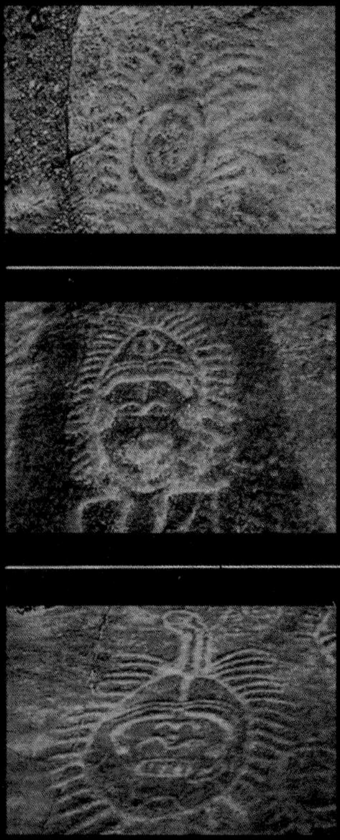

(1)

(2)

(3)

6·20
人面岩畫神格性演化系列(下)
(1)太陽形人面由圓變長,以後從中演化出了一種冠帽形。桌子山苕燒溝。
(2)仍處鼎盛期的太陽形人面。桌子山苕燒溝。
(3)太陽形人面在桌子山岩畫中,達到最輝煌的呈現。表明中國史前太陽崇拜的繁盛。桌子山苕燒溝。

(4)

(5)

(6)

6·20
人面岩畫神格性演化系列（下）
（4）向南傳至賀蘭山，太陽崇拜開始衰弱。賀蘭山賀蘭口。
（5）人面周沿的太陽光芒逐漸減少，這表明神格性在消褪。賀蘭山賀蘭口南壁。
（6）太陽形人面呈現猙獰狀，似乎已滲入世俗權力的因素。賀蘭山賀蘭口南壁。

起了“當日曷喪，予與汝皆亡”的歌謠，表明人民寧可和這個太陽一同死亡。當然中國古籍過於浩瀚蕪雜，各種闡釋似乎都能找到論據，然而如引證考古學資料，就能看到中國史前確曾有過一個太陽崇拜時代。不僅在岩畫中遍鐫太陽，而且在那些有着確定年代地層依據的仰韶文化彩陶中亦有眾多的太陽及其抽象化了的變體符號。將五帝之首的中央大帝——黃帝，理解爲太陽神在人間的代表，相信有着充足的理由。

“附寶見大電光繞北斗權星，照郊野，感而孕，二十五月而生黃帝軒轅於壽邱，龍顏有聖德，劾百神朝，而使應龍攻蚩尤，戰虎豹熊羆四獸之力，以女魃止淫雨。”⑤

黃帝的地位確立後，看來是在神界和人界都作過一番整頓秩序的工作。太陽神岩畫在黃河東岸獲得輝煌的展示，而曾一度頗盛的方形人面岩畫，卻落荒西遁，不得不使我們聯想到黃帝與刑天之間的一場惡戰。方形人面與刑天像何其相似乃爾！

西去的不僅有方形人面，還有一種符號化特徵不甚明顯的類圓形人面，至終同樣消失在巴丹吉林沙漠之中。上古神話中，在西北地區與黃帝發生戰鬥的不僅有刑天，還有夸父。

“夸父與日逐走，入日。渴欲得飲，飲於河渭；河渭不足，北飲大澤。未至，道渴而死。棄其杖，化爲鄧林。”⑥

“夸父不量力，欲追日影，逐之於隅谷之際。渴欲得飲，赴飲河渭。河渭不足，將走，北飲大澤，未至，道渴而死。棄其杖，尸膏肉所浸，生鄧林。鄧林彌廣數千里焉。”⑦

夸父顯然是與黃帝發生了戰爭。《大荒東經》記“應龍（黃帝神龍）殺蚩尤與夸父”。《大荒北經》記“應龍已殺蚩尤與夸父。”也許只殺敗而不能殺盡，夸父部落便西遷，“與日逐走”，進入了沙漠地區。

(7)

(8)

(9)

6·20

人面岩畫神格性演化系列(下)

(7)完全復歸爲人格性，猙獰狀仍存。表明巫教地位跌落，人治觀念上升。賀蘭山賀蘭口南壁。

(8)人格性逐漸復歸的人面岩畫。另一發展方向是增加裝飾特性。賀蘭山賀蘭口北壁。

(9)不由得令人猜測，其中似乎已滲入某種原始戲劇因素。賀蘭山賀蘭口北壁。

從巴丹吉林沙漠中人面岩畫的分佈來看，確有向西北方向推進的趨勢，而巴丹吉林沙漠的西北方向有一大片沼澤地，並有嘎順諾爾和蘇古諾爾湖，即古之居延湖，在沙漠乾旱地區這已屬相當大的湖。《山海經》中多有記載的神河弱水，就源出於斯湖。考古史上轟動的“黑城遺址”，也在這湖邊。夸父“將走，北飲大澤，未至，道渴而死”。這裏的“大澤”，也許就指這湖，人面岩畫有向大澤推進的明顯迹象，然而終於未能穿過巴丹吉林沙漠，在快接近湖的途中，消失殆盡了。

如今，大澤屬內蒙古的額濟納旗。旗內無見人面形岩畫。

6·21

6·21

6·21
商人面紋青銅鉞。與賀蘭口南壁人格性人面相似。山東益都蘇埠屯。

5. 第五階段——人格復歸的人面岩畫

當太陽神岩畫在桌子山地區獲得輝煌顯現之時，岩畫中人神的分離似乎也開始了。所謂“神”，主要指太陽神，即祖神與太陽神在符式的表現上出現了分離，這在桌子山的苦菜溝、木耳溝中已有所表現，太陽僅僅留些元素在人面像上，少量的圖像中元素也不存在。與此同時，一種鹿的動物，在苦菜溝岩畫中極其突出地顯現。這顯然不是狩獵岩畫中出現的鹿圖，而十分明顯是神獸，其伸展的樹枝狀大茸角幾倍於其身高。

以往人面岩畫基本不與動物岩畫相混淆，在早先的各遺存址中都不見有動物圖（後期零星鐫上一、二的也有）。自格爾敖包溝岩畫開始有了，同時鐫上的鹿圖和羊圖，以鹿圖爲美，圖形較小。到桌子山苦菜溝則出現了巨型鹿，完全一幅神獸模樣。再往南發展，到賀蘭山岩畫，鹿圖、羊圖、虎圖與人面岩畫鐫在一起，都製作得非常精美，並選擇自然色澤絢爛的岩面，鐫磨這些靈獸圖。

這從一個方面證明，人神確實出現了分離。可能重、黎絕地天通的措施已經實施。在這第五階段的賀蘭山岩畫中，人面都不與太陽圖符重合，甚至都不大存有太陽

6 · 22

圖符的元素，具有人格特徵的人祖像歸復於人面岩畫之中。

張光直先生在闡釋重、黎絕地天通的神話典故時，特別指出了靈獸“蹻”的作用。這曾是原始道教的一種説法。東晉葛洪《抱扑子》內十五中說：“若能乘蹻者，可以周流天下，不拘山河。凡乘蹻道有三法，一曰龍，二曰虎，三曰鹿盧。”張光直先生認爲中國古代美術常見的一個符號是人獸相伴的形象，或稱“人獸母題”。這個母題的成分便是表現一個巫師和他的動物助手或“蹻”。[8]這是由於重、黎絕地天通之後天地之間、人神之間不能直接通達，需由巫師依靠靈獸才能上下交通。這個精當的論述確是有效地解答了商周青銅器紋飾中何以突出動物紋樣。然而用來解釋岩畫現象似也十分有效。當人面岩畫的神格突然之間消褪時（與早期神格逐漸增強相比，消褪的速度是非常快的，在桌子山岩畫中太陽神崇拜尚鼎盛，而到賀蘭山岩畫時，幾已不見了踪迹），人面岩畫又復歸爲人格形象，而這時動物圖形虎、鹿和羊都增多了起來。也許這些被鐫在石壁的祖先或部落領袖（往往又是祭師或巫師，史前兩者常合一），若要與天帝神祇交往，須經由靈獸作蹻力。觀察賀蘭山賀蘭口人面岩畫中的動物圖形，可以發現作爲蹻力的神獸除了鹿還應當包括羊。因爲羊圖甚精美，是刻意而爲之的。道教典籍中沒記羊，可能在於史前的巫蹻觀念要複雜得多。即使商周青銅器的動物紋樣，也不限於龍、虎、鹿。其中羊的圖樣並不算少。但賀蘭口岩畫中的靈獸以虎圖最精美，數量也最多，有十餘幅。虎形圖像極富有裝飾性，可見出製作時傾註了極強的精神力量。我們從殷商青銅器上對虎形紋飾的重視及其精美之處，見出其與岩畫中虎形圖像一脈相承的思想、觀念與宗教意識。

總之，在第五階段的人面岩畫中，人格特性又突然地恢復了。只是並不回歸到早期連雲港岩畫的那種和

6·23

6·24

6·22
桌子山苦菜溝鹿圖，通高 0.98 米，寬 0.46 米，其中角長 0.71 米，角展寬距 0.60 米。完全是一隻受祭神獸。

6·23
賀蘭山賀蘭口鹿圖。

6·24
賀蘭山賀蘭口張開利齒的虎圖。

藹、慈祥的世俗氛圍中，而呈現出一種怪誕、猙獰、冷酷的人面神情。隨着歷史的演化，被充分意識到的現實政治權力因素一定滲透其間。人格特徵的復歸，不能排斥是氏族部落中政治權力對巫教力量的一次戰勝。趨於現實的權力觀念逐漸佔據了主導地位，這意味着原始巫教作爲一種普泛的社會制約與凝聚力量的時代已經逐漸過去。如果這樣，費力地在山谷石壁上製作人面岩畫的意義也將失去。

人面岩畫傳播到賀蘭山的賀蘭口，在出現了一次值得稱道的高潮性呈現後，確實嘎然而止了。只在更南部的 150 公里外留下了些尾聲。作爲以人爲載體的活文化，其存留的時間甚至不會比在陰山西部山谷和沙漠中艱難跋涉的方形、類圓形人面存留得更長。歷史就這樣嘲弄着人類。

四、神話學和考古學的佐證

以上關於人面岩畫符式的傳播途徑，只是指主流而已。在東部沿海一線，以及默勒赫圖溝以西的岩畫傳播，一定也具有某種規律性的現象。這裏闕如了。原因在於這部分地區的人面岩畫對中國史後文化影響甚微。而且東部沿海的人面岩畫分佈帶，雖然延展得非常長，達 2000 公里以上，實際發現的岩畫遺存址並不很多。其中間距很大，相信在這段沿海地區中，還會有新的人面遺址被發現，到時再來討論它的傳播過程，也許意義更大。

作爲人面岩畫的主流，從連雲港地區向北，再向西傳播至黃河河道拐彎之處，然後溯黃河南下，在接近黃土高原的地段，突然消失。

由於岩畫不存在地層關係，無法用地層的迭壓來辨明先後，又不能用科學儀器的手段來測定，故老問題還是會再提出來：爲什麼一定是由東往西傳播而不是由西

6·25
賀蘭山賀蘭口通體鐫有花紋的虎圖。神性動物圖案的增多與精美化，表明祖先神或巫（上古往往合一），已不能單獨上天與神交往，須通過獸蹻作傳達。這與人面岩畫神格性減弱、人格性增強的狀況，邏輯上是一致的。

往東傳播呢？

這個問題前面已經詳盡地辨析過了。爲了使這個假設更具有説服力，擬再從神話學和考古學兩個方面，談一些佐證的資料。

1. 神話學的佐證

自八十年代以來，國內對神話學的研究正方興未艾，著書立説者甚多。然而有一個奇特的神話現象卻都未予關註。即少昊神的活動範圍。

《山海經·大荒東經》：“東海之外大壑，少昊之國。少昊孺帝顓頊於此，棄其琴瑟。”

《帝王世紀》：“少皞邑於窮梁，以登帝位，徒於曲阜。”

《稽古錄》：“少昊金天氏，已姓，曰摯，亦曰青陽。黃帝之子，繼黃帝，以金德王天下，故號金天氏，都曲阜。”

《尸子》：“少昊金天氏邑於窮桑，日五色，互照窮桑。”

從上所記，少昊氏處在東海之濱的窮桑一帶，位於現山東與江蘇的交界之處，其都城曾定在曲阜，現曲阜故城仍有金字塔形的少皞陵，取其“以金德王”之“金”字形。不過據説是宋代建造的。

然而典籍中還有相反的記載。

《拾遺記》卷一：“少昊以主西方，一號金天氏，亦曰金窮氏。”

《山海經·西次三經》：“又西二百里曰長留之山，其神白帝少昊居之。”

《淮南子·時則篇》：“西方之極，…少皞，蓐收之所司者萬二千里。”

《淮南子·天文篇》：“西方，金也，其帝少皞，執矩而治秋，其神爲太白。”

以上諸條，都取之於經典古籍，古“昊”、“皞”

6·26

6·26
曲阜故城少昊陵。金字塔形，頂端建一碑亭。取少昊“以金德王”之“金”字形。宋代始建。

兩字相通。然而矛盾與出入不可謂不大。説治神話的學者沒註意到這種現象，也不恰切。丁山在其《中國古代宗教與神話考》中已提及到了，並説到秦人尊少皞爲“白帝”，“秦襄公自以主少皞之神”。然少皞之墟在汶水流域的曲阜附近，“遠距秦襄公所居的西垂迢迢數千里……也就不能無疑了。”然而他廣證博引，東説西説，就是不説爲何會有這般矛盾，最後則説：“‘秦襄公祠上帝西畤’，即使是少昊，不必是白帝；上帝如即白帝，那必另有來源，不必與郯國所郊祀少昊並爲一談。”⑨似乎如此一來矛盾就不存在了。

陳夢家也註意到了這個矛盾，但他認爲是一種誤會。他説：《淮南子》“誤會了秦人自主少皞之神，以爲少皞是五帝之在西方者，不知秦人的少皞是上帝，而少皞之虛實在東土。”⑩少皞之主西方者，不僅《淮南子》談及，《山海經》等也都談到，故不能認爲是誤會。

袁珂在編《中國神話傳説詞典》時，也遇到了這個問題，他採取的方法更省事：“少昊所處地或東或西，其神職或升或降，於此見神話傳説之紛歧無定。”

如果結合人面岩畫的由東向西傳播之原始藝術考古資料，就不會忽略這種矛盾與紛歧了。

我相信，神話，尤其是史前神話，是史前人類生活歷史的一種口頭記錄。由於沒有文字，只得由一代代人口頭流傳，又由於依靠口傳，各代傳人往往添加枝末，增色增彩，不可避免會有訛雜。但歷史的主脈，還是會保存下來。古埃及的神話與金字塔陵的發掘，希臘神話史詩與特洛伊城的發現，殷商神話與甲骨文和殷墟的發見，這一切都説明神話傳説的主要內容，都是以人類或氏族部落實有歷史爲依據的。

少昊氏的居住之地，一曰東海之濱，一曰昆侖山下的西方之極。相距數千公里，幾乎是四分之一亞洲大陸的跨度，這不可能是無端之説，不會不言之有據。而且

6·27

除了這兩種外，沒有第三種説法。這就不得不要考究其內涵的深層意蘊了。

依我所見，正是少昊氏部落，從東海之濱的窮桑之地，遷移到了黃河上游的西方之地；或者是其部落所代表的文化，傳播到了西方之地。

人面岩畫由東進西的分佈，則是這種遷移或傳播的遺存物。

有趣的是當連雲港將軍崖岩畫一被發現，當地的學者就認爲岩畫當是少昊氏部落所爲。岩畫於 1979 年 11 月發現，次年連雲港學者李洪甫即發表了《少昊之墟辨》，認爲少昊之墟不在山東曲阜，而在蘇北的羽山——雲台山地區，即連雲港地區，將軍崖岩畫正在這區域的中心位置。其後李洪甫又撰寫了《少昊氏稽索》，從岩畫、考古出土物等多方面，再次強調了這一觀點。

要談及將軍崖岩畫與神話中少昊氏之間的關係，首先得看少昊氏在文化宗教等方面有些什麼特徵。少昊氏首先是奉行太陽神崇拜的。"昊"字本身就意味着崇奉天日。《史記·王帝本紀》引正義曰："堯能敬天大，故以昊天言之。"又引集解曰："青陽即少昊也。"青陽即春天的太陽，在東部地區祭祀，故《堯典》曰："分命羲仲宅嵎夷曰暘谷，寅賓日出，平秩東作。"嵎夷暘谷，現就在濱海的連雲港一帶。山東南部汶水流域發現的新石器時期大汶口文化，被學術界認爲可能是神話傳説中的少昊氏部落，遺址中多次出土了一種有太陽形狀的陶刻符號，也被認爲是少昊氏崇拜太陽的佐證。

少昊氏宗教文化的第二個顯著特徵是尊鳥爲圖騰。少昊的母親皇娥，即是以鳥爲圖騰的。《拾遺記》："帝子與皇娥泛於海上，以桂枝爲表，結熏茅爲旌，刻玉爲鳩，置於表端，言鳩知四時之候。"此間孕生了少昊，名摯，即鷙也，屬鶚鷹類。

少昊的整個氏族部落內，也以鳥名作分類。《左

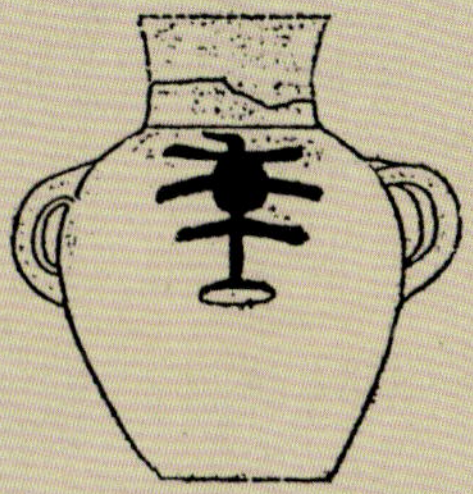

6·28

6·27
少昊神像。刻於青海東漢畫像磚上。表明東方大帝的少昊神，也被黃河上游的西部民族尊爲主神。
6·28
山東大汶口文化遺址出土的陶罐刻符，被認爲是"昊"字的祖型。

6·29

(1) (2) (3) (4) (5) (6) (7) (8) (9) (10) (11) (12) (13)

傳·昭公十七年》："我高祖少皞摯之立也，鳳鳥適至，故紀於鳥，爲鳥師而鳥名。鳳鳥氏歷正也；玄鳥氏，司分者也，……五雉爲五工正，製器用，正度量，夷民者也。"

少昊氏宗教文化上的太陽崇拜和鳥圖騰，在連雲港將軍崖岩畫中，正有深刻的對應。太陽是該地岩畫中的一個突出符式，並且數量不少，製作之精，亦令人擊節讚嘆，整個人面岩畫都顯著地突出太陽崇拜。另外一種鴞面圖的符式，也處在重要的位置，它不是與人面伴出，就是在太陽之左。傳之白岔河流域後，每個黥紋人面旁還伴有一個鴞面符式。

由於同一氏族供奉太陽與鳥，而太陽升起時又如鳥般冉冉飛翔，故太陽與鳥就相通了。廟底溝文化彩陶和漢瓦當中的陽鳥，實際就繪成鳥與太陽的複合。所以人面岩畫在西進的過程中，也就強化了太陽符式，而鴞面形則獲得獨立，成爲與人面有相同內涵並獲得大發展的特殊符式。

既然連雲港將軍崖的人面岩畫可能是少昊氏所爲，而人面岩畫由東到西，頑強地跋涉約 3000 公里，傳播到了黃河上游的西方，那麼少昊既是東方大神又是西方大神也就不足爲奇了。神話中的矛盾獲得了合理的解釋。上古神話體系中留下這麼大的一個缺口，也在於其中隱伏着一個大的史實，故早期的口傳者不想、也不能把它抹平。

當然，如今我們在談論少昊大神時，也不能僅將其理解爲一個人。從人面岩畫的傳播過程看，決不是一個人的生命歷程中能完成的，其至少以千年爲單位。因此應看作是一個氏族部族，或者更恰切地說是一種文化，由東海之濱傳播到西面的黃河上游。

2. 考古學的佐證

這種文化的由東向西，即由東海之濱向黃河上游的

6·29
鴞面形無輪廓人面岩畫演化系列
(1),(2),(3) 將軍崖
(4) 白岔河
(5) 東升廟
(6) 格爾敖包
(7) 格爾敖包
(8) 格爾敖包
(9) 格爾敖包
(10)–(13) 格爾敖包

6·30

傳播，更能夠獲得考古學上的佐證。這是一種更加強有力的佐證。

將軍崖岩畫的位置，在新石器時代屬大汶口文化範圍，其後又屬山東龍山文化區域。這兩種有着直接承繼關係的史前文化，對中國華夏民族文明的形成，產生過巨大的作用。

大汶口文化的中心地帶是泰山周圍地區，南及江蘇、淮北一帶。年代的始止約公元前 4300 年到前 2500 年前後。這一文化所處的地理位置很特殊。在與其年代相當的時期內，北方遼西地區有生機勃勃的紅山文化，西方有淵源流長的仰韶文化，南方有工技精湛的河姆渡一馬家浜文化，西南方有內涵獨特的大溪文化。這實際上構成了一個類似 180 度的大扇面，大汶口文化居軸心位置。

從考古學觀點看，新石器時代的中後期，各區域性文化之間的交流已十分重要。文化的發展與信息交換的頻率和強度成正比。這肯定十分有益於大汶口文化。

本世紀八十年代初期，考古學家石興邦提出過一個理論，認爲在中國新石器時期，佔主導性的是半坡仰韶文化和大汶口一青蓮崗文化。[11]這兩大氏族部落集團，經過頻繁接觸和交流，在河南一帶形成了一個新的文化共同體，即廟底溝氏族部落文化，它是華夏文化共同體的前身。

這一文化是東西兩種文化系統的融合體。“在半坡氏族部落文化的中期階段，大汶口一青蓮崗文化部落迅速向西發展，並成功地與半坡氏族部落融合，利用仰韶人的製陶工藝傳統而繪製本氏族部落的標誌，這就是原來魚、蛙及動物類爲圖騰標誌繪畫陶器的地域中，出現大量鳥形圖騰標誌的原因，後者是東方沿海氏族部落的圖騰。……也就是説，大汶口文化向西發展是佔了優勢……”[12]

這種優勢甚至是通過部落戰爭而獲得的。河南臨汝

6·30
殷青銅鴞尊，高 13.9 厘米。美國私人收藏。

6·31

閻村廟底溝文化遺址出土的彩陶缸上，繪有鸛魚石斧圖，考古學家認爲是記錄了白鸛鳥氏族戰勝魚圖騰氏族的歷史事件。

主持遼寧西部牛河梁“祭壇”遺址發掘的考古學家郭大順，也認爲在距今5000年左右，東南沿海的大汶口文化對河南地區的仰韶文化影響更加強烈。繼紅山文化之後的小河沿文化，具有同當時黃河流域原始文化某些相近的變化，説明大汶口文化廣泛地涉及到我國東北以遼河流域爲中心的一些地區。甚至他認爲遼東半島自距今6000年以來，也受到山東大汶口文化的強烈影響……先進的大汶口文化的傳播，可能是促進大連地區某些文化遺存發生顯著變化的重要原因。[13]

在遼寧西部白岔河流域發現的黥紋人面岩畫，之所以會與將軍崖人面岩畫有親緣關係，這應該是一個很有權威性的註釋。

深受東部大汶口文化影響的廟底溝文化，以後一直向西發展，遠播至甘肅南部和青海東部。在西北地區自成系統的馬家窰文化，在其最早期的石嶺下遺址中，就出現了三迭層：上層是典型的馬家窰文化，中層是石嶺下文化，下層廟底溝文化。

在距今4000年左右，大汶口文化直接演化成了山東龍山文化。這一文化的生命力更加強盛，又一次向西傳播，取得了更大的成功。

五十年代，在河南陝縣廟底村，“由這裏發現的廟底溝二期文化遺存，屬於早期龍山文化的範疇，它爲仰韶文化向龍山文化的過渡，首次集中提供了大量的證據，從而使中原地區新石器晚期文化的傳承關係開始明朗。”[14]

在龍山文化的影響下，形成了河南龍山文化，之後在西面又形成陝西龍山文化。[15]在更西的甘肅則出現了齊家文化，出土了眾多的以鳥爲摹本的鴞面形陶罐。有的學者認爲齊家文化與東鄰的陝西龍山文化非常相近，

6·31
廟底溝文化時期的鸛魚石斧圖，記錄鳥圖騰氏族由東向西發展時，戰勝黃河中游的魚圖騰氏族的歷史事件。河南臨汝閻村。

如果齊家文化不是二十年代發現，而發現在其後，可能會被稱爲“甘肅龍山文化”；“有的明確指出齊家文化應起源於陝西龍山文化，隨着不斷地向西發展，也承襲馬家窑文化的若干因素，應屬於龍山文化的變體。”關於這方面學術界尚存不同看法，但基本的事實和現象卻是：“齊家文化在東邊的要比西邊的爲早。更東的陝西龍山文化，面貌與齊家文化相近，而年代卻早於齊家文化。大體上可以説，越靠東邊的齊家文化受陝西龍山文化的影響越深，年代也越早；越靠西邊的與陝西龍山文化的差別越大，年代也越晚。”⑯

此種明顯帶有龍山文化特徵的齊家文化，向西傳播得更遠，到達青海西寧以西，向北到達寧夏南部的固原海家灣等地。李學勤曾經注意到這一種現象：“日照兩城鎮龍山文化陶器有一種三角紋，以填斜線的和空白的三角形相間，可能是由編織器紋效仿來的。1977 年，青海貴南尕馬台齊家文化墓葬中出土一面銅鏡，鏡背正有這一種三角紋的圖案。另外甘肅武威皇娘娘台所出齊家文化銅刀殘柄，也有較簡化的三角紋。三角紋又是商代較早青銅容器上屢次出現的花紋。其間的連鎖關係是頗清楚的。”⑰

考古學以翔實和可信的資料，證明了東部沿海史前太平洋原始文化，以其蓬勃的生命力，向西遠播的史實。在如此基礎上來理解人面岩畫由東向西的發展，便就不會感到突兀了。

事實上，現代人類在很大程度上低估了史前人類在部落遷徙和文化傳播方面的卓越能力。這源於現代人類日趨羸弱的生命性相，已不能從直覺上體悟或判明出原始先民荒蠻熾烈、雄強健旺的生命活動能力。

6·32

6·32
太陽、魚、鳥複合紋。同樣表現鳥食魚的神話傳説。而且太陽畫得如此之大，強調太陽與鳥之間的神秘聯繫。陝西綏德漢畫像石。

6·33

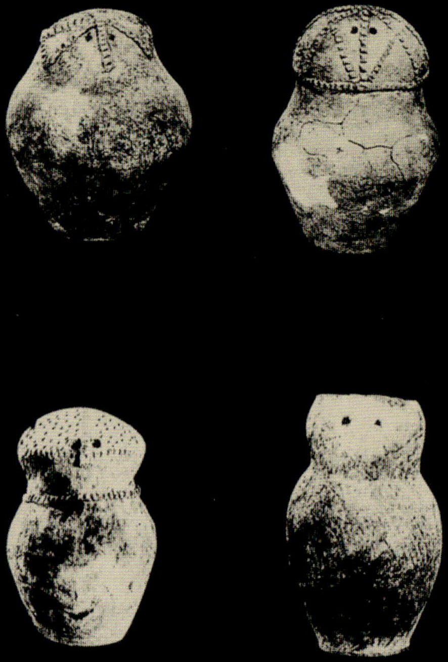

註：

① 如此的分類，是就整體岩畫而言的。將軍崖岩畫記錄的是一種儀式性場面，因此每一個圖像符式都有特定意義，不存在“主體”與“輔助”之分。而流播出來以後，鑿刻岩畫本身成了目的，至少是目的重要部分之一，這種區分似存在了。

② 《國語・楚語》。

③ 《河圖帝紀通》。

④ 《春秋合誠圖》。

⑤ 《漢學堂叢書》輯《河圖稽命徵》。

⑥ 《山海經・海外北經》。

⑦ 《列子・湯問》。

⑧ 張光直：《中國青銅時代・二集》，三聯書店 1990 年版，第 97 頁。

⑨ 丁山：《中國古代宗教與神話考》，上海文藝出版社 1988 年影印版，第 383、387 頁。

⑩ 陳夢家：《殷虛卜辭綜述》，中華書局 1988 年版，第 594 頁。

⑪ 關於青蓮崗文化，有兩種不同的認識：一泛指長江下游古文化，分江南江北兩個類型；另一指魯中南、蘇北地區早於大汶口文化的一類遺存。石先生顯然在前一意義上引用。學術界對此有不同看法。

⑫ 馬洪路：《遠古之旅——中國原始文化的交融》，陝西人民出版社 1989 年版，第 34–35 頁。

⑬ 參見郭大順、馬沙：《以遼河流域爲中心的新石器文化》，《考古學報》，1985 年 4 期。

⑭ 《中國大百科全書・考古學》，中國大百科全書出版社 1986 年版，第 330 頁。

⑮ 本世紀三十年代，在黃河中下游，包括杭州灣，考古學上有一個統一的龍山文化稱謂，五十年代後發現其文化系統和來源並不單一，尤其各地有較強區域性特點，故分別給予稱謂，以資區別。

⑯ 《中國大百科全書・考古學》，中國大百科全書出版社 1986 年版，第 369 頁。

⑰ 李學勤：《中國青銅器的起源與發展》，載《中國美術全集・工藝美術編 4》，文物出版社 1985 年版。

6・33
鴞鳥形陶罐，青海柳灣出土。中國史前東部沿海地區和西部青海高原之下都尊崇鴞鳥，表明兩地文化似有一種聯繫。

第七章

性質與功能

人面岩畫是一種失傳的文化。曾經在史前中國這個大舞台上威武雄壯地演進過的歷史的一幕，竟然在中國浩如烟海的典籍中，不復記載，似乎難以置信。然而確乎事實。

準確地說，在北魏酈道元的《水經註》中就提到過一句。這位突破儒家治學窠臼的學者，爲了註《水經》，遍歷了神州域內大小河川的源與流，用現在的話來説是進行“野外考察”。倒是讓他發現了一些岩畫。在《水經註·江水》中記有一處人面岩畫：“……人灘水至峻峭，南岸有青石，夏沒冬出，其石嶔崟，數十步中，悉作人面形，或大或小，其分明者，鬚髮皆具，因名曰人灘也。”所記在長江宜昌附近。

這可能是中國二千餘年所存留典籍中唯一記有人面岩畫的一處。可惜至今尚未在該處找見那岩畫。不過倒亦説明。中國的中部腹地，也曾出現過人面岩畫。

然而，偉大的歷史精神是不滅的。尤其是一個偉大民族史前階段的精神歷程，必定會深刻影響，乃至冥冥之中命定這個民族史後的文化發展。

一、岩畫的性質在於祭祀

人面岩畫肯定具有宗教祭祀的性質。這在人面岩畫的起始地連雲港將軍崖岩畫體現得最分明。現就以此例作詳細分析。

1. 神話與上古祭台

古時“羿射十日”的神話，也發生在這一地區，羿所在的有窮氏領地正在東夷的這一帶。神話學者認爲這個神話傳説的深層含意是這一地區史前崇拜太陽的部落之間曾發生過戰爭，最後由一個部落取得領導權。將軍崖岩畫發現後，一定程度上印證了這個神話的可靠性。因爲那一組祖先神祇與子民們共處的岩畫中，完整的人面岩畫正好是十個（包括全身裹入大袍中的巫師），是否就是十個崇拜太陽的部落領袖（或祖先）在舉行儀式？人面像大都有一條飄逸的線與下部作子民的相聯繫，也許表明着所屬。

從人面岩畫之間的關係來看，卻顯得和睦親密，它們之間沒有十分嚴格的尊上卑下的等第痕迹，也見不出體現爲權力結構的從屬與附庸關係。只是大小已有區別，最大的人面岩畫戴有髮罩與耳飾，是個老祖母形象，排列在第一個，神態和藹可親；另一個很大的人面像所處位置最高，顯得重要，但也不能説很顯赫。並沒有其他人面像圍繞着某一個人面像，以爲中心，也沒有子民像特意聚集在某一個神祇像下面。人面像和子民像平行地一字兒排開。

據此可以認爲，這組岩畫若確與“羿射十日”神話有關，其創作年代要早於“羿射十日”神話出現的年代。因爲“羿射十日”的故事，表明“十日”之間爲了爭奪領導權和統治權，已發生了戰爭。那樣，他們之間的關係就不會如此和睦相安。而且岩畫以女性圖像爲大，似乎説明尚處在母系時期。

我在 1988 年實地考察連雲港錦屏山將軍崖岩畫

7·1

7·1
硯形祭石，鑿有八個小圓凹，圍着一個大盤，意味有八個受祭席位。

時，又意外地發現了一處上古時期的古祭台。位於錦屏山系最東端的孔望山巔，距岩畫至多二、三公里。此山雖小，高不過百米，但氣勢不凡，有大勝之地的氣象。山巔的東南西三面是如刀削斧斫般的懸崖，據資料記載，直到清代初期，海水還直拍崖下，湧入山西南面的狹長山谷中。

山巔之上人爲地設有三塊巨石，第一塊在北面，是將一天然大石稍經加工而成，其形如硯，長約 3 米，寬有 2 米，厚在 0.7 米至 1.2 米之間不等。此石架在三塊略小於它的自然基岩上，高約 2 米。在大石朝上的平面中間，鑿出一個大圓凹，周圍又均勻地圍鑿着八個橢圓形的小圓凹，就如圍着一個大盤的八個小耳杯。

第二塊石設在山巔西面，與第一塊石相距 10 餘米，卻比它高出幾米。是一方形大石，1 米見方，擱在一突兀的乳峰形石基上。石平面從貼邊開始淺淺地鑿出規整的方凹，深約 5 厘米，似成方盤，可盛放犧牲供品，方形石之外的基岩上淺淺地鑿有一個圓凹，似乎亦表明着一個席位。方形石雖略小，卻與其下的乳峰渾然一體，三面爲萬丈深淵，形制甚爲崇偉。

第三塊石位於山巔更高處，於東南面，距方形石 20 餘米，是一塊獨立的圓盤形巨石，同樣擱置在基岩上。其直徑約有 2 米，厚 1 米左右，能明顯見出人工剝離成圓的痕迹，但又不是金屬利器所爲，因無細深鑿痕，顯然是強力打製出，石片呈大塊剝落。圓石中心有一規整的圓凹，直徑在 40 餘厘米，深亦有四、五十厘米。

依我所見，這三塊無人留意的大石，應屬上古時代設置的古祭台，屬於巨石文化範疇。殷商時期有以大石祭“社”的習俗，甲骨文“社”（即土）寫作“”或“”，乃血滴於祭石之上。此地西去 200 公里的徐州銅山曾發掘出一個殷商時期的祭祀處，由四塊巨石組成，周圍埋有幾十個人的殘屍，證明是以血祭社石

7·2

7·3

7·2
方盤形祭石，石下基岩上鐫有一個圓凹。祭地之石。
7·3
圓形祭石。圓中心有一圓凹。祭天之石。

7·4

的。而孔望山三塊祭石我認爲分別有不同祭所：

圓盤石，祭天；方形石，祭地；不規則的硯形石，祭祖。

這正符合中國最古老的“天圓地方”的宇宙模式體系。中國最古老的天文算經書《周髀算經》中就記有：“方屬地，圓屬天，天圓地方。”北京天壇整個都是圓形建築，而土地廟注重方形。中國上古的大禮即三祭：天、地、祖。三巨石應了大禮三祭。

我還注意到三巨石上共鐫有十個圓，或者説十個席位。處最高位置的圓盤石中心一個，稍次的方盤石之下一個，更下的硯形石列成大半圈的八個。這與將軍崖岩畫的十個人面，神話中的“羿射十日”，是否有着某種聯繫？

假如是存在聯繫，又一次證明了上古時此地存在十個崇拜太陽的部落。與岩畫相比較，它們之間的關係已發生了根本的變化。岩畫中最大的神像是充滿溫情的老祖母形象，而祭壇中最大的圓，鑿在一巨大而又冷冰的圓盤式太陽形石上，無一點溫情，卻有着至上的威嚴、無比的強有力和不容置疑的權威。似乎意味着社會的性質已發生了變化，女性的溫情已被男子的權力和威嚴所替代。另外十個人面岩畫和睦相處，互有尊敬與庇護之情；而祭台上，卻一個高高在上，另九個集聚在下。要走到太陽形的圓石上去，還須攀越過一道高聳的石屏，中間只有一條細長的山石縫能夠通過。似乎過了石屏便是另一境地，將塵世中的一切都摒絕在外。這一個太陽似乎已上升爲天的地位，另外九個則處在地母和人臣的地位。

這種格局的變化，意味着十個崇拜太陽的部族已發生過一場爭奪領導權的戰爭，勝負已經有所定論。同樣十個部落祖神參加祭祀，配天享受的爲圓石、圓凹，配地母祭的爲方石帶盤，配人臣享的則是橢圓形的耳杯了。而且這八個耳杯圍成的大半圓，圓的缺口處正對着

7·4
江蘇銅山丘灣商代社祭遺址，立石作社，周圍環以血祭之殘骸。

太陽形石，顯出恭敬陪侍的陣勢。

然而他們共列在山巔之處又爲了什麼？這與十個祖神像鐫在將軍崖岩壁上的一樣，是在舉行着某種祭祀儀式。這是一種什麼樣的祭祀儀式呢？

2. 孔望山即上古祭日之地暘谷

《尚書·堯典》中記有：“分命羲仲宅嵎夷曰暘谷，寅賓日出，平秩東作。日中星鳥，以殷仲春。”也就是命羲仲神居嵎夷，註曰：“東表之地稱嵎夷。……嵎，海嵎也。”在東部海嵎的暘谷之地，賓迎日出。“東方之官，敬導日出。”時間是“日中”。“日中謂春分之日”。

也就是每年的春分之日在暘谷舉行盛大的祭日儀式。由此，古代典籍都記“暘谷”之地爲上古祭日之場所。歷來不少文人學者試圖稽考暘谷之地。大都認爲在這一帶。《海州文獻錄》中錄有的蕭山王良士文，認爲連雲港的東磊即爲暘谷：“東磊面東爲谷，四時旭日所照，奇峰怪壑，異草花木，必羲和所居之暘谷也。”

我兩次去連雲港一帶實地考察，對各處的地勝地貌、文物分佈等都作了考察，認爲如暘谷之地確在這一帶，則不是東磊，而應是在孔望山南面的山谷。祭日之場所應在孔望山山巔之上。理由如下：

（1）它是錦屏山系最東面的山峰。幾百年前東磊一帶的雲台山尚處在海中，只留有一些島嶼。是孔望山，每天最早迎接太陽東升。

（2）地望上氣勢雄偉。大祭之地，須地望上取勝。孔望山是一座獨立的基岩性山體，三面都是壁立的懸崖峭壁，形勢雄峻偉奇。據地質資料證明，幾百年前海水仍直逼崖下，東面應是一望無際的大海，南面與錦屏山其他山體隔水相望，其間構成一條峽谷，正好東西走向。《淮南子·天文訓》：“日出暘谷”。《書傳》：“日出谷而天下明，故稱暘谷。”許是暘谷正於

7·5

7·7

7·5
孔望山南麓的巨漢像石，高約2米。
7·6
孔望山西麓的東漢石雕群。
7·7
孔望山南麓的漢石蟾蜍。

此地。

（3）最重要的是孔望山巔上有一座符合上古禮制的大祭台。《海外東經》記："湯（暘）谷上有扶桑，十日所浴，在黑齒北，有大木，九日居下技，一日居上技"。孔望山巔祭台中正有一太陽形石居上，另九圓凹居下。

（4）在秦時，孔望山仍是秦王朝的東門。秦始皇在孔望山西2.5公里的海州設朐城，在"東海上朐界中"即孔望山一帶立石闕，作秦東門。秦始皇造海橋見海神的故事就發生在這裏。庾信《哀江南賦》有"東門則鞭石成橋"之詩句。

由此可見，孔望山巔的祭台是爲暘谷祭日所設的。如此巨大的石方工程，只能説明是爲大祭所配享的。十個曾經崇拜太陽的部落祖祇或首領來此地，是奉命一年一度地爲太陽"平秩東作"作大典祭祀。

7·9

7·8
畫面右側全身蒙袍者爲巫，僅露五官；其右肩上方一圓與符號，爲月亮和七子星座；中間部位又有一"⚹"狀的七子星座。畫面左下側，有一從海面初升的、光芒飄冉的太陽。整個畫面暗示了祭日大典的時間、過程與方式。連雲港將軍崖。
7·9
將軍崖人面岩畫區內的三塊祭石。

3. 古八卦思想與將軍崖岩畫

孔望山的古祭台與將軍崖岩畫的聯繫甚爲顯著。明瞭了古祭台的功能，有助於岩畫的把握。然而真要讀通岩畫，似還得結合古八卦思想。

將軍崖岩畫中很特殊的一個符式是巫者祭司的形象。其穿着特製的衣袍，手腳不露，僅伸出一個大臉。在其右上方是一月亮和七個星座，右下方的星光下卻有一輪光芒射出的太陽，陽光長而略有飄逸。第一次細究岩畫時就提出了疑問：爲何在具有太陽崇拜意味的岩畫中，突出月亮與星座的位置？它處在祭司之旁，又配置得比太陽高。

看來只有一種解釋較爲合理。月亮、星座表示夜間，它同太陽在一起，是表示日落之後的黃昏。它處在巫者的右方，按照上古八卦的時序，應屬陽時。與太陽最有關的夜間的陽時，是旭日將升的黎明時分。（假如刻在左方，按八卦時序，屬陰時，應作黃昏黑暗剛至之

7·10

際解。）如此推導出的時辰，恰與《堯典》中“寅賓日出”相符合和對應了。“寅”即八卦時序中的寅時，是黎明時分三到五時之際，此時太陽將出，而月亮仍留在空中，是故太陽要比月亮和星星都低。

岩畫顯示出的壯嚴肅穆的祭司，以及眾神像群集，正説明他們在進行着一場祭祀儀式。但爲何要選擇這個時候呢？這又要從八卦方面來解釋。《稽古錄》曰：“大昊伏羲氏，風姓。以木德繼天而王，都宛丘。仰則觀象於天，俯則觀法於地。於是始作八卦，以通神明之德，以順民之情”。大昊伏羲氏也是生活在東部沿海地區的先民，並“風”通“鳳”，也以鳥作圖騰。故大昊所作的八卦及其思想，少昊的子嗣們不會不遵循或深受影響的。

寅時，在十二辟卦圖中，屬“泰卦”，表述爲三個陰爻（☷）與三個陽爻（☰）同處一卦，成爲䷊。這是所有卦中最好的卦，三個陰爻爲坤，即地；三個陽爻爲乾，即天。天是上升的，地是下降的。因此此卦表明爲天地相交、陰陽相交、日月相交、神人相交。這是最符合八卦易經思想的。《周易正義·泰》：“曰，泰。小往大來吉亨。則是天地交而萬物通也，上下交而志同也，內陽而外陰，內健而外順。”上古的八卦特別強調相交，認爲這是宇宙運作的根本。天地相交曰生，陰陽相交曰殖，日月相交曰運，神人相交乃道。如此大千世界才能生生不已，億萬斯年而流轉不息。

如果月亮和七子星座設在祭司的左邊，那就屬於陰時中的申時，即黃昏之際，這時的卦叫“否卦”，正是泰卦的對立面，是所有卦中最不好的卦，因爲運作的結果是天地、陰陽、日月、神人分離的狀況。

古人在磨刻岩畫時，一定嚴格遵循着當時宗教文化中的宇宙哲學觀念，不會隨意而爲之。如置於巫者右上方同月亮相伴的星座爲何是七子星座而不是五子或其

7·10
山東大汶口文化大汶口遺址出土的象牙梳。其上鏤空的紋飾，正是道教陰陽紋的祖型；且其構成圖案的以三條爲基數的長短不一線條，似乎表明着與八卦中陽爻（☰）陰爻（☷）之間的源流關係。

他，也是有原因的。《尚書正義·堯典》在註“寅賓日出，平秩東作。日中星鳥，以殷仲春”這一段時，曰：“日中，謂春分之日。鳥，南方朱鳥七宿，殷正也。”因是七宿星，故在月亮之下鐫七子星座。

如此，將軍崖這幅人面岩畫的原意似可解讀出：

（1）記載的是上古“寅賓日出”的大禮場面，即寅時賓迎敬導初生的太陽。當然不是每天的寅時，而是在每年春分之日的寅時。賓迎太陽，舉行大典。

（2）祭的是陽時的太陽，即上升中的日趨強盛的太陽。這亦包含着對自身太陽氏族的祝祀。

（3）所鐫人面神格像中多有一根長長的線條連接下面飾羽冠狀子民構成的地線，正表明着一種天地相交、神人相交的觀念。

（4）祭祀的大禮似乎要持續一整天。《尚書正義·堯典》註曰：“春分之昬，星鳥畢見，以正仲春之氣節。”昬，通昏，此段意爲直到春分之日的太陽落下去，南方朱鳥七宿星又非常明顯地呈現，也意味着是能“正仲春之氣節”，以促“鳥獸孳尾”。故岩畫在巫者右側的下方，又鐫有一個更大、更深的七子星座。表明着祭祀之後“星鳥畢見”的狀況。

將軍崖岩畫，竟是如此準確而又維肖地體現出《堯典》所記之“寅賓日出”之狀況，如果沒有以後傳播開的人面岩畫的三大分佈帶，如果沒有文後將論述到的其他一些帶有明顯時代標記的特徵，我們簡直會說是後人照着《堯典》而鐫刻的。然而，現在則可以這麼說：堯典是照着岩畫所體現出的思想，記錄下來的。

這樣的說法，不盡是假設。《堯典》儘管是戰國受儒家影響的作品，但其中也保留了相當多上古神話乃至殷商卜辭中的思想。學者陳夢家曾就四方神名與方名對《堯典》、《山海經·大荒經》和《卜辭》作過比較：

7·11

7·11
拜日圖。一人跪立，合掌過頂，其上一輪圓日。陰山格爾敖包溝。

7·12

《堯典》	《大荒經》	《卜辭》
分命羲仲宅嵎夷……厥民析	東方曰折	東方曰析
申命羲叔宅南交……厥民因	南方曰因	南方曰光
分命和仲宅西……厥民彝	西方曰石夷	西方曰彝
申命和叔宅朔方……厥民隩	北方曰鳧	北方曰元

陳夢家先生說：“《堯典》與兩者不同，在它以四方神名與方名改爲‘厥民’之名。……但由於它的改編，保存了古傳統的一些形骸而資考訂。如《山海經》東方曰折，而《堯典》作析，同於卜辭；卜辭‘西方曰彝’相當於‘厥民彝’；卜辭的‘北方曰夗（元）’則相當於《山海經》的‘北方曰鳧’《堯典》的隩。《說文》‘奧，宛也’《爾雅釋言》‘懊，忨也’可證奧、宛、元之相通。”①

相比較，《堯典》比《山海經》還有更多一處相同於殷商的卜辭。由此類推，作爲殷商文化之源的東部沿海少昊氏文化，在《堯典》中有所載錄，也應在情理之中。

二、人面岩畫具有法器功能

也許剛剛開始用磨刻於山石的方式，來表現氏族部落的祭祀活動，故將軍崖岩畫在中國人面岩畫系統中表現得最爲全面、完整，能見出秩序性。在以後其他各處以人面岩畫爲主體的畫面或遺存址，不見如此有機表現祭祀儀式的場面，而多是單體圖符的不斷復現，以至在岩畫址中總是一、二種人面岩畫符式佔主導。雖然整個山體蔚爲壯觀，卻構不成完整、統一或具有同時性意義的畫面。

因此在人面岩畫的性質與功能方面，還有一些特殊的內涵存在。

可以肯定地說，人面岩畫是祭祀的一部分。當時的

7·12
蒼龍星座。東宮蒼龍，是中國古代天文學家對於東方星宿的稱謂。南陽漢畫像石。

7·13

祭祀一定分作兩部分：一是巫師和眾子民參加的祭祀儀式和過程；另一是鑿刻岩畫，秉告上蒼，讓神祇明知，使這祭祀儀式或禱告的內容，獲得宗教法律上的認可。

隨着原始宗教的進一步發展，巫師這個特殊的神職人員在這一類祭祀敬神和請神活動中的作用越來越大，一切都由他們操縱。這時祭祀活動也許就不一定由全氏族部落的子民參與，少數專司人員與有關人士參加即可。這可能是岩畫中不再復現較大祭祀儀式性場面的原因。

由於天神和祖神的權威性也越來越顯示出來，岩畫便只鐫類似的這兩種圖像，包括一些伴生符號。張光直先生在研究殷商巫教時說："巫師能舉行儀式請神自上界下降，降下來把信息、指示交與下界，這在《楚辭·九歌》裏有生動的描寫。卜辭裏面的降字，左面從阜，示山陵，右面是足迹，自上向下走來。""與'降'相對的是'陟'。卜辭金文的陟字左面仍是山丘，右面的足迹則是自下向上走的。巫師舉行的儀式，除了降神以外有沒有陟神的，即使巫師到上界去與神祖相會的？"②格爾敖包溝發現的幾幅羽狀人岩畫，則可以認定是巫師到上界去與神祖相會的。

張先生還認爲巫師是通過某種通神的工具，以貫通天地，或上天見神，或使神降地，這些工具有山、樹、鳥、獸、占卜、法器等等。

在人類原始初期，人更多地是自然之子，比之築城廓、造宮室之後要更能適應於在自然中生活，包括顯迹於自然。新石器時代世界各地都出現過的"巨石文化"現象，正是基於此原因。岩畫說到底也是巨石文化的一種形態。因此早期的祭祀、施法等多在野外，所需的通神工具或施法手段，也多以山、樹、鳥、獸爲主。祭祀性岩畫的出現，必定是以此爲先決條件。到習於宮室生活之後，人們就不會到深山之中，面對山峰石壁來舉行此類儀式。

7·14

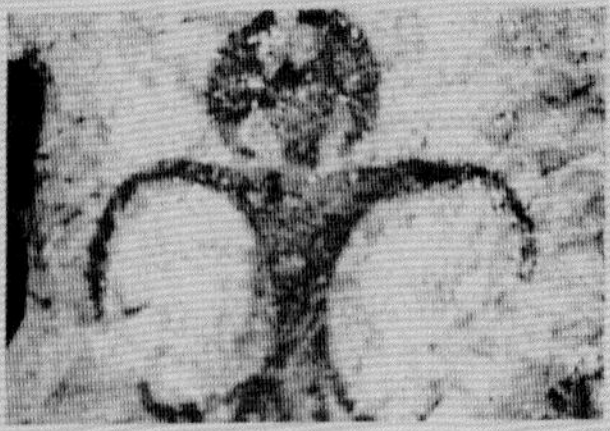

7·15

7·13
巫師披羽上天界與神相會。陰山格爾敖包溝。

7·14
在高山上升降的羽人狀巫。陰山格爾敖包溝。

7·15
南中國岩畫中的鳥形人。雲南滄源。

《山海經》中，記錄着眾多山與人面神之間的關係：

“凡南次三經之首，自天虞之山以至南禺之山，凡一十四山，六千五百三十里，其神皆龍身而人面。”（《南山經》）

“凡西次二經之首，自鈐山至於萊山，凡十七山，四千一百四十里，其十神者皆人面而馬身，其七神皆人面牛身。”（《西山經》）

“又西北四百二十里，曰鐘山，其子曰鼓，其狀如人面而龍身。”（《西山經》）

“凡西次三經之首，崇吾之山至於翼望之山，凡二十三山，六千七百四十四里，其神狀皆羊身人面。”（《西山經》）

“凡北山經之首，自單狐之山至於隄山，凡二十五山，五千四百九十里，其神皆人面蛇身。”（《北山經》）

“凡北次二經之首，自管涔之山至於敦題之山，凡十七山，五千六百九十里，其神皆蛇身人面。”（《北山經》）

“凡北次三經之首，自太行之山以至於無逢之山，凡四十六山，萬二千三百五十里，其神狀，皆馬身而人面者廿神。”（《北山經》）

這些資料表明神話中人面大神都居住在山上。《山海經》還記有不少巫生活在山上，並“於此至於天”。“巫咸國在女巫北……有登葆山，群眾所從上下也。”“有靈山……十巫從此升降。”

張光直先生認爲：“山是中國古代巫師的天梯或天柱。”③其實也是天神上下出入之通道，用這種觀點來審視人面岩畫，就能理解爲何人面岩畫都鐫在山峰石壁而且越鐫越高。因爲在如此的天梯和通道口上，天神的降和巫師的陟都更加容易。人面岩畫就出現在這樣的通道口上。

7·16

7·16
此畫面上方的符號，與甲骨文中“陟”字有相似之處。陰山格爾敖包溝。

這一切須伴隨着巫術儀式才能生效，故人面岩畫也不強求定要鐫在山麓迭峰的高山頂端，那裏無法擺開儀式場面。岩畫總出現在山峽谷口的壁立岩峰上，面對着開闊地，伴着汩汩流水。儀式就在石壁下舉行，岩畫僅鐫在能望得見的石壁高度。

人面岩畫，包括與其伴出的各類符號與鳥獸圖，不僅具有祭祀的性質，記錄了原始初民的宗教祭祀儀式，而且本身就具有祭祀法器和巫術的功能。在尚無產生青銅器，在玉器或陶器、骨角器尚無達到十分精美乃至充裕的情況下，人面岩畫本身就是法器，就是禮器、彝器、瑞器，它是原始祭祀儀式或巫師施法中必須具備的一部分。

7 · 17

7 · 18

7 · 19

7 · 17
南中國岩畫中的羽人。成畫時間距今 3000 年左右。雲南滄源。
7 · 18
巫師通神的工具，鹿。陰山格爾敖包溝。
7 · 19
鹿、虎圖。陰山格爾敖包溝。

註：
① 陳夢家：《殷虛卜辭綜述》中華書局 1988 年版，第 590 頁。
② ③ 張光直：《中國青銅時代二集》三聯書店 1990 年版，第 48 頁、第 51 頁；第 52 頁。

第八章

對中國文化的意義

人面岩畫對中國古代文化的影響是非常深遠的，它在很多方面構成了中國文化最穩定、最隱秘的深層結構形態。

一、中國上古神話之源

首先，我們能清晰地看到中國人面岩畫與中國上古神話之間的那種諧趣的對應性互證。從嚴格的學術角度來說，兩者都是需要獲得論證的對象。然而它們之間呈現的內在契合，無疑將使這種研究提升到更有價值的境地。

中國古代典籍中，幾乎無記岩畫，這本已使現今的我們夠驚訝了。因爲中國歷代都有極完備的史記方志載錄，而中國的十數萬計的岩畫（包括狩獵、放牧岩畫）卻時刻都裸露在東、西、南、北四方的山岩地表上。更使人驚奇的是，中國的人面岩畫，最能與《山海經》形成深刻對映。《山海經》雖成書於戰國時期，並冠之以“經”，但在先秦哲儒們眼中，卻是一本荒誕不經的書，故從來也未獲得“經典”的地位。在中國古已有之的“談山海經”這句俗語中，可知這本書在中國文化意識中，多與“神聊”、“吹吹牛”、“侃大山”是一個

8·1

意思。

在二十世紀即將結束之時，嚴肅的考古發現，卻與這本“古之巫畫也”形成深刻契合。這不能不使我們對中國上古的歷史文化，尤其是先秦諸子的經典正史發出一種重新審視的目光。神話學者認爲，中國上古神話在周人代殷之後即開始了歷史化的過程，使得殷商時代豐姿多彩的古神文化迅速衰落，而傳説中的人帝歷史迅速確立。中國上古神話歷史化的過程在中國“開始得那麼早，那麼深刻，以至原始的神話材料還沒有來得及形成完整的體系和首尾一貫的神界故事，並用文字記錄下來成爲‘聖典’，就被打散，融入倫理的、歷史的系統。”①以後先秦哲儒們又一次對上古神話進行倫理化的改造，如孔子對“黃帝四面”、“一足”等的闡釋，使得中國上古神話再也難以出現如印歐神話那般完整系統的體系。

正是《山海經》支離破碎地記錄了當時殘存的神話資料，才使史前神話時代略有迹可尋，也使該書成爲中國上古神話中的集大成之著。

現將人面岩畫與《山海經》的對應，簡列如下：

人面岩畫	《山海經》
(1)石壁上鐫刻眾多人面岩畫。	群山上居住無數人面獸身神。
(2)人面岩畫行之弱水東岸巴丹吉林沙漠止。	“昆侖之丘，有神人面虎身，有文，有尾，皆白處之。其下有弱水之淵環之；其外有炎火之山，投物輒然。”郭璞註：“弱出昆山，鴻毛是沈；北淪流沙，南映火林。惟水之奇，莫測其深。”又註：“木含陽氣，精構則燃，焚之無盡。”(《大荒西經》)

8·2

8·1
人面銅方鼎，四面各有一人面。是否印證着“黃帝四面”的神話？是否就是傳説中的夏鼎？湖南寧鄉出土。
8·2
無輪廓人面應是饕餮紋的祖形。陰山格爾敖包溝。

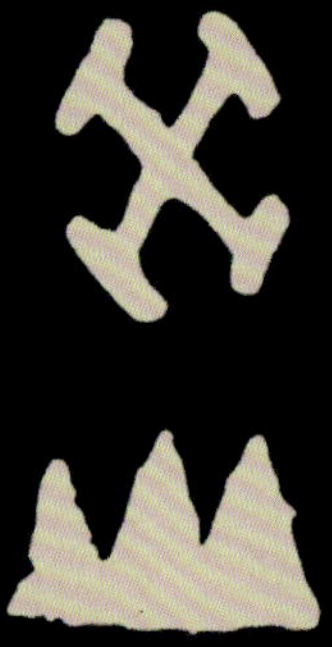

8·4

8·5

(3)連雲港將軍崖岩畫十個太陽神祇岩畫寅時集以賓祭日出。	“羿射九日，落爲沃焦。”(《莊子·秋水》，成玄英疏引《山海經》，今此本佚。) “在登葆山，群巫所從上下也。”(《海外西經》)
(4)人面岩畫行之北西一帶，漸多鐫於石峰峭壁高處。體現出尊祭之隆崇，並伴行巫術，以供神降巫陟之便。	“大荒之中有山名曰豐沮玉門，日月所入。有靈山，巫咸、巫即、巫盼、巫彭、巫姑、巫眞、巫禮、巫抵、巫謝、巫羅十巫，從此升降，百藥爰在。”(《大荒西經》)
(5)方形人面與太陽形人面在黃河最北面，決然分離，似是發生衝突。前者落荒西去，後者順黃河輝煌南下。方形人面極像神話中刑天的形像。	“刑天與帝至此爭神，帝斷其首，葬之常羊之山。乃以乳爲目，以臍爲口，操干戚以舞。”(《海外西經》) “大荒之中，有山名曰常陽之山，日月所入。”(《大荒西經》)
(6)格爾敖包溝有人面岩畫：下半圓形人面和無輪廓形人面，甚似於夏商青銅器紋飾的祖形。其中一種無輪廓人面，是從抽象鴞面形岩畫演變而來。	“又北三百五十里曰鉤吾之山。其上多玉，其下多銅。有獸焉，其狀如羊身而人面，其目在腋下，虎齒人爪，其音如嬰兒，名曰狍鴞，是食人。“郭璞註曰：”爲物貪婪，食人未盡，還害其身。像在夏鼎，《左傳》所謂饕餮是也。”(《北三經》)

8·3

8·3
尚未定形、尚未出現程式化的無輪廓人面像，表明不可能是從殷商的饕餮紋發展到岩畫的這類無輪廓形人面。陰山格爾敖包溝。

8·4
青銅斝“山巫”銘，此兩字亦形象説明了“巫”與“山”之間的關係。原器現藏美國。

8·5
后羿射日。畫中一樹，當爲扶桑，上棲金烏，后羿張弓射之。南陽漢畫像石。

8·9

（7）人面岩畫一支，自黃河北上東去之處，繼續頑強西行，入巴丹吉林沙漠。在西北去弱水上游兩大澤湖途中，終於消失殆盡。

“夸父與日逐走，入日。渴欲得飲，飲於河渭；河渭不足，北飲大澤。未至，道渴而死。“（《海外北經》）

以上所列，僅是粗略的。細細研究，恐怕還有對應之處。除了《山海經》之外，人面岩畫與殷墟卜辭中有關祭日卜問、《堯典》中祭日大典的記述等也有深刻契合。

這些都是頗能引人思考的資料。鑒於當今學者的局限，我們已無法回答岩畫與神話孰先孰後的問題。或許岩畫就是神話的記錄，也或許神話是依據於岩畫所體現出的那種文化、宗教、藝術方式所創造出來的。其實，這並不很重要，重要的是人面岩畫是否早於《山海經》、《堯典》的成書時代？

這一點似乎應能作出肯定的回答。岩畫作爲人類巨石文化的一種形態或一個組成部分，它只能在新石器時代出現。現代的人們出於好奇或某種目的，也有可能會鑿刻一幅岩畫。但以十數萬計存在的岩畫，在主體上來說，只能是石器時代的產物。

考古學證明人類確有這樣一個以石頭作爲文化體現的階段：以石頭作工具，以石頭爲武器，以石頭構居室，以石頭體現思想觀念……岩畫正是這一方面的體現。

正如彩陶也延續到了青銅時代，繩紋、印紋陶延續到秦漢乃至當今一樣，岩畫在石器時代之後也延續了若干時期。但可以肯定地說，岩畫的精華部分，必定是石器時代內完成的，因爲它必定是那個以岩畫作爲社會文化創造最高代表的時代的產物。這個時代唯石器時代。

8·6

8·7

8·8

8·6
龍山文化石錛饕餮紋。山東日照兩城鎮出土。
8·7
商代陶器饕餮紋。河南鄭州二里岡出土。
8·8
商代銅器饕餮紋。
8·9
商代銅器饕餮紋。角獸特徵出現。

8 · 12

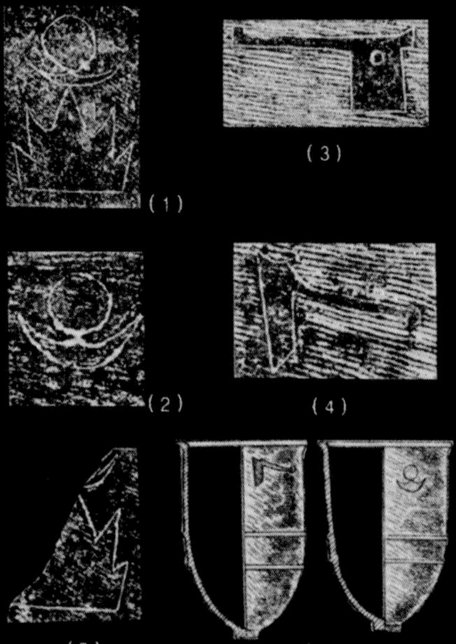

至青銅時代，中國社會文化創造的最高代表是至聖至美的青銅禮器。

人面岩畫是中國岩畫中製作最艱難、形式最精美、內容最深沉的一個子系統岩畫。作爲主體，其史前性質，不容置疑。

確定了這一點，我們便可以回答上述的問題。人面岩畫，不可能基之於《山海經》等書而複鑿在深山岩壁上，它肯定要早於這些著述或輯錄。由此，它對中國上古神話的意義和作用，便可得到確認。

人面岩畫是上古神話的重要源頭，是史前神話的一種物質遺存。儘管中國神話在史後並未獲得充分發展以達到體系化，但其仍是中國文化中最深邃的一部分。人面岩畫的意義於此也可見一斑。

二、甲骨文、金文的原始象形

自 1899 年發現甲骨文以來，中國上古文化研究取得了巨大飛躍，對甲骨文追根溯源的研究，也隨之開始。

甲骨文專家陳夢家認爲，漢字在殷商的武丁時代便已大致定型，但那時的漢字還不是最古老的文字，它僅代表定型了的漢字初期，是漢字創始過程的末期。“我們假設漢字是從武丁以前 500 年開始的（公元前 1700–1238 年），到武丁時代可能發展成爲武丁卜辭。如此，可能在成湯或較前乃漢字發生的時期。除非商民族的文字是從黃土高原得來的，我們以爲遼東、山東、河南一帶最可能發現武丁以前的更古老的文字。”②

然而自甲古文發現至今已近 100 年了，人們並沒有在那一帶發現更古老的文字，只有山東出土了幾個刻在陶器上的圖符。圖符並不是文字，文字必須以能流通、代替語言信息爲前提。

郭沫若、唐蘭等學者認爲應從更遙遠的新石器時代

8·10

8·11

8·10
婦好銅扁足方鼎。饕餮紋角獸特徵得到強化。河南安陽殷墟出土。
8·11
甲骨文僅代表定型後的初期漢字，而不是最古老的初始的漢字。
8·12
大汶口文化遺址出土的刻符與刻符陶缸。
（1）–（4） 刻符拓片。山東呂縣陵河出土。
（5） 刻符拓片。山東諸城前寨出土。
（6） 刻符陶缸。山東呂縣陵河出土。

8·14

陶器刻劃符號找起，那是一種萌芽狀態的文字。他們還猜測，甲骨文之前，中國文字應有二、三千年的發展、演變歷史。

考古學家也確實在仰韶文化遺址中發掘到 270 多件帶有刻符的標本，可分爲 50 多種不同的符號，其中半坡遺址出土標本 113 個，符號有 22 種。“多是在器物燒成前劃的，少數是燒成或使用過一個時期後刻的。”[③]另外在大汶口文化和江南的良渚文化中也發現有陶刻符號。

這些陶刻符號可能是中國文字萌芽的先聲，但還不是文字。其標本數與符號類別都太少，不能起到代替語言信息的作用。仔細研究這些標本，似可發覺，陶刻符號不大可能成爲中國早期文字形成的主要方向或來源。因爲相對來説，陶器的製作過程太長了，從製胚、陰乾、燒製，到出窑、冷卻，多道的必須程序使其不適宜作文字的主要載體。總是要隨寫隨記或隨刻，文字才能將其作爲主要媒介而大量出現在上面。假如專門備好陰乾的陶片，刻定後即裝窑燒製，那也要數天之後才能出窑，於公文官書或檔案典冊都是極不便利的。這倒不如刻在木片或竹片上呢。所以，從陶刻符號方向去尋找中國文字之源，恐怕不會有大的收穫。並且，更重要的是，從目前陶刻符號的構成來看，與中國文字造形的主要方法與形成的主流不相符合。

中國文字主要是象形，然後才出現假借、形聲等其他方式構成的字。其中最早的和最大量的是象形字。若是説陶文構成中國早期文字的源頭，那麼其字符的主要構成方式應當是象形式，可現有出土的陶刻標本絕大部分都是抽象符號，那是兩種不同的字符構成思維方法。假使給定發展條件，這些陶符似也不大會演化成甲骨文、金文式的中國漢文字，倒有可能成爲西方式的字母文字。

因此，應當從另外方向尋找中國早期文字的源頭。

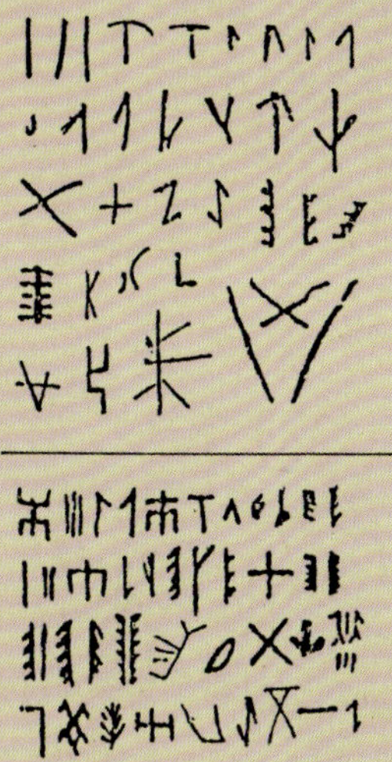

8·13

8·13
仰韶文化陶刻符號。上：半坡遺址出土；下：姜寨遺址出土。
8·14
馬家窑文化陶刻（繪）符號。

自古有“字畫同源”説，如今，史前岩畫的大量發現，實爲從這一方向尋找中國文字的形成，提供了一個新的領域。

陳夢家先生的一段話，頗給人啓悟：“而殷代銅器銘文之但鑄‘族名’的，則較近於原始象形。此等族名，其時代一定晚於武丁卜辭，然而因爲族名之富於保守性和鑄成文字之可從容修整，所以它們保存了較古的形態。”④

這是説較古的文字形式，應體現出“原始象形”形態。細觀這些族徽，可以發現它們與岩畫的表現方式有許多相似之處，有的族徽簡直就和岩畫中繪出的一樣。因此，從岩畫中尋找早期文字的“原始象形”——原形，也許是探尋中國文字起源的一條很重要的途徑。中國岩畫，尤其是人面岩畫系統，爲甲骨文、金文提供了眾多的原始象形。

下面，從這些字素的原始象形入手，作些具體分析。

8·15

8·15
狩獵圖。上方獵人射一立起之羊，表明已獵獲。巴丹吉林沙漠曼德拉山。

1. 關於動物的象形字

甲骨文、金文中有不少動物字，如鹿、虎、馬、犬、象、兔等字，都直接從動物的形象中來，是最典型的象形字。這在岩畫中能找到很多如此的動物畫，然兩者間未必有聯繫。因爲只要是象形地寫，或如實地畫，總歸是相似的。這源於對象和方法都同一。

可是，值得注意的是，在甲骨文動物字中，唯有鹿與鹿科類（麑、麋）是仿生形繪的，即四腳站立地面，如活的模樣寫的；其他動物，則都是頭朝上，四肢騰空地豎繪。

爲何這樣呢？也許這能以岩畫中體現出的原始思維觀念來解釋它。站着的和豎立的兩種動物畫面在岩畫中都繪有。前者多，後者少。但凡是畫豎立動物的，邊上都有獵人，手中都拿有張開的或箭已射出的弓，十分明

8·16

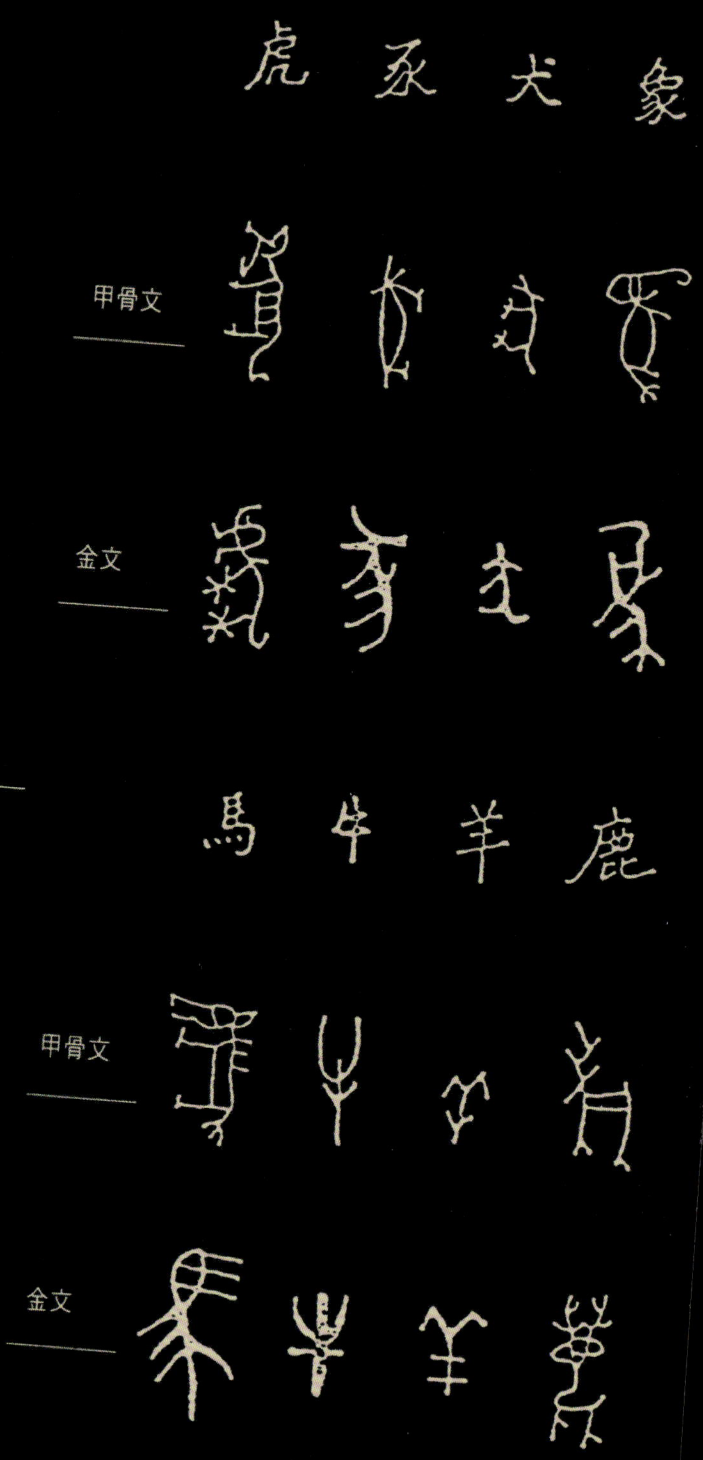

8·16
甲骨文、金文動物字。

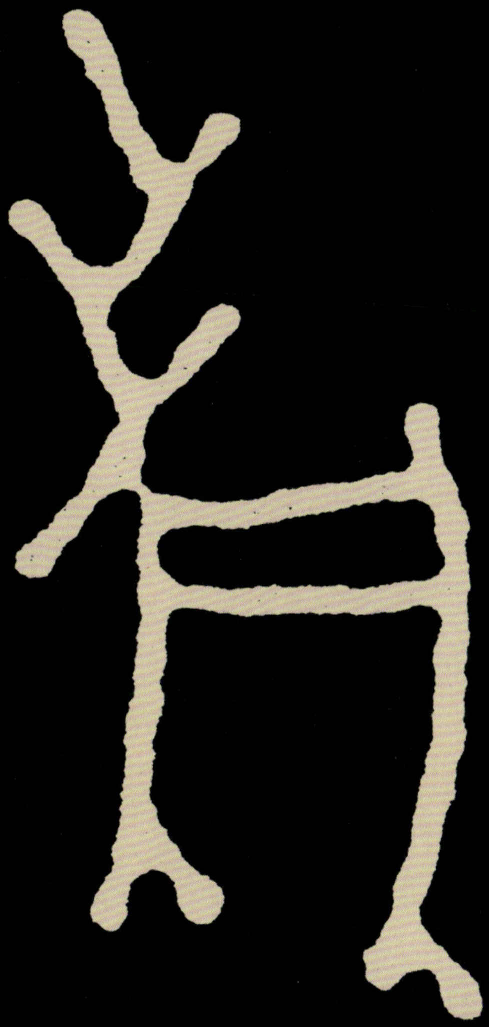

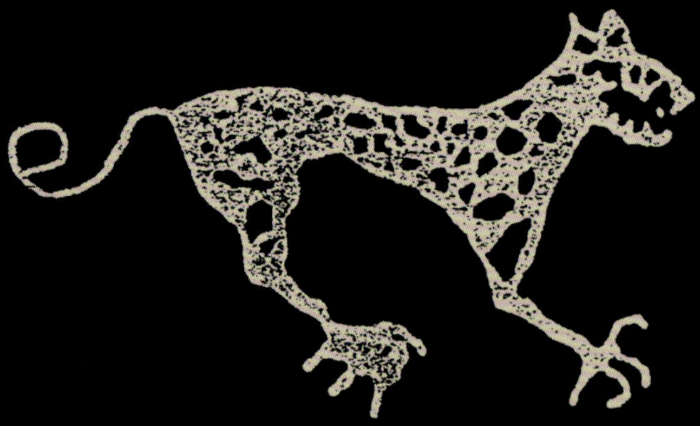

8·17

8·17
岩畫中的各類動物。

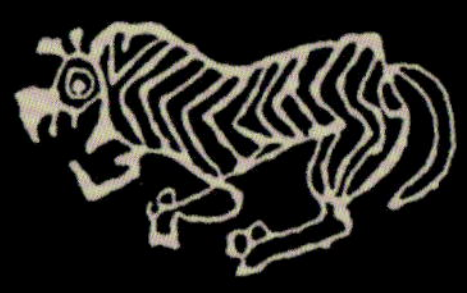

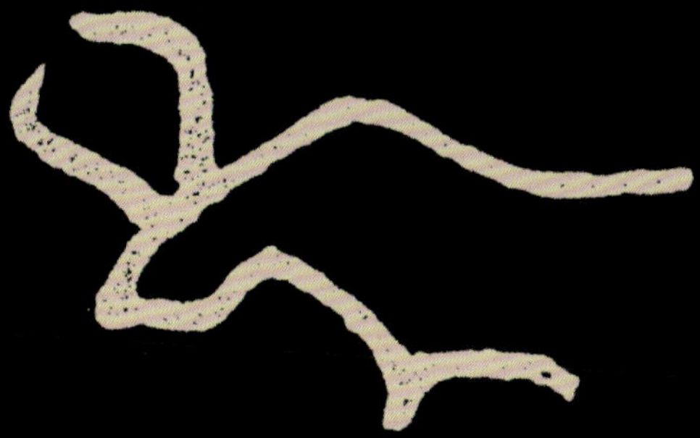

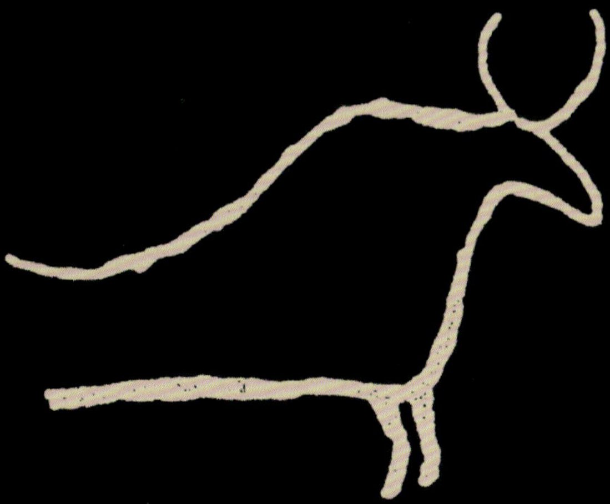

8·18

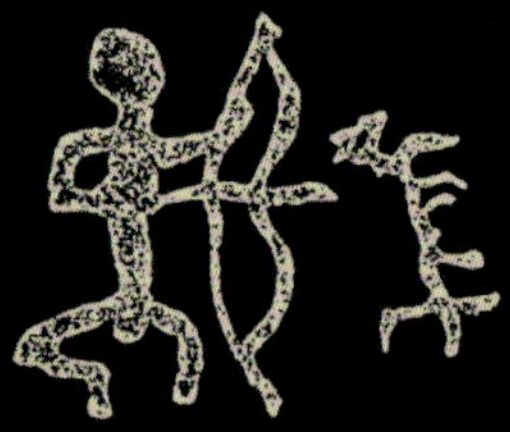

(1)

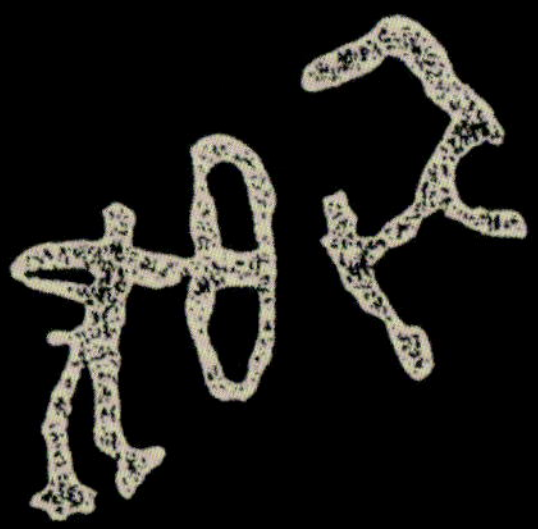

(2)

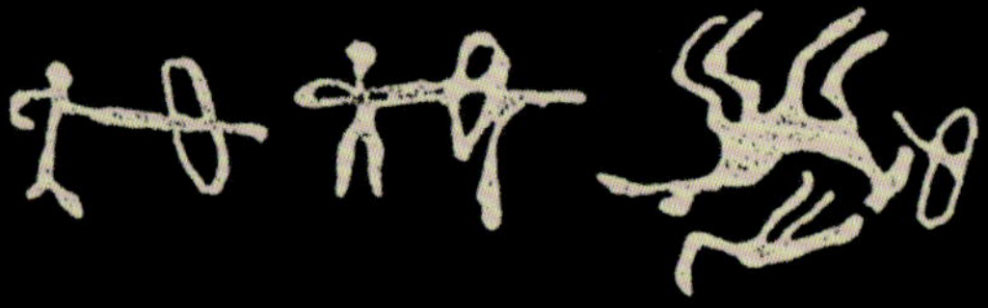

(3)

顯地表示，這是一個已被獵到的動物。也許這與獵人總把獵獲到的動物拎起來背回去或掛在樹上剝皮剖肚的習慣有關。而那些站立動物的繪製，則有出於敬畏或崇拜而鑿製的，如虎、豹；也有因施巫法企圖得到但尚未得到而繪作；相當數量有出於藝術衝動而製出的，這個很能理解。古代一個青年人學會了鑿製某種動物的技法後，便會驚訝地不斷在石頭上鑿製，以驗證自己是否眞的學會了，或者出於一種自我滿足和自我欣賞，一有空餘就製作。這便是藝術創造的開始，構成人的本質力量的形象再現。

文字不是這樣。在最初時期，古人一定認爲文字是具有某種特殊魔力的符號。人能寫出這個字，便意味着人一定能得到這個動物，因此，它表現的都是已獵獲動物的形象。沒有經過岩畫階段的原始人，甚至把能繪製動物與獵獲它等同了起來。一個被多處援用的例證表明了這種觀念：有個現存的原始部落人對一位人類學家講，自從你在本子上繪下了野牛，這裏的野牛都讓你帶走了。

有的學者認爲豎形是爲了甲骨契刻方便，金文鑄印可以慢慢加工，所以有橫站立的動物字。此說法論據不足，因爲動物字在金文中也大都爲豎形，橫站爲少數，且多晚期出現。金文本身的大量出現也在西周之後。若說是爲了契刻方便，鹿這個字，無論在甲骨文或金文中都不是豎立的圖形，而是橫站立的，這怎麼解釋呢？我認爲不在於契刻是否方便，而在於鹿是祭祀中的靈獸。人面岩畫中後期出現了鹿的圖像，並且磨刻得非常精美，意味着它在以人面岩畫所體現的祭祀活動中，起着重要的作用。正如張光直所論定的，鹿的動物紋樣是巫師從事通達天地工作的助手，即巫蹻。這一定強有力地影響了最初造字時的觀念，所以甲骨文、金文中的鹿字，都是繪出一隻活潑可愛的鹿。其狀與人面岩畫中伴出的鹿圖也相似。

8·18
岩畫中已獵獲的動物：
（1）烏蘭察布草原岩畫，
（2）曼德拉山岩畫，
（3）陰山岩畫。

8·19

8·20

另外，牛和羊字也不是典型的象形字，而是正面頭首的抽象。賀蘭山人面岩畫址中有與甲骨文、金文一模一樣的羊字的岩刻符號，並加上飾有紋形的方框，處在一生殖崇拜岩畫圖的邊上。依我當時的判斷是族徽。那幅岩畫很明白地表示出要一個婦人生殖男孩。婦人的裸體是用抽象方式表示的，下體突出地強調女陰三角。這是一個世界岩畫中通用的生殖符號，歐洲舊石器岩畫中就有。可在那女體的腹部，又繪上一個帶鬍鬚的男人面。其生殖願望的畫意是明白無虞的了。[5]在女體的右上側，精心地鑿出加上紋框的羊首抽象符號；在女體的左肋邊，又鐫有一副羊角。其族徽的含意很清楚，意在繁衍、昌盛羊族的子嗣。

牛字可能也同樣由族徽援引過來。另外一個思考方向是牛與羊都作爲神、祖享用的犧牲，它不能連毛帶皮地供列，需作宰烹，以示區別，故字形也變了。現今中國北方少數民族的供神儀式中，牛羊頭都要對準祖神像。其狀正構成一個正面的抽象頭狀。

2. 人造事物的象形字

岩畫中表現的人造事物不多，有弓、箭、廬帳、田畝。這些分別與岩畫中的字相同，也在情理之中，不必細析。

十分有意思的是岩畫中的馬車與甲骨文、金文中的車字相同，我認爲，兩者間存在着源流關係。

從岩畫中得知，古人對於身邊的人造事物，如房屋、服飾、器皿等並不關注，很少有表現的。馬車卻不同，當它一出現，岩畫就開始繪製它。一定是它那“風馳電掣”般的速度和隆隆作響的聲音，使古人既欽慕又敬畏，於是鐫於岩石上，當作神物來對待。

原始初民能生動、形象、準確地繪製出一個動物，並傳神地表現一瞬間的特殊動作。寫實能力使現代人驚嘆不已。然而原始人卻不能在岩畫中如實地繪出一個新

8·21

8·19
繪有女陰三角的生殖崇拜岩畫。畫面左側斜躺着一抽象形女性，雙腿大岔開，中間繪有女陰三角形；腹部位置繪有帶鬍鬚的男人面。右側爲一魅頭狀人面，再右是一帶“羊”刻符的小方框狀族徽。此圖似乎記錄了一個故事：巫師曾作法使女子爲“羊”族懷孕或生育男孩。賀蘭山賀蘭口。
8·20
馬車岩畫。畫得似馬車結構圖。內蒙古陰山、狼山、烏蘭察布草原。
8·21
銘於戰國青銅鑑上的狩獵圖，仍能見出馬車岩畫的痕迹，但畫技高超多了。美國私人收藏。

8·22

的人造的事物。

據我的分析，這在於原始人的思維本質上是一種直覺性思維，帶有較明顯的抽象特徵。他們在二度平面的岩面上繪製出的圖像，並不就是他們眼中所見到的景象，而是他們內心所理解的圖像。很多岩畫都能説明這種原始思維的特徵。[6]

岩畫中的動物圖與實際動物如此相似，在於千萬年來人類祖輩一直與動物相處。理解中的圖像與現實圖像日趨一致起來。而面對一個新出現的事物，沒有這樣一個逐漸趨合的過程，於是表現出的就與實際的大相徑庭。

馬車岩畫便是如此，它根本就不是當初馬車實際的形狀，而一開始就是一個關於馬車的字符。當古人必須迅即去表現這個未經過心理積澱的對象時，他們無法在形象上把握住它，只能調動其原始的直覺性思維，從抽象的角度努力把握住它。

於是畫出的馬車岩畫，是一幅馬車之所以能運行的結構圖：主輈前端兩匹馬，後端垂直的横軸，左右各畫一隻輪子，輿也抽象表現，有的甚至簡略。中國的內蒙古、寧夏、青海、新疆等地都出現過這種岩畫，中亞一帶也有分佈。

就畫而言，這是一種特殊表現的結果。假如古代藝術家有足夠的過程去體悟馬車，使心理印象與實際圖像慢慢契合，馬車岩畫就不是這個模樣。而應是寫實性的馬車。確實，中後期的馬車岩畫中，主輈前端兩匹橫臥左右的馬，慢慢立了起來，車輿也畫上了，甚至有的還畫上了駕車的人。這時的馬車岩畫，是寫實了的，與實際馬車相去不遠。

而甲骨文、金文中的車字，恰恰與最早期的、也就是特殊形態下出現的馬車岩畫相似。這就不能不考慮到它們之間存在着源流關係了。

按常規邏輯，在造這個車字時，若採用象形法，應

8·22
甲骨、金文中的車字。

8·23

8·24

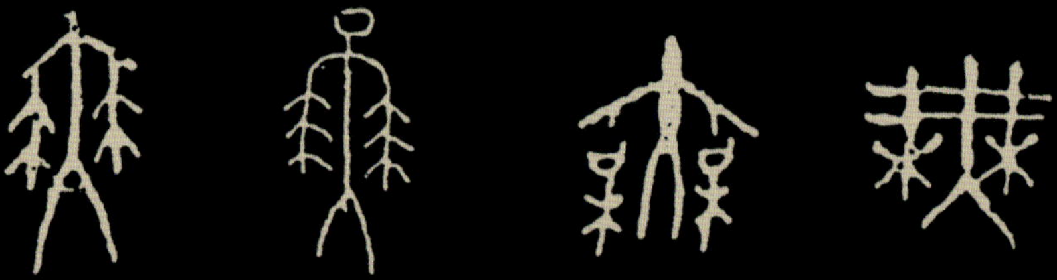

以眞馬車類比，出現的字應同後期馬車岩畫相似；若不是採用象形法，則隨設一個字符，約定俗成即可，與眞馬車可以相去甚遠。

“卜辭的‘車’字，寫法很多，但都描出兩輪（有輻）一軸之形。”這種構字法體現出的觀念與早期馬車岩畫相同，而殷商人的思維能力顯然已經大大高於原始岩畫的作者們，已不可能再復現出心理映像與現實圖像之間的那種差距。但那時用的車這個字卻有這種差距。

合理的解釋便是，借用了馬車岩畫的圖符作爲甲骨文、金文車字的字符。

3. 與巫祭有關的字

在人面岩畫系統中，存有兩種與巫祭範疇中甲骨文、金文字有關的原形或符號，一類是與甲骨文、金文基本相似的，如天、日、舞、祖。這幾個字直接能在人面岩畫遺存址中找到相似符號，有的數量還不在少數。

另一類則是構成字的最原始的象形。這是字形之源，把握了這個源，對字意的理解也就更準確深入了。如皇字，關於它的字形原意，近代以來學界多有爭議。自秦始王刻石始作皇。《說文解字》釋：“皇，大也，從自，自始也。始皇者，三皇大君也。”現代學者汪榮寶據金文以訂正：“古鐘鼎彝器皇字屢見，大抵作 ，上形作 ，絕與古文自字不類，有省 ⊖ 之中註作 ，或增多上畫作 ，或變形作  者，並可證明其必非自字。”他認爲古皇字是一種羽冠，“ ⊖ ”像冠卷，“  ”像冠飾，土像其彩。“則皇之訓冕，正其本意，不煩破字。”⑦

學者丁山從其意，認爲“這個皇字，該是戴着彩羽的天神。然則‘有虞氏皇而祭’，即是戴着鷸冠祭天。”並指出，甲骨文、金文中常見 、 字，“自來無釋，我認爲都是皇字初文。”⑧

徐中舒、郭沫若亦從此說。郭說：“故皇字的本意

8·25

8·23
舞蹈圖。內蒙古烏蘭察布草原。
8·24
甲骨、金文中的舞字。
8·25
岩畫中的舞蹈圖形：烏蘭察布草原岩畫，陰山岩畫。

8·26
(2)

（令毁。）
（彔伯毁。）
（王孫遣者鐘。）
（大良造鞅量。）
（豐卣。）
（齊鞷子綸鎛。）
（鄦侯鼎。）
（秦詔版。）
（毛公厝鼎。）
（鞷氏鐘。）
（邾公華鐘。）
（仲師父鼎。）
（沇兒鐘。）
（叔角父毁。）

原爲插有五彩羽的王冠。其特徵在有五彩羽，故五彩羽即謂之皇。”⑨

陰山岩畫的發現者蓋山林基本同意此説，但又有不同。他説：“陰山岩畫中，有許多頭戴鳥羽的形象，比如磴口縣格和撒拉石壁上的交戰場面中，其軍事首領頭上羽飾只有一根，其他地方的人形岩畫也都如此，説明原始部落首領的羽飾只有一根。而頭上向四面八方射出光線的太陽神形象，射線緣頭一周（或頭頂），與太陽的形象極相類似，因此，它斷然不是頭上插的羽毛。”

蓋山林認爲：“皇字應是頭戴太陽光冠的人或王者。”“可以想見，其時各氏族部落的首領，都頭戴太陽光冠，以太陽神的代身自居。”⑩

此説有新意，但也有點武斷。陰山岩畫中軍事首領頭上羽飾只有一根，不能説明原始部落首領的羽飾都只有一根。良渚文化玉器中族徽所體現出的羽冠，則飾以密密無數根。將皇字的上部與太陽連繫起來，思路是正確的。但又歸結爲頭戴的太陽光冠，似乎沒有必要。

因爲人面岩畫中，直接有着衆多的有關皇字的原始象形。

皇字上部作類圓形的，如 ，則可將人面岩畫中大量的帶有太陽芒刺的人面岩畫來類比。皇字圓中的“一”，可視作爲人面五官的抽象。即使在岩畫中，五官也不都是畫全的。但這兩種的結構都還一般化，偶而巧合的可能性也不能排除。

可擇結構較爲特殊的來作分析：（伯㭬簋）、（善夫克鼎）、（召）、（杜伯）。

其皇字上部是一個下半圓形，按照通常一般的構成法，太陽崇拜岩畫中不會有下半圓，最大量的是整圓，至多是上半圓，如太陽將出或將落的狀況。

然而，恰恰有着極相一致的圖形。是有意而爲之的下半圓，其上有的有光芒刺，有的省略；其內有五官的，也有作省略的。它們都出現在大幅的、具有中心意

8·26
(1)

8·26
(1) 良渚文化玉器中的族徽，神人戴着密密羽冠。
(2) 金文中“皇”字，錄自丁山《中國古代宗教與神話考》。

8 · 27

8 · 28

8 · 29

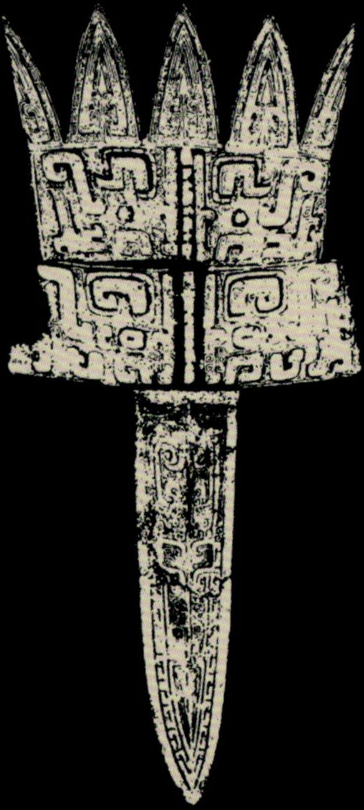

8 · 27
畫面左側的太陽人面，中部偏上的變異太陽人面，以及下方“ ”符號，顯示了太陽人面朝金文“皇”字演化的過程。陰山默勒赫圖溝。

8 · 28
畫面左側變異了的太陽人面，不僅與金文“皇”字結構相同；而且與殷商青銅器主體紋飾存在着源與流的關係。陰山格爾敖包溝。

8 · 29
進一步抽象簡化了的太陽形人面，應能認定是金文“皇”字的祖形。陰山格爾敖包溝。

8 · 30

8 · 31

8 · 30
商青銅斝紋飾拓片。與岩畫中的太陽人面變體何其相似！殷墟婦好墓出土。
8 · 31
商白陶紋飾。並列的兩個人面仍是這種結構。河南安陽出土。

8 · 33

8 · 34

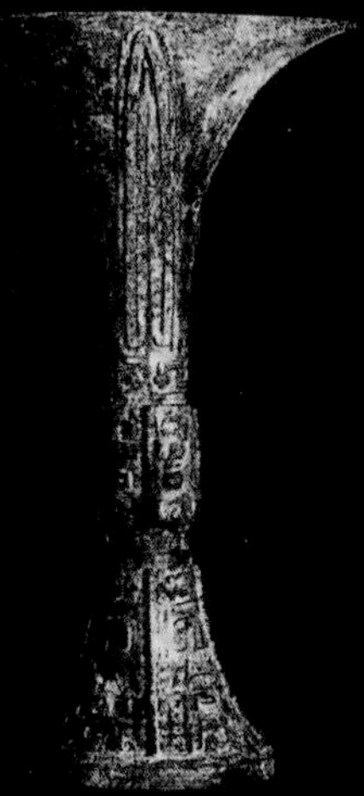

味的畫面中，整幅圖案都製作得甚爲精緻，畫面內容莊嚴神聖，卻又撲朔迷離。但肯定蘊含着相當豐富和複雜的內涵，似乎記錄着距岩畫製作者時代已十分遙遠的、神秘的神話故事。要不就是以當時的字符——即岩畫式字符，記錄下的儀式性場面或事件。

在如此畫面中出現的這類下半圓形符式，其在結構上是穩定的，通觀全體可排除草率隨意而爲之的可能性。它應是太陽神的一種變體表現。我認爲正是這一特定的符式，構成了金文皇字中一種特殊寫法（上部作下半圓形）原始象形。推而論之，金文中的皇字應源出於人面岩畫中的太陽形人面岩畫。

這類岩畫是人祖神和太陽神的合一，有至高、至大、至上、至聖之含意。這與商周時期皇字的字義也相符合。

于省吾在《釋皇》中曾說到：周初器媓觚的“媓”字，從皇作 ，下從王作 ，與契文早期王字相彷。

其上是太陽形，其下是甲骨文的王字，其合起來正與太陽形人面岩畫的含意同一。因此說，皇字的原始象形源於太陽形人面岩畫，其理由應是充足的。吳大澂《說文古籀補》說：“ ，大也。日出土則光大，日爲君像，故三皇稱皇。”林義光《文源》也說：“像日光芒出地形，日出地，視之若大，皇，大也。”

他們都注意到了皇字上部與太陽之間的關係。至於下部，若從于省吾之說，則應“作  或王，皆用‘王’字作爲音符。”⑪該字上下結構，上形下聲。

至於岩畫中皇字的“原始象形”爲何沒有下半部？這裏必須強調的是，岩畫仍然是畫，而不是字。岩畫中的不少符式有可能爲文字的形成提供了原始象形，但還沒有到字的階段，所以不能用形成的字去反苟求它全同。

在巫祭內容的範疇中，還有好幾個甲骨文、金文字

8·32

8·32
商青銅斝，人面紋飾。美國私人藏。
8·33
商青銅斝，人面紋飾。有眾多的殷商青銅斝是這種紋飾，定是當初嚴格規定的紋飾。此件現藏美國芝加哥博物館。
8·34
斝觚。殷。細察其紋飾也應是人面，上方的狹葉形飾源於太陽光瓣的演化。有眾多的殷觚是這種紋飾。此件現藏於美國。

8·35

8·36

8·35
無輪廓人面，與甲骨文中的魌字結構相似。陰山格爾敖包溝。

8·36
頭上有山字形突出物的人面。與羊族徽和生殖崇拜岩畫同出，似是巫者。賀蘭山賀蘭口。

8·37
良渚文化中的山形玉器和戰國中山王墓山字形銅器，都有巫的特徵。

8·38
漢畫像石，人面鋪首，三角狀取能驅鬼逐疫的魌之意。徐州柳泉地區。

8 · 37

8 · 38

8 · 41

8 · 42

是從岩畫中獲得原始象形的，在岩畫中同樣沒有下半部，而在字中就加有了。可能這也是上古構字規律的一種。

如甲骨文中有 字，郭沫若將其釋爲魌字，説“係像人戴面具之形，周官方相氏掌蒙熊皮，黃金四目，鄭註云，如今魌頭也。得此，知魌頭之俗，實自殷代以來矣。”[12]丁山也説：“按皮魌之制，其始必有所仿相，…後進仿其形爲面具以逐疫耳。”[13]

我認爲這個仿相就在岩畫中。魌字在人面岩畫中的原始象形可分作兩類：一類是無輪廓人面，其頭上有突出的三個三角形尖狀物，模樣也怪誕，格爾敖包溝中大量存在。第二類是完整的人面，但頭上有山字形突出物，這在賀蘭山岩畫中存有，與甲骨文中的魌字更相似。

《中華大字典》䫏（通魌）字條：“四目方相，兩目爲䫏。”殷商甲骨卜辭中，有個 字，像一個人戴着四隻眼睛的面具。據郭沫若考證也是一個魌字。商周青銅器的金文中，有個字 ，溫少峰、袁庭棟同樣考證爲魌字。[14]這種畫有四目的人面，在岩畫中多有存在，它與甲骨文和金文一樣，可分爲無輪廓人面和類圓形人面兩種。甚至還有一種刻有四個眼睛的方形人面，在桌子山岩畫中赫然存在。

《周禮·夏官·方相氏》和《後漢書·禮儀志》中都記有的“方相氏黃金四目”，很可能就是從這方形人面中源出。“方相”爲方形臉相；“黃金四目”爲四個光芒四射的眼睛。正應了“韓侍郎云，四目爲方相，兩目爲倛。”[15]因此，前兩個甲骨文與金文字，雖有魌的含義，即魌頭（面具），但又有方相之義。方相是古代宗教上的一個專職名稱，周以後很可能是一個氏族的世襲之職，故稱方相氏，盛大的儺祭儀式中作主持祭司的。這兩個專門出現的甲骨文、金文字讀若何音，似可再研究。中國古字中沒有讀作雙音的，故讀“方相”音

8·42

8·42
方形人面，內填四個太陽。是否對應了典籍所記：“方相氏黃金四目”？桌子山苕燒溝。

8·43

也不妥。

無論如何，以上甲骨文、金文字在人面岩畫中的原始象形，都沒有成字形後下半部的人形架。可以想見古人造字時是取岩畫中的原始象形，而後以會意方式加上人形叠合而成。

甲骨文中有，金文中有相類似的。此兩字至今都無釋，有人猜爲巫中之“尪”，是古時的男巫。此字的上半部很像賀蘭山岩畫中眾多的一種人面。很可能同樣取其作原始象形再配人形架而成。

由於在野外實地考察時，尚未從甲骨文、金文字源頭方面專門作細察，以上所錄的都是無意中收集到的資料。日後若有機會就這一專題作專門的考察，相信還能收集到更豐富的甲骨文、金文字原始象形資料，找到更確鑿的從畫到字的演化線索。

然而須再一次強調的是岩畫與甲骨文、金文字儘管有不少意思相同，符式相類，但岩畫仍然是岩畫，而不是文字。從現在的研究看來，岩畫只是爲甲骨文、金文提供了一部分的原始象形。甲骨文、金文還有另外的原始象形源頭，如當時人們製造出的各類器物，人們的生活習俗等。岩畫提供的也多限於自然界實有之物和關於那些巫祭內容的某些文字的原始象形。而且從岩畫到文字，還有一個漫長的發展過程，或許經過了某種中介。

儘管如此，岩畫與甲骨文、金文之間的關係仍是一個激動人心，並可能潛伏着重大突破的新的研究領域和課題。

三、中國式宗教“祖先崇拜”的設定

祖先崇拜在史前時代是一種世界性的宗教文化現象，它起源於人類生殖崇拜觀念。當時人類生產力和抗禦自然災害能力低下，繁衍本氏族人口，便成爲至關重

8·43

8·44

8·43
四目的無輪廓人面，此類結構的圖形，岩畫中爲數不少。陰山格爾敖包溝。

8·44
方形四目的紋飾，殷商青銅器中也有出現。

8 · 46

大事件。

進入新石器時代之後，人類的能力大有提高，生活有了保障，每一氏族部落的人口也相應增多。這時維繫與凝聚每一氏族內部成員，以協調全部落的力量，就變得十分重要。在此基礎上，祖先崇拜的觀念和儀規獲得進一步強化。

這樣説來，祖先崇拜不僅是關於人生本源追溯的結果，更是以對同一血緣認定爲前提的，加強氏族凝聚和文化傳統沿續的宗教觀念和組織形式。可以説是世界各民族都經歷過這個階段，但是中國崇宗祭祖的觀念和習俗甚爲突出。《禮記・郊特性》曰："萬物本乎天，人本乎祖。"《荀子・禮論》曰："天地者，生之本也，先祖者，類之本也。"

社會進入到文明階段，世界各民族相繼形成了自己的宗教和上帝，由此構成了他們意識形態的結構方式。但中國至今沒有嚴格意義上的統一的宗教，上帝沒有能統治華夏民族。但中國有自己的上帝，即祖宗。祖宗既有人格特性，是人祖、氏族的始祖；又有神格特點，生活於天界，冥冥之中無所不在，有時又與上帝合而爲一。因此祖宗對中國人來説，同樣有一種無限性、絕對性、終極性和至聖性。

在先秦典籍中，祖先崇拜的記載已經很詳盡，尤其是以此崇拜爲基點的禮的制度，更是繁瑣具體。隨着甲骨文、殷墟遺址的發現，尤其是甲骨卜辭的解讀，證實了祖先崇拜之脈一直可追溯到殷商時期。郭寶鈞説："殷人所祀鬼神對象有風雨、有星辰、有河岳、有土神……等，而主要的則爲祖先。"[16]陳夢家也説："祖先崇拜的隆重，祖先崇拜與天神崇拜的逐漸接近、混合，已爲殷以後的中國宗教樹立了規範，即祖先崇拜壓倒了天神崇拜。"[17]

殷商原始宗教的這一狀況竟然也出現在人面岩畫之中。具有明顯的農業文化特點的中國人面岩畫，其主要

8・45

8・46

8・45
祖宗對中國人來説，具有一種無限性、絕對性、終極性和至聖性。製作艱難的人面岩畫，成爲這種崇拜儀式的一個必須部分。賀蘭山賀蘭口。

8・46
人面岩畫成爲中國崇祖文化的源頭。賀蘭山賀蘭口。

性質與功能便就是氏族部落的祖先崇拜與祭祀。縱觀岩畫，這種崇祖觀念在當時是何等濃烈、激越！製作極其艱難的岩畫竟成爲這種崇拜儀式的一個必須部分。而這種祭祖岩畫，成爲中國眾多岩畫中製作最精、圖像最美、品級最高的岩畫，這一切令人深思。

由此，現在又可以進一步地説，中國的祖先崇拜文化之脈，還可從殷商時期繼續追溯到新石器時代的中後期。人面岩畫成爲了中國崇祖文化的源頭。

遠古時期的祖先崇拜儀規，在漫長的過程中，又逐漸演化成了一套系統而又完備的禮樂制度。它構成了中國古代社會政治生活中的主要方式。禮制，首先是從祭祀之禮開始的。祭祀時煉肉煮牲的禮器如鼎等，後來就逐漸成爲統治權力的象徵，史傳禹鑄九鼎，桀亡而鼎遷於商，紂亡而再遷於周。人面岩畫大都鐫在山谷口、水源旁，面對一片開闊的平坦地，其原因在於能舉行隆重而又神聖的祭祀之禮。岩畫也在一定程度上表現出了這種祭祀之禮的莊嚴與盛大。雖然當時可能僅爲祭祀而祭祀，但如此重視儀式，可能就命定了在史後禮樂制度會成爲中國古代政治生活中的核心方式。

四、中國古代“天人合一”哲學觀的形成

人面岩畫不僅是崇祖儀式的一個部分，還體現爲一種觀念，一種大大超越於一般原始宗教範疇的觀念，它成爲中國古代“天人合一”哲學觀的源頭。這種哲學觀是中國古人關於宇宙本體與生命存在方式的一種最基本、最核心的認識。

在中國幾千年來的古代哲學思想中，最深沉、最核心的是“天人合一”觀念，這是史所公認的。中國人文學科與文化精神的各個方面，都受這一觀念的影響乃至決定。

8·47

8·48

8·47
作爲權力重器的鼎，其上也飾以人面紋。

8·48
處在高巒宇宙星空中的太陽祖先合一神，體現着天人合一的哲學觀念。陰山默勒赫圖溝。

然而，能夠在人面岩畫中看到這種觀念最初雛形的體現。

如前幾章所述，人面岩畫最初鐫刻出的祖先像尚是有人性的品格，而後逐漸神格化，至終與太陽神合而爲一，從此便具備至高無上的威嚴與魔法，不僅使人尊崇，而且使人畏懼。

天人合一的觀念在人面岩畫中有着一個完整而又清晰的演化過程。無怪乎張光直在研究殷商宗教時說：“我相信商代的宗教在龍山期的基礎上至少加上了兩個新的成分，即上帝至尊神的觀念，與將上帝與王室的子姓祖先相湊合的觀念。”我認爲作爲一種觀念應當是在人面岩畫中逐漸確立並定型的，乃至到以後“商人的世界觀裏，神的世界與祖先的世界之間的差別，幾乎微到不足道的程度。”⑱

然而從岩畫中可看出，最初這種天人合一的觀念曾是普泛的，任何氏族部落的祖先，都能完成這種天人合一，從而在人間，成爲氏族的保護神。到了岩畫後期，這種情況發生了變化，在最後一個人面岩畫遺存址中，祖神與太陽神合一的圖像就較少出現。可能是原始宗教界發生了變革，神話中所述的“重、黎絕地天通”的事件似眞的發生了。它的前提便是政治上的一統（聯盟式）已趨出現。從此，“天人合一”便被壟斷了，到了殷商，上帝就是帝嚳，正如郭鼎堂所說：以一人而兼自然界的至尊神與商氏族的祖神。

周代後，這種觀念同樣繼續下去。張光直說：“繁縟的祖先崇拜與上帝的觀念，都是自商到西周一貫相承。周人的統治，與商相同，也是一姓的朝代。因此周人之把上帝的至尊地位與上帝和統治氏族的祖先的密切關係加以繼續維持，毋寧說是自然的現象。”⑲唯最高統治者的祖先成了神，與上帝相列，乃至合二爲一。敬祖就是敬神，就是敬上帝。再往後發展，一國之君，乃爲天子，是上帝派遣到民間管理臣民百姓的使者。天人

8·49

8·50

8·49
人面岩畫後期，祖神與太陽神合一的圖像較少出現。賀蘭山賀蘭口。

8·50
太陽孕婦圖。光芒往下照射的太陽，是爲了人類生命的繁殖。這是另一形態的天人合一觀念，體現出對宇宙世界和人類生命存在的本體性認識。狼山大壩溝。

8·51

合一，便與皇權統治緊密地結合起來。

然而，岩畫中體現出的天人合一觀念，不僅僅是祖先神與太陽神的合一，而且還包括對宇宙世界與人類生命存在的本體性的認識。它完全上升爲一種二元本體論的認識，因此，天人合一觀念在史後的哲學文化觀念中也不僅僅局限在“君權天授”這一範疇中。

狼山大壩溝岩畫中鐫刻着的大陽孕婦圖：畫面中心是一展開四肢的女孕婦圖，其腹部很大，構成人軀體的主體。此孕腹卻是由一個標準的三重同心圓來體現。在其左右兩側各有一顆光芒朝下照射的太陽緊挨着。

在中國史前文化中，同心圓有太陽的內涵。早在河姆渡文化中，凡畫有太陽的都以同心圓表示，著名的“雙鳳朝陽”象牙雕刻就畫有兩隻鳳鳥圍着一個外沿火焰熊熊的五重同心圓太陽。

這幅岩畫所體現出觀念思想，是非常值得深究的。它表明人類生命的誕生之所——孕婦子宮，與太陽的結構是同一的；人類新生命的誕生與太陽光芒照射土地的目的是同一的。簡而言之，世界上最高主宰的太陽神（新石器時代，人們是何等崇敬太陽！因爲太陽對當時人類生命和生活的關係太大了）與人類普通的生命是同一的。

這又是一種“天人合一”的觀念！

以這種觀念製作出的岩畫，多處可以見到。在這幅岩畫的不遠處，就有一裸體大腹孕婦，左右兩側不是太陽，卻有兩個小孩。另外在格爾敖包溝和默力赫圖溝都有光芒向下照射的太陽，有的不遠處便鐫有性交圖。

這也是一種本體論的體現。宇宙世界與生命本體同構，並可互代，生命的價值在史前蒙昧期，便獲得超然的肯定。

人面岩畫中的這一觀念，肯定延續和影響到史後，在中國哲學精神中的體現便是：“天地之大德曰生。”⑳在強調宇宙天地的絕對性時，生命的價值便成爲自然法

8·51
人面岩畫址中的性交圖，體現“天地之大德曰生”的觀念。賀蘭山賀蘭口。

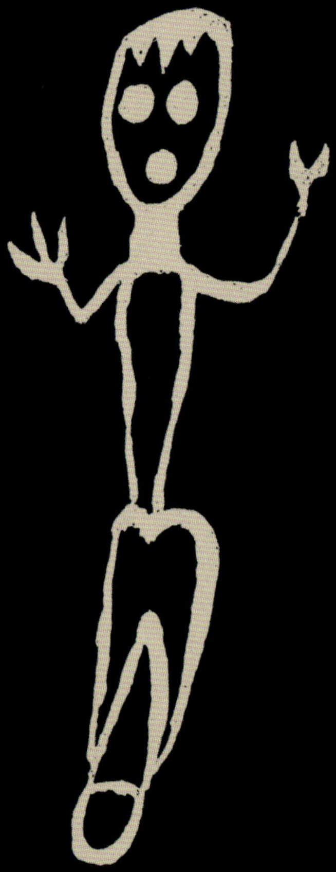

8 · 52

則的目的所在。"天地絪縕，萬物化醇；男女構精，萬物化生。"㉑宇宙萬物的運行規律與人類的血緣延續，被賦於着深刻的同構關係。自然世界存在的全部意義與人類生命存在完全等同了起來，並且構成了自然界得以合法存在的依據。生命超然於天地之間，昇華於萬物之上，成爲冥冥之中自然永恒的絶對之物，成爲自然存在的道德之所在。

"人者，位乎天地之間，立乎萬物之上。"㉒

"天，陽也，以至健而位乎上，父道也；地，陰也，以至順而位乎下，母道也。人稟氣於天，賦形於地，以藐然之身，混合無間，而位乎中，子道也。"㉓

此種源於岩畫的天人合一思想，實際昇華出了宇宙生命的二元本體論。這是一種十分有價值的積極的人文思想觀念。正是在這種哲學本體論的基礎上，引伸出中國自上古時就有的"天行健，君子以自強不息"等激勵人進取向上的先儒人生觀。

宇宙萬物之源的太陽，移注於婦腹之中，與人類生命同構。這不僅對"天地之所以爲天地"之大德，作了具體、形象、直觀的陳述，而且也對生命本體的價值和意義作了闡述。

"人生天地之間，靈於萬物，貴於萬物，與天地並而爲三級。天有天道，地有地道，人有人道。人而不盡人道，不足與天地並。"㉔

生命高貴的意識，成爲中國先秦以來哲學思想中極有價值的一種優秀的文化遺產。"士可殺不可辱"、"不爲五斗米折腰"、"安能摧眉折腰事權貴，使我不得開心顔"等等，都是生命高貴意識的體現，是申揚"與天地並"的人道觀念的結果。雖然它始終沒有上升到近代西方資產階級"天賦人權"的人道主義高度，但東方中國能製造出獨具個性的燦爛的古代文化藝術，不能不説與這種努力達到立萬物之上、與天地並的生命高貴意識有關。

8·52
額上披劉海的蛙形女性，寓意同樣在於生殖。其下體插入一男性生殖器。桌子山苦菜溝。

8·53

縱覽世界岩畫，體現出生命崇拜和生殖崇拜內涵的岩畫，數中國岩畫中爲最多；而中國岩畫中，又以人面岩畫爲最精最美。這必定會在相當程度上爲中國史後文化哲學思想的內涵、方式、發展過程提供一個無可避卻的演化模式。這是一種文化的預設和命定。

在這個意義上説，中國人面岩畫是中國文化之源，似不爲之過。

註：

① 謝選駿：《中國上古神話歷史文化的契機》，載《神話新論》，上海文藝出版社 1987 年版。

② 陳夢家：《殷虛卜辭綜述》，中華書局 1988 年版，第 83 頁。

③ 西安半坡博物館編：《西安半坡》，文物出版社 1982 年版，第 6 頁。

④ 陳夢家：《殷虛卜辭綜述》，中華書局 1988 年版，第 78 頁。

⑤ 新疆呼圖壁生殖崇拜岩畫中，也有如此表現法。

⑥ 滄源岩畫中的村落圖，曼達拉山的橫帳圖，以及一些特殊場面的圍獵圖，都説明這種原始思維的特徵。這裏從略了。

⑦ 參見《北京大學國學季刊》，第 1 卷，第 2 號。

⑧ 丁山：《中國古代宗教與神話考》，上海文藝出版社 1988 年影印版，第 201 頁。

⑨ 轉引單國堯：《説“皇”》，《古文字研究》，第 10 期。

⑩ 蓋山林：《陰山岩畫》，內蒙古人民出版社 1985 年版，第 138 頁。

⑪ 于省吾：《釋皇》，《吉林大學學報》，1981 年第 2 期。

⑫ 郭沫若：《卜辭通纂》，科學出版社 1983 年版，第 403 頁。

⑬ 丁山：《中國古代宗教與神話考》，上海文藝出版社 1988 年影印版，第 571 頁。

⑭ 參見皇甫重慶：《貴州儺面具藝術．緒論》，上海人民美術出版社 1989 年版。

⑮ 丁山：《中國古代宗教與神話考》，上海文藝出版社 1988 年影印版，第 253 頁。

⑯ 郭寶鈞：《中國青銅器時代》，三聯書店 1963 年版，第 228 頁。

⑰ 陳夢家：《殷虛卜辭綜述》，中華書局 1988 年版，第 561 頁。

⑱⑲ 張光直：《中國青銅時代》，三聯書店 1983 年版，第 304-306 頁。

⑳㉑《易．系辭下》。

㉒《二程集．河南程氏文集．遺文．禮序》。

㉓《張子全書．西銘》朱熹註。

㉔《象山全集》卷二《與王順伯》。

8·53
山峽中的晚期岩畫。畫面主要是一蛙形男性（左上）和一已殘的裸體女性（右下）。男像性三角下連着一個圓。女像陰部也有一個圓。此圖可與飾有劉海的蛙形女性圖對照起來看。是後期原始人反其意而用之。兩畫在同一山峽中，相距十餘米。桌子山苦菜溝。

第九章

流向何處？

有着極強生命力的人面岩畫，蜿蜒傳播數千公里後終於消失了。它的主流在寧夏一帶的黃河西岸消失得很突然。在最後一個遺存址——賀蘭口峽谷中，尚處盛期，卻一下子不見了踪影。只在更南面的蘇峪口和中衛縣留下極少的且零落的人面岩畫圖形。這是一個千古之謎。

也許，它並沒有消失，而是繼續溯黃河南下，在某一處或若干處別的山峰峽谷中，留下了它永不泯沒的岩畫符式，只不過目前尚未發現。

也有可能，它順着賀蘭口山峽向西越過主山脈，在賀蘭山西側的山麓中再出現。山下便是騰格里沙漠，要越過那千里大沙漠似乎是不可能的，至多是沿賀蘭山西側山麓繼續南下。這還有待於實地考查發現。

也或許，它確實消失了。但只是作爲岩畫而消失，它的精神消融進了其他宗教、藝術等文化之中。這方面確能尋找到一些蛛絲馬迹。不過，這種尋根溯源所運用的主要是類比法，而且完全是圖像符式的類比。事實上即使兩個圖像完全相同，也未必出自於同一個源頭，更不一定有前後的承繼關係。這裏將其提出，只不過爲了開闊思路，爲以後深入研究提供一個思考的起點。

9·1

9·1
人面岩畫突然在賀蘭山中消失了，不見踪影。

9·2

9·3

9·4

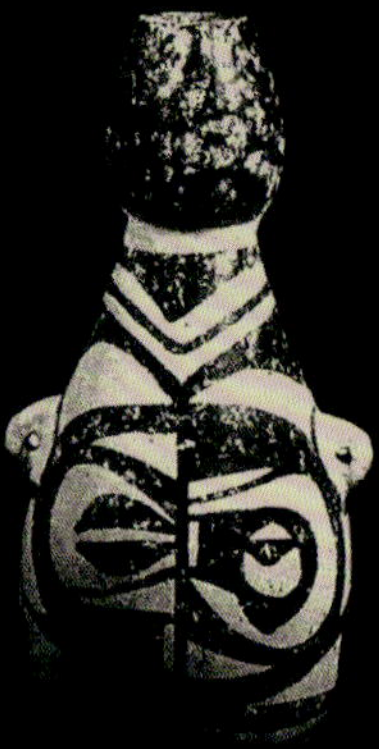

一、彩陶中的人面形圖案

彩陶是中國北方黃河流域新石器時代的主要代表性文化特徵。它一方面對中國史後文化產生深刻影響，另一方面，又肯定地將當時的諸種文化因子作了相當程度的滙攏。人面岩畫的主傳播帶，基本在仰韶文化的北邊緣一線，從最後一段溯黃河南下的發展趨勢看，有可能是進入了仰韶文化區域。據分析得出的人面岩畫存在時間，大致與彩陶文化存在時間相重合。

現在至少在三個方面發現彩陶與人面岩畫相聯繫的迹象。

1. 姜寨葫蘆形陶瓶中方形人面像與默勒赫圖溝方形人面岩畫結構上相似

該彩陶瓶於七十年代末期在陝西省臨潼縣城北姜寨遺址的史家類型地層中出土。瓶主體部位所繪的人面像不僅是長方形的，而且雙眼繪製在方形體的五分之一上部，更重要的是方形體上方又繪有三個排列的長三角形尖狀物。方形人面岩畫中的頂端大多有這樣尖狀或線狀物，是太陽光芒的變體，是人面岩畫神格性的體現。彩陶瓶上同樣明晰、準確地存在這種處理過的太陽光瓣狀物。這種結構上的相似，不由得令人思考。姜寨遺址至少出土了三件繪有方形人面的陶瓶，其中一件所繪的方形人面的上方不是三個尖狀物，而是“ 𝕍 ”。此符式在格爾敖包溝人面中也多見。臨潼博物館還收藏一件繪額上方疊套多層的魚相人面圖案的葫蘆形陶瓶。

2. 半坡彩繪盆內人面魚紋像與賀蘭口飾魚人面岩畫結構相似

五十年代出土的半坡人面魚紋盆曾以其優美的圖案和深邃的內涵而轟動考古界，此類盆在姜寨也有出土，兩地共出土了七種類型，畫面大同小異。可視爲該地區較爲定形的圖騰式紋飾。然而，1989 年我在賀蘭山也

9·5

9·2
方形人面紋彩陶瓶。距今約 5700 年。仰韶文化姜寨遺址出土。

9·3
呈嚴重風化狀的方形人面岩畫，與彩陶瓶上方形人面紋一致。孰先孰後？在 20 餘米高的峭壁上用石器磨出 1 米高的方形人面圖，其精神動機顯然比在彩陶瓶上繪製圖案要強烈得多。陰山默勒赫圖溝。

9·4
人面彩陶瓶。其上的“ 𝕍 ”形飾紋，人面岩畫中也多見。甘肅臨潼姜寨出土。

9·5
人面魚相彩陶瓶。陝西臨潼博物館藏。

發現了結構與其相似的一個人面岩畫。採用磨刻技法製出，刻線已與岩石完全同一色澤，位於一個大岩坡上方，可知年代久遠。

人面的兩腮邊同樣各飾有一條頭相向的魚，魚形與彩陶中的魚紋形體相似。有區別的是岩畫中人面呈方形，頭上飾有兩隻鹿角；而半坡彩陶中人面是圓形，頭上飾帶短刺的三角形冠飾（這種冠飾在桌子山人面岩畫中較普遍出現，並顯出一個完整的演化過程）。半坡彩陶盆與賀蘭口岩畫還有相似之處是，盆沿飾有四個"↓"符號，其實這是三角女陰符號。賀蘭山的賀蘭口遺址中，至少三次出現了這樣的符號，但它是與抽象化了的女性人體同時出現的，是作爲女性人體的陰部而體現的。其中兩個人體，胸部或腹部又繪製了人面像（非飾魚形人面）。邊上又有族徽，其生殖之意昭然若揭。

半坡彩陶盆的三角女陰符號飾在盆口沿。就每一個三角符號來説，都對着一個以盆口構成的圓，形成"☼"體，而圓內又繪有飾魚形人面，似是女陰中生產出這個人面像。其意義也相當明確，且一盆沿上繪有四個女陰三角，分解開來看，一盆可生產出四次，實是作強化處理。

這種觀念與賀蘭口岩畫呈現出的思想，至少意義上是相近的。

9·6

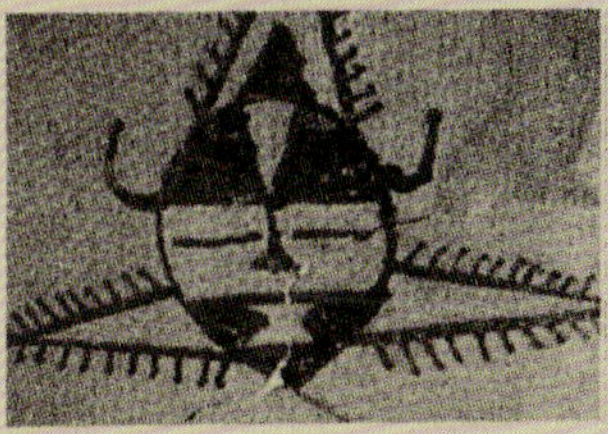

9·6

9·7

9·6
半坡人面魚紋彩陶盆。
9·7
兩類飾有魚紋的人面，與彩陶盆中的人面紋何其相似！賀蘭山賀蘭口。

3. 馬家窑彩陶的蛙紋與人面岩畫中的蛙人形體一致

馬家窑文化的彩陶，是中國仰韶文化彩陶系列中最絢爛的時期。其發展到中後期，主要的紋飾是蛙紋。雖説蛙紋在考古學上已找到源頭，是從姜寨的寫實性蛙形抽象而成的，但細究這些紋飾，可以看出馬家窑文化中馬家窑類型與馬廠類型的蛙紋，似乎有着兩個不同的源頭。

馬家窑類型中的蛙紋來源於姜寨的蛙形，然後在該類型中不斷抽象演化、分解組合。從單繪蛙形的雙眼，到成圓圈、黑點，到黑點變成蝌蚪，然後又逐漸演化成完整的蛙，再回歸到雙眼，出現又一輪的演化。

而馬廠中的蛙紋是以半寫實性的人形作爲源頭。在樂都柳灣出土的裸體人像壺，其前後面均爲蛙紋，唯正面中部蛙紋略去，在空檔處貼塑彩繪人體。人體的乳、腹、生殖器均凸現。唯腿是繪出，與以後出現的蛙紋腿形一致。貼塑的人像左右並繪有兩大圓圈紋。以後馬廠類型的蛙紋出現了一個完整的抽象演化過程，但兩大圓圈或同心圓總是作爲伴生性符號出現。

馬廠類型彩陶中蛙紋的生殖崇拜含意似乎存在，尤其是在最初之時。

馬廠蛙紋的源頭可能是人面岩畫中的蛙人。這蛙人在格爾敖包溝、桌子山、賀蘭口等都出現。主要特徵是雙手平臂，小肘上舉，手掌呈蛙蹼狀；雙腿岔開或呈馬步形，腳掌亦呈蛙蹼狀。有寫實，有抽象，但其圖形的出現，大都與性交和生殖崇拜內容有關，個別的也有屬舞蹈形的。它們與馬廠彩陶中的有些蛙紋簡直太相似了。

馬廠彩陶分佈於黃河上游，在人面岩畫溯黃河而下的正南面數百公里處。

以彩繪或雕塑、貼塑的方式，將人面（首）形製作於陶瓶、罐的口沿等處，也是彩陶中常見的器形或裝飾方式。

以上所列幾點，主要在於結構上的相似性，並不一定存在源流關係，至少現在沒有足夠的論據能證明它們之間有承繼關係。假如有的話，甚至很難辨明誰先誰後。然而，這些相似是值得再思考的。

二、青銅禮器的形製與紋飾

有較充足的理由相信，人面岩畫有力地影響了夏商

9·8

9·8
馬廠類型彩陶蛙紋展開圖。蛙紋伴有同心圓。

9·9
蛙形人岩畫，舞蹈狀。寧廈石嘴山。

9·10

9·11

9·12

9·10
人面紋盾。西周早期。高 35 厘米，寬 37.8 厘米。顯然取其巫術保祐和威嚇作用。陝西岐山縣賀家村出土。

9·11
青銅人面卣蓋，殷商器物，傳安陽出土。現藏美國。

9·12
青銅人面。商代晚期。高 16.3 厘米，寬 16.7 厘米。當時同坑出土此類人面數十件，其形制、大小基本相同，五官變化甚微。現藏陝西洋縣和城固縣文化館。

9·13

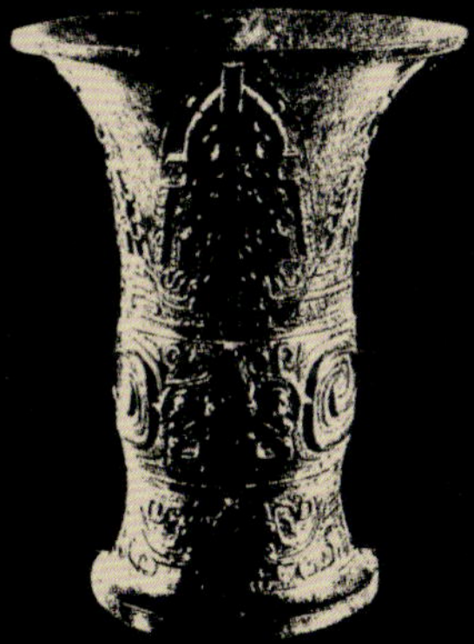

9·14

9·15

9·13
青銅壺。西周。其紋飾屬變幻了的人面。現藏於美國芝加哥博物館。
9·14
青銅尊。西周初期。現藏於美國。
9·15
青銅鴞尊尾部鴞紋拓片。殷墟婦好墓出土。

9 · 16

周部分青銅禮器的器形和紋飾的形成。這種親緣影響主要體現在三個方面：

（1）青銅人面形器的出現。這部分器物與人面形岩畫的關係更直接，其用途有的是實用的，如作盾牌、器蓋，另有些尚不明瞭，可能用作神像的面具。

（2）青銅禮器人面（獸面）紋飾的形成。三代禮器紋飾雖然發展得精微繁縟之至，但西周之前多以饕餮紋爲構圖中心。而越是年代在前的越與人面岩畫有親緣關係。如今看來，所謂饕餮紋，早先實是人面形岩畫的一種變體，後來才向角獸形方面轉化。當時似乎所有種類的青銅器，早先都飾有似人面的饕餮紋，表明它源於一種有着強大傳統力量的宗教信仰。這種信仰，應當認爲來自夏商之前，而與人面岩畫有關。

（3）殷商周邊方國青銅禮器的定型。從近年來考古發掘看，殷商周邊方國的人面形青銅禮器比殷商本身還要豐富、顯達。這種宗教文化肯定是從中原殷商傳播過去的，也印證了文化傳播學中的一個觀點：邊緣地區存在着比傳播中心更爲古老和原始的文化。

9·16
青銅人面。相當於商代晚期，屬方國文化中器物。四川廣漢三星堆出土。

三、宗教中禳神驅鬼面具舞

具有祭祀功能的人面岩畫，後來肯定成爲原始宗教中的一宗受定型形式。上古時廣泛存在於中國北方的薩滿教，就受到人面岩畫的深刻影響，該宗教一直存有戴面具跳禳神驅鬼舞的儀式。最初人面岩畫的出現可能亦與該宗教有關，然而當人面岩畫終止時，面具偶像便成爲宗教的必須部分。

從岩石上鐫刻人面像到人戴着面具，它的演變原因，也許在於人逐漸加深了與自然的分離。人生活在自己構築的居住地，遠離了山谷，久而久之就不願再進山谷鑿刻神格人面像。加之主持祭祀儀式的祭司（或巫師）越來越專門化、職業化，溝通神祖之間的聯繫，唯

9 · 17

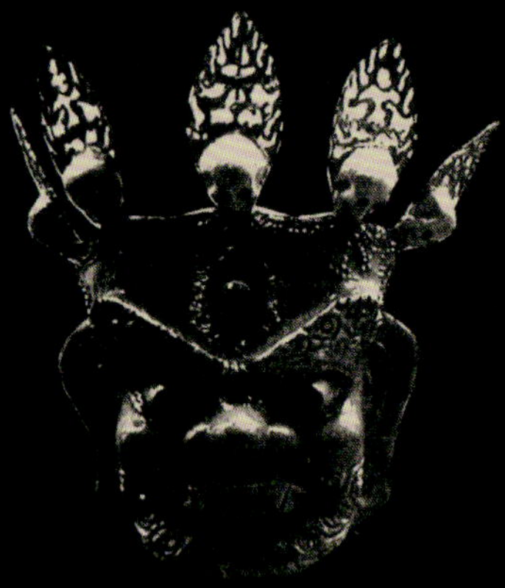

有依靠他們，神祖靈魂附體之法術便開始實行。這樣面具就有了實際的功能意義。

在北方草原地區流行的宗教面具，儘管多姿多態，式樣繁多，但卻留有明顯的太陽崇拜痕迹。其面具上方大都有光瓣狀飾物，結構上相似於人面岩畫中抽象化的太陽光芒；有的光瓣內還鏤雕出一顆顆火焰熊熊的太陽，突出顯示與太陽之間的關係。

狼山地區喇嘛廟舉行的禳神驅鬼儀式，所戴的面具與大壩溝中的太陽人面岩畫十分相似，其面具頭上飾一排密密的羽狀光瓣，在耳朵部各又飾以小半圈，象徵性地表示光芒環繞着面具的全周沿。面具的主體是一骷髏形。

大壩溝岩畫中正有這樣的岩畫，其中有一幅最爲精美，採用磨研法刻出，中間是一骷髏形，周圍均勻地飾有十一個光瓣。此岩畫非常古老，十分堅硬的玢岩，都已風化出一道七、八厘米寬的裂口，使岩畫的一個光瓣以及其上的另一個人面岩畫下部都殘損了。

喇嘛教，被稱爲藏傳佛教。七世紀時佛教傳入西藏地區，與當地的原始宗教——薩滿教系統中的本教發生了持續數百年的劇烈衝突，爾後吸收融合了當地宗教的一些內涵，才形成喇嘛教。該教傳至內蒙古地區後，又與該地區原有的薩滿教發生衝突，至終同樣吸收了該地原始宗教的因素。所以喇嘛們所戴面具與人面岩畫酷似，就能夠理解了。

從殷商卜辭中體現出的信鬼重巫的風俗看，中國上古時期的北方黃河流域一帶深受草原薩滿教的影響。婦好墓及其他殷商墓中出土的眾多龍首玉環，也能證明這種聯繫。此類玉環是赤峰地區紅山文化中的典型器物，在那裏能顯出從豬首玉環到龍首玉環的一個完整演化過程。

因此，商周時期的巫祭儀式中，面具的使用也較爲盛行。眾多的青銅面具的出土，就是一個證明。不過，

9·18

9·17
內蒙古宗教面具，其上所飾光瓣與狼山大壩口岩畫中一幅極相似；其面具光瓣中鏤有一火焰騰躍的太陽，與人面岩畫光瓣的內涵也一致。
9·18
內蒙古狼山大壩口太陽人面岩畫。

當時更多的應是木製面具，只是由於易腐爛而很難保存下來。

《周禮·夏官·方相氏》也記："方相氏掌蒙熊皮，黃金四目，玄衣朱裳，執戈揚盾，師百隸而時儺，以索室毆疫；大喪，先柩，及墓，入壙，以戈擊四隅，毆方良。"這種儺就是遠古人們爲驅逐疫鬼所舉行的一種祭祀活動，有國儺和鄉儺之分。

《禮記·月令》："天子居宮室左個，乘玄路，駕鐵驪，載玄旗，衣黑衣，服玄玉，食粟與彘，其器閎以奄，命有司大儺旁磔，出土牛，以送寒氣。"孔穎達《疏》云："《正義》曰：'此月（仲冬）之時，命有司之官大爲儺祭，今儺去陰氣，言大者以季春爲國家之儺，仲秋爲天子之儺，此則下及庶人。'"

方相氏，顯然是主持儺的祭司。"時儺四時，作方相氏，以儺卻兇惡也。"①其舉行儀式時掌蒙熊皮，黃金四目，玄衣朱裳，執戈揚盾。這四句中的三句很容易理解，唯"黃金四目"不能解。鄭玄註《周禮》時也只註了個"掌蒙熊皮"，而對該句不作註，可能他那時代已搞不清何爲"黃金四目"。

從行文的前後句看，很可能是指頭上的面具。其一個很大特徵是有"四目"。這種四個眼睛的形狀在人面岩畫中多次出現過。格爾敖包溝中有一類無輪廓人面，頗大，以磨刻寬深的線條勾勒出人面的四個眼。另外，桌子山苕燒溝，則出現多個長方形人形，其中一個內刻四目，每目都以同心圓構成，外繞光芒線條。這是否能理解成"黃金四目"？這些岩畫，製作得都非常精美，磨刻得寬深，圖像也較大，似有明顯的不同一般的意義。

方相氏，此稱謂是否也從"方形面相"之意而來？如猜測不錯，那方相氏所戴的面具，應是如苕燒溝岩畫中的長方形帶四目式的。從岩畫分佈來看，也是圓形四目式的在前，方形四目式的在後，且已接近尾聲處。可

9·19

能正是這一岩畫成爲方相氏所戴面具，而流播至史後。

四、儺戲面具

到漢時，儺祭規模更大，儺面具的種類也更多。《後漢書·禮儀志》中記，當時先臘一日的大儺時，除了“方相氏黃金四目，蒙熊皮”外，還有十二人扮獸衣毛角，百二十人爲侲子，行演“使十二神追惡兇”的歌舞，最後“持炬火，送疫出端門，……火棄洛水中。”此陣式已見戲劇之雛形。

儺祭舊制，隋唐仍行。只是唐代在儺祭中增了躍兵示武的內容，也就是以後史料中所提的“軍儺”。至宋代，這種宗教性的儺祭活動全面向娛人的文藝形式衍變，中國戲劇由此獲得大發展。

宋孟元老《東京夢華錄》記：“至除日，禁中呈大儺儀，並用皇城親事官，諸班直戴假面繡畫色衣，執金槍龍旗……共千餘人，自禁中驅祟出南薰門外轉龍彎，謂之埋祟已罷。”

宋陳元靚《歲時廣記》云：“除日，作面具——或作鬼神；或作女兒形；或絕於門楣，驅儺者以蔽其面；或小兒以爲戲。”

面具在這時已兼有驅鬼鎮邪的法器和娛樂的道具之功能，而且後者的功能在繼續發展。當時桂林的儺活動最爲活躍，儺面具種類繁多，製作甚精。宋周去非《嶺外代答·桂林儺》記：“桂林儺隊自承平時名聞京師，曰靜江諸軍儺。而所在坊巷村落，又自有百姓儺，嚴身之具甚飾……推其所以然，蓋桂人善製戲面，佳者一值萬錢。”百姓儺，應當就是鄉儺了。鄉儺也如此之興，可見儺俗之盛。

陸游《老學庵筆記》中也記：“政和中大儺，下桂府進面具，比進到稱一副。初訝其少，乃以八百枚爲一副，老少妍陋，無一相似者，乃大驚。”

9·19
貴州儺戲面具。現仍在該地流行不衰。

至明清之際，儺祭在中原開化地區，漸趨消亡。在長江以南的閉塞之地，如湖南、貴州、江西乃至浙江南部等地，儺祭之禮不僅保存着，而且演化出了一種特殊的戲劇形式——儺戲。

在西南貴州之地的鄉村，這種古老的戲劇形式，一直保留至當代。本世紀八十年代，古戲劇研究者將其整理公諸於世後，引起國際文化界的關註。細究現存的儺戲面具，有些造形，竟與北方崇山峻嶺中的人面岩畫極其相似。

中國文化之綿延能力，不能不令人嘆服。

五、社火與戲劇的角色臉譜

中國戲劇中的角色臉譜，雖然與儺戲的面具有區別，但應是同出一源。當人面岩畫的形式因素消融在原始宗教之中後，它就不僅影響了儺祭，也一定影響了如社祭之類的宗教活動。

社祭是一種有着相當廣泛性的祭祀活動。古史學家顧頡剛説：“社是土地之神。從天子到庶民立有各等的社。”[2]正從這種普泛性的祭神中，衍生出了中國鄉間所特有的社火活動，即在節日迎神賽會所扮演的雜戲、雜耍。這些演出的題材，與古代民間神話傳説有着不可分割的淵源關係。

在人面岩畫溯黃河南下傳播的正方向，距寧夏賀蘭山僅幾百公里的陝西鳳翔、扶風、岐山、寶鷄一帶的鄉間，至今都存在着很活躍的社火活動。在五十年代前，“每次耍社火前後，參加社火活動的人們都要在村子附近的廟宇裏進行祀神集會。”[3]他們至今演出的戲火節目仍有：《軒轅戰蚩尤》、《共工戰祝融》、《羿射九日》、《神農氏捉拿野苗》。這些內容直接承傳上古內容。更有意義的是，參加演出的人都要在臉上繪製臉譜。其角色臉譜有神農氏、燧人氏、伏羲氏、軒轅黃

9·20

9·20
磨刻出的人面岩畫，似已具有面具的特徵。賀蘭山賀蘭口。

9·21

帝、共工、祝融、蚩尤、雷、雨、風、電、禹王、老聃、歷代名將、草莽英雄等。

其繪製的臉譜不僅同儺戲中的面具有較大區別，更受一套程式約束，而且，據認爲："社火臉譜不論從其色彩使用或章法佈局上，均比其他戲劇臉譜更爲古老。"④

繪製臉譜在當地鄉村是一項歷史悠久的民間藝術，不少農民忙時務農，閑時繪製臉譜掛片。臉譜繪製常有祖祖輩輩代代相傳的。傳藝方法主要是父子師徒遞承。遞承方法主要有三：一是把手相教，二是口授畫訣，三是祖傳粉本。當地的學者已經收集了一些畫訣和祖傳粉本，但只限於清代的，至今尚無發現前清以前的粉本。

從當地悠久的戲火傳統和深厚的民間繪製臉譜的藝術力量來分析，其源頭一定相當久遠。很可能是人面岩畫溯黃河南下進入黃土高原後，其作爲氏族部落的原始祭祀方式逐漸轉化爲社祭臉譜，而後作爲一種習俗，保留在當地民間繪製社火臉譜的藝術活動之中，以至存留於今。

歷來認爲，中國戲曲所特有的那種角色臉譜方式，源於唐代樂舞"大面"面具，如今卻可以追溯到更古老的儺祭或社祭。而無論是儺祭還是社祭，又都應能追溯到更久遠的史前神格人面岩畫之中。

9·22

9·21
陝西社火臉譜。現仍流存於陝西西北部民俗之中。流行地區與人面岩畫遺存地相距僅數百公里。
9·22
圖案化的人面，與社戲臉譜相似。賀蘭山賀蘭口。

註：
①《周禮·夏官·方相氏》，鄭玄註。
②顧頡剛：《古史辨第1冊·自序》，《顧頡剛古史論文集》，中華書局1988年版，第71頁。
③李繼友《中國陝西社火臉譜》，上海人民美術出版社1989年版，第1頁。
④同上，第5頁。

跋

撰畢全書，猶餘言未盡。

因爲岩畫本身是説不盡、道不完的。爲了進一步核准我在本書中作的一些推論和判斷。初稿撰畢之後，我又去內蒙古、寧夏，對一些主要岩畫點再作進一步實地考察。結果又發現了很多新資料。

如人面岩畫的中分佈線，在賀蘭口南面的賀蘭山終端——中衛縣又發現了它的存在，雖然數量不多，製作草率，是終止前的餘響，但卻把中分佈線延伸了 150 公里。

還有在賀蘭山西側的山麓中，也發現了少量的人面岩畫，顯然是受東麓的影響所至；在賀蘭口的人面岩畫遺存址中又發現眾多的虎形岩畫，靈獸化的特性極強；在格爾敖包溝又發現了多幅羽人狀的巫師像，且多鐫在山的半山腰上部。這一切似都進一步印證了學者們論定的中國上古原始宗教的種種特徵。

更重要的是，在賀蘭口中發現了石斧岩畫圖像與人面岩畫圖像共存的畫面，而且石斧數量不少。奇怪的是只有在極特定的陽光條件下才能看到它，其餘時刻，那微微鼓凸的岩面，不見一個圖像。在內蒙古巴盟的文管所，我還見到了收藏的眾多石鑿，雖然不是直接採自岩畫址中，但我相信，古人能用這又粗又尖又短的石鑿來鑿動岩畫。

這一切，都充實進了書稿，深化、修正、乃至改變了我的關於人面岩畫的部分推斷與論説。然而還有些資料線索，是我不能親臨實地去考察的。同仁們知道我研究人面岩畫，向我提供了多處關於人面岩畫的新線索。

在赤峰地區的紅山、巴林右旗、阿魯科爾沁旗、翁牛特旗等地又發現了七處人面岩畫，位置同樣處在內蒙古高原和平原的交界處。

江蘇連雲港北部靠海的贛榆縣，也發現一處岩畫。

在福建省閩北的政和縣發現七、八塊圓柱狀的自然巨石，岩石周身刻有許多以同心圓爲主的岩畫，總共約有數百個，間忽也有一些其他形狀的岩畫。同心圓有兩重、三重，乃至五重，佈滿岩石周身，甚至連不規則的岩石斷面上都有。

這些地點的岩畫發現，進一步充實着人面岩畫東分佈帶的岩畫遺存，而且符合既定的分佈規律。我曾經推斷過人面岩畫東分佈帶還會有一些新發現，看來果眞如此。十分遺憾的是，由於書稿已完成，加之時間、精力、財力等方面的限制，我無法去實地考察那幾處岩畫。所以本書沒有論及到那幾處的新發現，只得闕如。

好在這個課題以後還會再作深入研究。因爲，至此我仍認爲人面岩畫的沿海東分佈帶還會有新的發現，尤其是山東省和浙江省會有，各遺存址之間距離不該拉得這麼開。另外這條分佈帶可能還會向兩頭延伸。南部，可能還會往廣東、海南延展；北部，還會往東三省傳播。這留待以後再研究吧。

本書的考察和撰寫，受到諸多前輩同仁的協助，他們是蓋山林、王榮德、周錦屏、梁振華、宿克軍等先生。沒有他們的指點或提供的便利，要完成這樣的研究課題是難以想像的。

故列錄之，以爲紀念。

宋耀良

1991 年 11 月

記於上海華東師大一村寓所

參考書目

《十三經注疏》，中華書局 1980 年影印版。
《水經注校》，王國維校注，上海人民出版社 1984 年版。
《山海經箋疏》，〔清〕郝懿行，巴蜀書社 1985 年版。
《中國古代宗教與神話考》，丁山，上海文藝出版社 1988 年影印版。
《中國青銅時代》，張光直，三聯書店 1983 年版。
《陰山岩畫》，蓋山林，文物出版社 1985 年版。
《烏蘭察布岩畫》，蓋山林，文物出版社 1988 年版。
《商周考古》，北京大學歷史系考古教研室商周組編著，文物出版社 1979 年版。
《殷虛卜辭綜述》，陳夢家，中華書局 1988 年版。
《中國陝西社火臉譜》，李繼友，上海人民美術出版社 1989 年版。
《貴州儺面具藝術》，皇甫重慶，上海人民美術出版社 1989 年版。
《神秘的薩滿世界》，烏丙安，上海三聯書店 1989 年版。
《中國青銅時代・二集》，張光直，三聯書店 1990 年版。

附録

環北太平洋史前人面形岩畫研究

——從中國北部及沿海、俄羅斯東西伯利亞到美洲西北海岸*

宋耀良

人面形岩畫的發現與分佈

岩畫是人類最早期的藝術之一。早在四萬年前的舊石器時代晚期，居住在歐洲南部的晚期智人克羅馬農人，就在洞穴中繪製色彩絢麗斑斕的岩畫。自 1879 年以來，考古學家在歐洲的西南部一帶，發現了多達幾十個這樣的洞穴。同樣，原始岩畫也在全世界各大洲陸續被發現。數量衆多，形態奇特，技法多種多樣。

如今已知，岩畫是一種世界性的原始文化遺存，凡是曾存有古老民族的地區，都發現了豐富的岩畫。這種早期的人類精神文化創造物，是探究人類思維進化、宗教誕生、藝術起源、文字形成等方面的重要資料。

全世界各大洲目前已發現衆多的各類岩畫遺存，但是一種十分特殊的岩畫，即人面形岩畫，卻只在環太平洋沿岸的區域被發現，包括中國北部和東部沿海，俄羅斯西伯利亞東部，美洲西北海岸和澳洲西北部。較爲密集的分佈則在北太平洋沿岸的東北亞洲和西北美洲一帶。這是一種十分引人注目的史前遺存現象。

謂之人面形岩畫，其主要特徵，是指在石壁、基岩或海岸邊的大岩石上鑿出人面形狀的圖象。兩眼一嘴，有時有鼻有耳，或有冠飾，但無身體無手足，僅一人面

* 本文發表於加拿大《文化中國》1996 年 12 月號（第三卷第四期）。

而已。人面的形狀則變化多端，奇異怪誕，或方或圓，或無臉廓，僅存雙眼。無論如何，人面岩畫呈現出神聖、神秘和神奇的特徵。作畫技法則是用石器或硬器工具在石面上磨刻或鑿，極少是用顏料畫出。

最早發表有關人面岩畫遺址考察報告的是美國學者伯斯赫德・勞夫（Berthold Laufer）。他于 1897 年參加了由美國紐約自然歷史博物館組織的杰斯伯探險隊，那是有史以來首次對俄羅斯西伯利亞地區作科學探險和考古調查。年輕的勞夫負責黑龍江流域一帶，他在黑龍江下游靠近那乃人的薩卡奇阿梁村（Sakacha-Olen）江邊，發現了衆多的鑿在江岸邊大石頭上的人面岩畫。並於 1899 年發表了報告①。以後俄國學者又在相距不遠的烏蘇里江河口處發現了另一人面岩畫遺址。兩地約共有百余個人面岩畫圖象，並伴有其他的動物和符號圖形。直到 20 世紀的六七十年代俄國學者才對兩地岩畫作了較爲充分的研究，初步認定其作畫年代爲公元前三四千年②。

有關美洲西北海岸岩畫，20 世紀以來北美學者陸續發表了研究報告。現已知道該地區共發現了二百三十餘處岩畫遺址，約五六千幅圖象。其中最引人注目的是人面形岩畫，尤其是僅有雙眼的無輪廓人面圖形。據對該地區岩畫實地考察最多的加拿大學者貝思・希爾（Beth Hill）認爲，美洲人面岩畫最初出現在阿拉斯加南部靠近阿留申羣島東端的科迪亞克島（Kodiak Is.），隨后沿着海岸綫向東南散佈，經由加拿大不列顛哥倫比亞省的西海岸，到達美國華盛頓州與俄勒岡州之間的哥倫比亞河，並沿河溯流而上，在其下中游兩岸留下衆多人面岩畫。人面岩畫沿海岸綫到達了加州的北部。美國大部分學者認爲傳播方向相反，是由南到北，最后到達科迪亞克島。關於美洲人面岩畫的年代，争論也較多。但大多數認爲最早的應屬幾千年前，但晚至幾百年前歐洲人到達時仍有製作[3]。

70 年代初，南朝鮮學者在慶尚南道蔚州郡的大和江上游，連續發現兩處大型岩畫遺址。磨刻出的主體圖象是動物羣，但顯要位置也刻有幾個人面圖形[4]。

1978 年又在慶尚北道尚州發現古寧里岩畫，刻於一塊長六米、高一點五公尺的垂直崖壁上，畫面主體是七個帶有放射綫的長方形人面像。年代約在新石器時代中期到青銅時代早期[5]。

中國學術界對岩畫的重視是較晚的，儘管在 5 世紀完成的《水經注》就記載了多處中國岩畫。但這些記載只是在 20 世紀 70 年代考古學家蓋山林先生發現了數以萬計的陰山岩畫后，才被他解讀出來。學術界隨后才確立了考古學意義上的岩畫概念。之后中國岩畫被大量發現，到 80 年代末，已有十萬餘幅岩畫被發現。中國的岩畫風格多樣，形態不一，但最具有文化宗教内涵，製作亦最精美的，應屬人面形岩畫。筆者在數年前曾對中國岩畫作了全面的實地考察，足迹遍及邊疆的十一個省，期間發現了中國人面形岩畫的分佈規律：約五十餘個遺址，以連續綫性的方式分佈在總長達四千五百公里的三條大分佈帶上。第一條分佈帶，是從大興安嶺山脈南端的赤峰，向南經由江蘇連雲港，福建政和、華安，臺灣高雄縣萬山，到達香港。總長達二千四百餘公里，大小人面岩畫遺址十四個，各類圖象達千餘個。第二條分佈帶，是從赤峰向西，經由内蒙古高原南緣，穿過烏蘭察布草原，沿陰山山脈南麓，直至接近新疆的巴丹吉林沙漠。總長一千五百九十公里，遺址多達三十餘個，圖象則在四千個以上。第三條分佈帶，是從内蒙古臨河地區沿黄河兩岸溯流而南下，在桌子山脈、賀蘭山脈的東西麓留下衆多人面岩畫，直達寧夏回族自治區的中衛縣。總長達六百公里，遺址約十餘處，各類人面岩畫圖象約一千五百余個。不少圖象因岩面受蝕，漫患不清[6]。關于中國人面岩畫的製作年代，國内學術界基本無爭議。認爲主體部分應在新石器時代的中期，即公元前四千年至三千年前。有大量的這一時期的出土器物上繪有或刻有相似的人面形圖案。人面岩畫的尾聲，可能延至青銅時代。

人面形岩畫比較研究之一：西伯利亞與中國

岩畫是人類初期思維的一種物化遺存。由於早期人類的活動能力的局限，其思維的方式受其所處的地理地域環境和經濟活動方式影響至大，在世界上各地區形成諸多原始種羣。這體現在岩畫中，就使得在圖象内涵、表達方式、作畫技法等方面迥然有異。岩畫的地域色彩異常鮮明。如中國的十餘萬幅岩畫中，大致可以區分爲中國北部岩畫，中國西南部岩畫和中國西部岩畫三大區域。中國北部岩畫的作畫技法是用石器在石壁上磨刻或鑿出圖象。其五萬餘幅岩畫均用此法製成，至今僅見八幅是用紅色綵繪而成。而分佈在廣西、雲南、貴州和四川南部的約二萬餘幅中國西南部岩畫，卻全部是在石壁上綵繪而成，至今無見一幅鑿岩畫被發現的報道。

即使在中國岩畫的三大區域内，亦可分出衆多個具有特殊内涵的岩畫小區。它們與周邊岩畫有着顯著區别，所佔有的地理位置，又較爲集中，能明顯地見出輪廓邊綫。這種特殊的岩畫區域，應是指證着在史前時代，曾有一個獨特的原始文化在這一地區存在。

當一種有着特殊内涵的岩畫在某地密集出現，而后又在另一地被發現，這便意味着兩地之間曾出現過文化的交流、傳播，或部落民族的遷移。進一步的實地考察，往往能發現傳播的路徑方式和沿途留下的遺址。這是筆者在長達四萬餘公里的實地岩畫考察中獲得强烈印象的一個方面，亦是本文的一個基本論點。

人面岩畫曾在中國以連續綫性的方式長距離地傳播。如今我們獲知在俄羅斯西伯利亞東部亦有同類岩畫發現。它們之間的關係是怎樣的呢？我們來作一番比較研究。

處在黑龍江下游和烏蘇里江河口的人面岩畫，其主要的人面構形方式有三：一是在人面的眉心處飾有多重的三角紋，可理解爲皺紋，或是由此變異而成的飾紋。此法在那裏較爲普遍，較多人面象都飾有此紋。此法同樣是中國人面岩畫的重要構形方式之一，在赤峰地區、陰山南麓和桌子山，衆多人面象是由此法構成；甚至仰韶文化的彩陶上都繪有此圖。之二是在左右臉頰處各飾有一或雙重弧綫。此類圖形在赤峰地區尤其在黄河中游的賀蘭山賀蘭口遺址中被大量地發現。這是一種較爲特殊的表現方法，兩地之間若無傳播交流或相互影響，會共同使用這同一表現方式的可能性很小。之三是磨刻一種僅有雙眼連同眉毛的無輪廓人面，在黑龍江下游的遺址中共有七幅這樣的圖形。這在中國則是更廣泛地被發現了，東分佈帶從赤峰到江蘇連雲港、福建閩南、香港，都有發現；北分佈帶的陰山狼山一帶數量則更多。總共應有百十餘幅不止。

在中國衆多的人面岩畫遺址中，赤峰地區的遺址是很值得重視，它們處在兩大分佈帶的交匯或轉折處。那裏有大大小小十幾處遺址，有相當部分是在 90 年代被發現，筆者一九九三年春去考察時，很多新發現尚未公佈，而且存在着有更多發現的可能性。從大的地理觀念來看，赤峰地區處在大興安嶺山脈的最南端，而大興安嶺實際構成了內蒙古高原與東北平原的正斷裂帶。那些大小人面岩畫遺址則都分佈在山脈南麓的小山間，並顯示出由南向北排列的一定規律性。大興安嶺的北端直接到達了黑龍江的中游。山脈的南麓很可能是史前民族遷移、文化傳播的一條通道，人面岩畫遂順此道傳到了黑龍江流域，包括下游出海口一帶。因此西伯利亞人面岩畫的諸種表現因素，在赤峰地區都能找得到。

人面形岩畫比較研究之二：西伯利亞與西北美洲

根據美國岩畫專家坎貝爾・葛蘭特（Campbell Grant）的研究，北美洲的岩畫按其作畫技法、圖象內容和風格特徵等因素，可以分成九大區域。美洲西北海岸岩畫是其中之一[7]。所有的美加學者都認爲西北海岸各岩畫遺址是一個具有同一性內涵的圖象系統。

當我們來作西伯利亞與西北美洲人面岩畫比較研究時，最值得重視的是阿拉斯加南部的科迪亞克島岩畫。這是西北美洲岩畫中最接近亞洲的一處遺址，羅伯特・海瑟（Robert Heizer）在 1947 年對此作過詳盡的報告[8]。

一百十個圖形中有人面、魚、動物和符號，其中數量最多的是人面形，尤其是無輪廓人面，兩眼帶一嘴，達五六十個。而在這人面的表現中，最具有顯著特徵的是在嘴的兩角下方，鑿有兩個小圓凹。這是該處遺址中的基本表現方式。同時這也是整個阿拉斯加白令海峽地區史前文化中的一個基本表現符式，考古學家發掘出衆多的骨刻、角刻，其上的無輪廓人面嘴下都帶有兩小圓點[9]。這顯然不是一種隨意所爲，而是一具有特殊内涵的固定圖式。

十分有意義的是，這種表現方式在西伯利亞東部黑龍江下游的人面岩畫遺址中同樣能見到，在那裏可以分成四種具體的表現方式：一種是兩個小圓點被放置在鼻與嘴之間，那裏有兩組共四個小圓點，上一組兩個是鼻孔（遺址中還有不少人面圖形嘴上方只有兩個圓點，應理解爲是鼻孔，不列入這四種表現方式之中），下一組應是裝飾性小圓點。第二種是兩個圓點之間的距離被拉開，圓點分别被鑿在兩邊臉頰的中間。第三種是兩個圓點被下降到嘴的兩角上。第四種是一個圓點被鑿在嘴之下。

這四種裝飾性小圓點的表現方式在中國人面岩畫中都存在，尤其是兩個小圓點分别鑿在兩邊臉頰的中間，在中國這表現最爲規範、典型，不少龍山文化的玉器上都銘有此圖。兩個圓點鑿在嘴之下的人面岩畫也有發現，只是不很集中。

美國學者認爲科迪亞克島人面岩畫口嘴下的兩個裝飾性小圓點，表現了當地土著愛斯基摩人的一種習俗，即在嘴下或嘴裏飾有一種石或骨質的舌狀物，稱之爲“萊伯雷特”（Labret）[10]。這種風俗在古代的西伯利亞東部和日本北部島嶼上也存在，俄羅斯學者認爲在日本也有臉上飾有兩個裝飾性小圓點的人面圖形。但筆者未曾在日本考古學家那裏獲得證實。

這種習俗使我們聯想到有關中國大汶口文化王因等諸遺址的發掘報告。骨骸的嘴中往往發現有兩個石質、陶質或玉質的小球。據分析這是當地史前居民的一種很穩固的習俗，小球是生前就被放入的，因此兩頜的牙牀都被磨得變了形；也有少部分是死後才被放入小球⑪。大汶口文化居民的另一個更爲普遍的習俗是拔去兩顆側門齒，至於拔去後是否再裝有別的飾物，就不得而知了。這種拔牙習俗在東南沿海一直延續到兩千年前。考古學家普遍認爲大汶口文化（5000BC–3000BC）是中國新石器時代諸多文化中唯一具有明顯的海洋性文化因素的區域性文化，它一方面在山東半島、遼東半島和東海北部沿海傳播，同時它也接受太平洋島嶼的文化因素，並把自己的文化特徵散佈到許多太平洋島嶼。美國芝加哥大學的巫鴻先生曾强調：海洋傳播對於山東地區新石器時代文化的形成和發展曾起到了極重要的作用⑫。而大汶口文化的主要範圍是在山東地區。

人面形岩畫比較研究之三：東北亞洲與西北美洲

若全面比較東北亞洲和西北美洲的人面形岩畫，包括西伯利亞東部、中國的北部與東部沿海、韓國，以及阿拉斯加南部、加拿大西海岸和美國華盛頓州與俄勒岡州西部的人面岩畫，就能够非常明顯地看到，兩地雖然相隔着滔滔大洋，卻在衆多方面有着相當廣泛的一致性。

第一，作畫的技法一致。兩大洲之間的人面形岩畫大都採用磨刻和鑿刻技法在石壁上作畫。東北亞洲至今無見用顏料綵繪人面岩畫的報道。只有一個綵繪人面是畫在有人、鹿、豬、山的祭祀性綵繪岩畫畫面之中，地點在赤峰地區的白岔河流域。這不能算是純粹的人面岩畫。在美洲西北海岸，凡是早期的並靠近海岸綫的人面岩畫都是採用石器在大岩石的表面磨刻出圖形，其佔美洲人面岩畫的絶大部分。只有在傳入東部高原之后有少量的綵繪人面圖；以及在最南端，遠離出海口的哥倫比亞河中下游，有一定數量的晚期並變異了的綵繪人面像。

第二，構圖的方式一致。兩大洲之間的人面岩畫大都採用石器在岩石表面磨刻出綫條的方式來表現人面或太陽等圖象。在一定意義上可理解爲是綫條的藝術，這與以後中國畫的傳統精神是一脈相承的。而西方歐洲繪畫的傳統表現法，其源頭同樣可以追溯到歐洲史前的洞穴岩畫，即色塊表現法，運用多種顏色平面塗抹出一個圖象。東西方史前岩畫中兩種構圖方式有很大的不同。人面岩畫無論出現在亞洲或美洲，在表現上都是純東方式的。

第三，人面圖象的類型相一致。亞洲和美洲之間人面岩畫的基本圖式是一種類圓型人面，即以一種圓形或近似圓形的人面來表現。但還有三種特殊的人面圖象類型：方形人面、太陽形人面、無輪廓人面。無論在中國、韓國、東西伯利亞、美洲西北海岸，這三種特殊圖式都有發現。尤其是在中國和美洲，每一種都有大量的圖形存在；而且兩地間的每一種都極相似，有些簡直是一模一樣。更爲特殊的是在江蘇連雲港遺址，雙眼連眉的無輪廓人面與另一種僅三個圓點構成的（雙眼與嘴）簡易無輪廓人面同時出現。這兩種圖形在赤峰地區和西伯利亞東部的人面岩畫遺址中，竟也同地出現；而在加拿大西海岸，此兩種圖形出現在同一畫面中的數量更多。從構圖上看，這兩個圖象都非常特殊，似乎不大可能僅憑偶爾的巧合，而各處都將它們同於一個畫面。

第四，人面岩畫的伴生符號相一致。兩大洲之間各人面岩畫遺址中，除了發現有各種類型的人面圖形之外，往往還能發現三種相伴隨出現的符號：太陽、同心圓和小圓凹。在東北亞洲，大部分的遺址中三種符號同時出現；有些則出現一種或兩種，但没有一個遺址一種伴生性符號也不出現。在美洲西北海岸，從資料上看，有相當數量的遺址三種符號亦同時出現，太陽和同心圓製作得極輝煌；有一些遺址則出現一或兩種，也有些一種都没有。但從總體看，這三種符號的數量很巨大。對西北海岸岩畫考察最多的希爾曾列出一張表，用以界定西北海岸岩畫所包括的圖象符式，其中第一條就是小圓凹、有圓心的圓、圓、同心圓；第二條是僅有雙眼的無輪廓人面。因此可以説，兩洲間人面岩畫的相似，在統計學上都能獲得驗证。

第五，人面岩畫作畫地點的要求相一致。兩大洲各人面岩畫遺址的選址條件，有幾個共同點：（1）遺址都靠近水源，即使在中國北分佈帶最西端的沙漠中，人面岩畫址都選在有涓涓細流的水源旁；在美洲西北海岸，絶大部分人面岩畫址選在海邊，也有少量處在溪、河旁。（2）岩畫都鑿在穩固而不可移動的基岩或石壁上。（3）遺址附近都有平坦開闊地，以便利儀式舉行。儀式的目的與方式，兩大洲間可能有所不同。但由於西北美洲岩畫延續到較晚近，這方面留有較多的人類學資料。這也許對理解東北亞洲尤其是中國人面岩畫的意義功能，會提供啓悟與幫助。

人面形岩畫可能的傳播途徑與年代

1990 年中國考古學家在遼東半島大連郊區發掘了一處名爲北吴屯的新石器時代遺址，這是一處大型聚落遺址，三面環海，遺址的年代是公元前四千年到公元前三千五百年前⑬。在發掘出的大量出土物中，有幾塊刻紋陶片特别引人注目：三片刻有人面形圖，一片刻着光芒四射的太陽。其中一個人面的嘴中鑽有穿透性的圓孔，似嘴中含有一小球；另一個是無輪廓人面，其額上飾有重疊的三角紋，嘴下兩角處則各鑽有一穿透性小孔，整個構圖甚似西伯利亞和美國科迪亞克島上嘴角下帶有兩個小圓點的人面形岩畫；也似乎證實了大汶口文化中嘴裏含有石球的那種習俗，因爲考古學家認爲該遺址見出受大汶口文化的影響。這四個圖形都刻在印壓有之字紋的舊陶器片上，而之字紋是中國東北和俄羅斯西伯利亞東部在新石器時代最典型的陶器裝飾紋。在黑龍江下游的人面岩畫遺址附近，20 世紀 70 年代時蘇聯學者曾發掘大量的印壓有相似之字飾紋的陶器和碎片，有的也飾有人面形圖案⑭。

從 1962 年到 1970 年，美國的考古學家在阿留申羣島中的由納克島（Umnak）上發掘出了二十塊刻有圖象的鵝卵石，以及三個人頭形雕像，一個骨質、兩個石質。在刻紋卵石中，有五塊刻有人面，都是無輪廓人面，其中一塊卵石上的人面圖已殘破，但剩餘部分顯示出其兩嘴角處各刻有一個小圓凹，極似西伯利亞黑龍江下遊人面岩畫遺址中所表現的一種人面圖案，兩個小圓凹尚未落到嘴角下；而在更東面科迪亞克島的岩畫中，它們已處在嘴角下了。卵石刻紋的年代被定爲距今三千一百年到距今一千五百年。那個骨質人頭形雕像，其嘴被表現爲一穿透性圓孔，甚似中國北吴屯遺址一個陶刻人面圖所表現的。其年代是距今三千年到距今二千五百年⑮。

從 20 世紀 40 年代到 70 年代，在科迪亞克島也陸續出土了一百餘塊刻有人面圖象的鵝卵石。所有的人面都是無輪廓人面，突出表現雙眼，其風格更接近東部鄰近島嶼阿福格納克島（Afognak Is.）上的人面岩畫⑯。

由此我們可以來作推論，假設美洲西北海岸的人面岩畫確實是從東北亞洲傳入，那麽阿留申羣島應是一條必經的通道。事實上它以其衆多的島嶼如鏈索般地連接着美亞大陸。具有刻人面岩畫習俗和宗教需要的史前東亞居民，在離開黑龍江下游出海口，通過阿留申羣島諸島嶼時，可能攜帶了小型的刻有人面像的卵石，或以這種技法在當地製作了圖象，因此在一路的島嶼上留下了衆多的刻紋卵石。當登上在阿拉斯加的美洲西北海岸后，他們又恢復了製作人面岩畫的傳統，在沿着海岸綫向南緩慢遷移時，一路留下了無數人面岩畫，一直到達了現美國西海岸的哥倫比亞河流域。

據考古學家認爲，東亞大陸對北美西海岸的移民主要分三個階段：早期從公元前八千年到公元前三千年；中期從公元前三千年到公元后五百年；后期從公元后五百年至今。從發掘分析，在西海岸較廣範圍内出現以及數量一下子增多的濱海冬季營地遺址，是從公元前兩千年左右開始的⑰。而這些遺址分佈區恰與人面岩畫密集發現的區域相重疊。因此有理由認爲，人面岩畫從東北亞洲傳播到美洲西北海岸的年代應是在這一時期，即距今四千年前后。

另一位曾對美洲西北海岸岩畫作過大量考察的學

者愛得華·米得（Edward Meade）發現了一個較爲普遍的現象，他説："許多岩畫確實非常古老。這個判斷出自於這樣一個事實，即大部分被鑿刻在海岸邊的岩畫圖象，都處在海潮高水位和低水位之間的中間部位……這就是説，這些圖象在海潮處於高水位時，都會被淹没。從貝勒庫勒（加拿大西海岸，引者注）到華盛頓州海岸的岩畫都處在這樣的水位高度。"⑱不僅如此，在最西北面科迪亞島上的人面岩畫的情況也相同，海瑟在1947年的發現報告中説："大部分圖象在海潮高水位時和有風暴時被海水淹没。"⑲

處在東亞黑龍江下游江邊的人面岩畫亦是如此。勞夫在1899年的報告中寫道："我們到達那裏時正是春天，水位較高，大量的岩畫被淹没在江水之中。有一些被發現刻在江邊高處的峭壁上；江邊還有不少半埋在沙土中的大圓礫石，通過挖掘發現石上刻有人面岩畫。"⑳根據科學家研究，從白令海峽到美洲西北海岸的海平面，在過去的六千年中共上昇了六公尺㉑。這是一個公認的事實。因此完全有可能，原始人類在當時是將岩畫鑿刻在海潮的高水位之上，由於年代的漫長，海水高漲，才使其處在高水位之下。可以計算出，海水上漲這些距離所需的時間約四千年，恰與岩畫傳入的年代大致吻合。

意義與問題

本研究課題所提出假設，在兩大洲史前文化交流的研究領域中，有一定的突破性意義。雖然美洲最早期居民是從西伯利亞通過白令海峽遷移而來，這一觀點在學術界已成定論。但僅限於對人骨的研究、遺址點分佈的排列以及工具的類比。真正可以參照比較、並具有同一內涵的文化宗教性遺物，其實還没找到。而同一的文化宗教實際上是一個史前種族認同的唯一和真正標誌。

如今，我們可以認定，人面形岩畫是目前我們所知唯一系統地分佈于兩大洲之間，並明確地具有同一內涵的文化、宗教、藝術性遺物。

早在二十多年前，加拿大學者貝思・希爾在考察西北海岸岩畫時，就曾思考它的源頭，憑其直覺，也有所發現。她在書中寫道："在我們的岩畫區域中，確實有有些證據能够説明存有這樣一種可能性，即岩畫的某些藝術傳統，源自於古代的中國文明。這種文明曾擴散在環太平洋區域。"[22]當她在 1974 年完成了著作後，她試圖收集這方面的資料，1993 年她在給筆者的信中寫道："許多年前，我又重返到劍橋大學，希望作這樣一個課題：環北太平洋地區岩畫研究。但后來我發覺無法完成這樣的課題，因爲要翻譯中文和俄文的考古報告，實在太困難了。"事實上不僅是語言問題，中國的人面岩畫在那時尚未被發現。

從 1977 年開始，美國國立自然歷史博物館人類學部與當時蘇聯的科學院進行了一項題爲"洲際十字路口——西伯利亞與阿拉斯加文化交流"的合作研究。該研究耗時逾十年，直到 1988 年完成。同年舉辦了同題的大型展覽，並出版了一本極輝煌的書。然而他們的研究並没提及兩洲間的人面岩畫。所以當該課題主席威廉・菲茨弗獲悉筆者在哈佛從事這方面的研究后，甚爲重視，兩度邀筆者到他所在的國立自然歷史博物館作演講和訪問研究。當他審視了這一研究后説：人面岩畫不僅進一步證明了兩洲間史前的文化交流，同時把這種交流延伸到了史前的中國。

菲茨弗是東亞北美史前文化交流研究領域的權威，他的這一推斷十分有價值並應是有所指。在美國確有一些學者認爲中國古代的文化傳播到了美洲，并發表了文章和出版了專著。但由於研究中用以論證的資料缺乏時空的規定性，他們的觀點在學術界影響不大。鑒於中南美洲瑪亞文化宗教中有諸多方面與中國殷商文化相通，哈佛大學人類學系張光直教授提出了殷商——瑪亞文化連續體的觀點。對這種積極的探索，美國學術界持有較多異議。如今被發現的人面岩畫遺址以其大致規則的傳播鏈，顯示了從中國東部沿海傳至美洲西北海岸的可能性。相信菲茨弗是在這一方面肯定了此研究發現的意義和價值。瑪亞文化與中國文化中最引人注目的相似之一，是"獸含人面"的圖案與相關的神話。即畫面中一或兩獸，其張開的大口中含有一人面。此圖案在殷商青銅器銘紋和瑪亞的石雕上反復出現。哈佛大學人類學圖書館至今還陳列着一尊從中美洲移來的獸含人面石雕像。張光直教授曾對這類圖象作過充分的比較研究，認定是殷商文化在美洲的延續。但延續的過程是怎樣的呢？經由海路還是陸路？這在當時是懸案。如今，在加拿大西海岸温哥華島的乃乃莫河岩畫遺址中，也發現磨刻有獸含人面圖案，是一巨大龍形獸，張開的大口中清晰地含有一人面。該島處在人面岩畫傳播帶中，是美洲人面岩畫最繁盛地區，周圍密佈人面岩畫遺址[23]。此外中國人面岩畫遺址中多次出現的一種顯示出肋骨的人像（張光直先生亦曾多次論述，認爲是亞美大陸共有的一個基本圖象）。也在乃乃莫岩畫中出現。由此可見，這種文化連續體有可能是沿着人面岩畫傳播帶，而得以實現。當然在目前這仍是一例孤证，尚未能足信。

對於本文所論及的人面岩畫從東北亞洲傳播至西北美洲這樣一種推斷，也應當看到，現仍處在假設階段。因爲這一推斷仍有兩處較爲薄弱的環節：一是斷代問題，我們在推斷兩個物體之間存有直接傳播關係時，必須將兩者置於嚴格的時空限制之內，脱離這種限制的類比相同，在任何民族與文化之間都存在，只是没有傳播關係。在人面岩畫的比較研究中，嚴格的地理限制已具備，但時間限制尚不慎密。主要是岩畫斷代仍屬世界難題。運用科學手段可以知道岩石的地質年代，但目前尚無有效技術可以精確測出岩石表面圖案的鑿刻年代。而靠綜合分析法得出的年代，在這樣一個有重大意義的論題中運用，總有不够堅實之嫌。也許有待於日后科學的精進與突破來解決這一問題。

二是人面岩畫遺址分佈所體現的傳播鏈，尚有需補足的環節。主要有兩段，從赤峰地區到黑龍江下游是一段。儘管有衆多的因素能證明兩地岩畫有承繼關係，但若能在大興安嶺南麓的中部和北部靠近黑龍江中游一帶，發現若干同類遺址，則這一段的鏈環是補全了。另一段是從黑龍江下游到美洲西北海岸的科迪亞克島之間，儘管在阿留申羣島上發掘出了刻人面卵石，但尚無人面岩畫報道。1972 年夏季，阿拉斯加州立博物館曾組織力量對州内岩畫作普查，當時限於財力和夏季時間的有限，只能在東部和西部之間擇一，結果選擇了東部，發現了衆多的岩畫遺址，以至於可以和加拿大西海岸的岩畫連結起來[24]。但以后似未曾對西部再作普查。也因此那一帶仍有發現岩畫的潛在可能。日后若能在阿留申羣島或黑龍江出海口以外的島嶼上發現人面岩畫，那從東北亞洲到西北美洲的傳播鏈，就完美無缺了。從目前掌握的資料來看，這種可能性是存在的。

無論如何，這一比較研究課題的提出，開始了美洲西北海岸岩畫研究的新一階段。因爲這一地區的岩畫自二十世紀初就陸續見諸報道，到 70 年代出版了幾本主要的著作后，由於不再有新的資料出現，對西北海岸岩畫的研究就基本停止了。如今這一新比較研究課題的提出，尤其是有關中國人面岩畫資料的公佈，必將使美洲學者重新考慮這一地區岩畫的諸多問題，包括年代、傳播源、傳播方式以及民族所屬等。而這些問題從來就是衆説紛紜，莫衷一是。唯有聯繫東北亞洲的源頭，才能得出正確的解答。因此，揭開美洲西北海岸岩畫之神秘面紗的時代，應該到來了。

注：

① Brethold Laufer, Petroglyphs on the Amur, nthropologist (N.S) , 1899, 1:746–50.

② A.P. Okladnikov, Petroglify Nizhnego Amur 1971.

③ Beth and Ray Hill, Indian Petroglyphs of the Pacific Northwest 1974.

④ Myung Dae Moon, Rock Picture at Ban–gu Dae, South Korea.

⑤ 李洪甫：《韓國的岩畫及其研究》,《考古》1995 年第 8 期。

⑥ 宋耀良：《中國史前神格人面岩畫》，1992 年，香港三聯出版公司。

⑦ Campbell Grant, The rock art of the North America Indians 1983.

⑧ Robert F.Heizer, Petroglyphs from Southwestern Kodiak Island, Alaska. Proceedings of the American Philosophical Society" V. 91. No.3. 1947.

⑨ Helge Larsen and Froelich Rainey, Ipiutak and The Arctic Whale Hunting Culture, Anthropological Papers of the American Museum of Natural History Vol.42. 1948.

⑩ Beth Hill, Guide to Indian Rock Carvings of the Pacific Northwest Coast, Page 20, 1975.

⑪ 中國社會科學院考古研究所山東工作隊、濟寧地區文化局：《山東兖州王因新石器時代遺址發掘簡報》，《考古》1979 年第 1 期。

⑫ 巫鴻《從地形變化和地理分佈觀察山東地區古文化的發展》，《考古學文化論集》，1987。

⑬ 遼寧省文物考古研究所、大連市文物管理委員會、莊河市文物管理辦公室《大連市北吳屯新石器時代遺址》，《考古學報》1993 年第 3 期，第 43–377 頁。

⑭ Alexei Okladnikov, Ancient Art of the Amur Region.

⑮ Jean S.Aigner, Department of Anthropology University of Connecticut, Carved and Incised Stones From Chaluka and Anangula，"university of Alaska Anthropological Papers"，Vol.15. No.2. 1972.

⑯ Donald W.Clark, Incised Figurine Tablets From Kodiak, Alaska, "Arctic Anthropology"，Vol.2. No.1. 1964.

⑰ William W.Fitzhugh and Aron Crowell, Crossroads of Continents—Cultures of Siberia and Alaska 1988. Page 131, 138.

⑱ Edward meade, Indian rock carvings of the Pacific northwest, 1971.

⑲ Robert F.Heizer, Petroglyphs from Southwestern Kodiak Island, Alaska. Proceedings of the America Philosophical Society V.91. No.3. 1947.

⑳ Brethold Laufer, Petroglyphs on the Amur Anthropologist (N.S) , 1899, 1:749–50.

㉑ Francis P.Shepard, Sea Level Changes in the Past 6,000 Years: Possible Archaeological Significance, cience V.143, P.574. 1964.

㉒㉓ Beth and Ray Hill, Indian Petroglyphs of the Pacific Northwest. 1974. P.19; P.110.

㉔ Michael Stephen Kennedy, Petroglyphs of Alaska: A Fascinating Enigma, Indian Petroglyphs of the Pacific Northwest 1974. P.228.

再版後記

此書初版於 1992 年，能獲再版緣於央視近年來的一次拍攝計劃。

《探索與發現》攝製組擬拍攝一部介紹賀蘭山人面岩畫之紀録片。導演精益求精，希望新片能體現出時代深度。做了大量搜尋後，他大吃一驚：竟然有人在二十年前就出版了人面岩畫的專項研究著作。那就是這本書，當年在香港、上海、臺北三地同時出版。

而且，此研究已獲深度發展，揭示出人面岩畫楫洋舟海地傳播到了北美洲。他的研究論文發表在美國國家自然歷史博物館的刊物上。

這位導演決意要找到此人，卻遍尋國內無所得。原來此時，他正要找的我，恰在波濤洶湧大西洋中的一個孤島上……

終於，完成協助《人面岩畫之謎》紀録片的拍攝，在上海與陳昕先生會面時，他告訴我說：你的那本專著，我們準備再版。

陳昕先生當然知曉這本書的文化價值。20 多年前時任香港三聯書店總編輯的他，便慧眼識出了它。親任責任編輯，經手該書出版的全部流程，包括精選數百幀人面岩畫照片。

時至今日，它的意義還在嗎？

回答此問題，當從大處説起。當今隨著國家綜合力量的提昇，中國學者的國際視野獲得極大拓展。加之中國考古界一百年來的積澱，正是到了厚積薄發、噴薄而出的時節。於是，史前洲際文化大交流的研究，赫然成爲當今學術界的前沿課題。小麥西來的傳播軌跡，中國小米經里海至西歐的揭示，早商青銅工藝的西方影響，仰韶彩陶與西亞彩陶的關係等，都成就了頗有影響力的學術成果。

然而，這些還僅止於史前中國與西亞、西歐基於陸路的交流。雖然路程遥遠廣漠，但一步一挪，終可以走到。人面岩畫則是目前僅發現的向東作洲際文化交流的一個載體。從東亞到達了美洲大陸。可以試想，跋涉一片浩瀚大漠與跨越一個浩翰大洋，終究不可同日而語。這裏可以見出的是，作爲一個主動傳播的文化載體，其體現出的文化内質更深邃、堅實，文化傳播動因更强烈，因而也更生命力勃發。人面岩畫正是如此。它不僅影響了中國史前哲學、宗教、藝術，當它登陸北美洲後，沿海岸向南傳播了幾千公里。它堅實的文化内核、有意味的形式，竟參與進了中美洲文明的母親文化——奥爾美克文化的創建和構造之中，爾後又在瑪雅文明中延續。

這一切將在我下一本著作中有更具體的述及。

由此，此書在時隔 20 餘年後再版，就有了它的現實學術意義。

但願讀者能從中覓得更多啓悟。

然而，與此書有關的佳話仍在繼續。王爲松總編輯爲此書的再版作了很多創造性的努力，他向陳昕先生提議，爲此書寫再版之序。已管理著幾十家出版社的世紀出版集團總裁陳昕先生慨然應允，欣然命筆。這也佐證了編者與作者幾十年來，建立在高品質書稿基礎之上的友誼。

此書有望於明年在美國紐約出英文版本。一本 20 年前寫下的書，有如此境遇，實乃慶倖。於書，相信受之無愧，於人，則實難免有一番感慨。風雲際會，可遇而不可求也。

與王爲松 30 年篤信純澈的師生之誼則是感慨之一。

還有年輕的陳雷與秦堃編輯，他們做了大量的校勘和资料彙集工作。在此鳴謝！

宋耀良

2014 年 2 月 28 日

图书在版编目（CIP）数据

中国史前神格人面岩画/宋耀良著.—上海：上海人民出版社,2015
ISBN 978-7-208-10944-5

Ⅰ.①中… Ⅱ.①宋… Ⅲ.①岩画—美术考古—研究—中国—石器时代 Ⅳ.①K879.424

中国版本图书馆CIP数据核字(2012)第206902号

責任編輯　秦　堃
封面裝幀　陸智昌

上海文化發展基金會資助項目

中國史前神格人面岩畫
宋耀良 著
世紀出版集團
上海人民出版社出版
（200001　上海福建中路193號　www.ewen.co）
世紀出版集團發行中心發行
上海中華商務聯合印刷有限公司印刷
開本635×965　1/16　印張25
2015年5月第1版　2015年5月第1次印刷
ISBN 978-7-208-10944-5/K·1923
定價 128.00圓

學術成果。

然而，這些還僅止於史前中國與西亞、西歐基於陸路的交流。雖然路程遥遠廣漠，但一步一挪，終可以走到。人面岩畫則是目前僅發現的向東作洲際文化交流的一個載體。從東亞到達了美洲大陸。可以試想，跋涉一片浩瀚大漠與跨越一個浩翰大洋，終究不可同日而語。這裏可以見出的是，作爲一個主動傳播的文化載體，其體現出的文化内質更深邃、堅實，文化傳播動因更强烈，因而也更生命力勃發。人面岩畫正是如此。它不僅影響了中國史前哲學、宗教、藝術，當它登陸北美洲後，沿海岸向南傳播了幾千公里。它堅實的文化内核、有意味的形式，竟參與進了中美洲文明的母親文化——奥爾美克文化的創建和構造之中，爾後又在瑪雅文明中延續。

這一切將在我下一本著作中有更具體的述及。

由此，此書在時隔 20 餘年後再版，就有了它的現實學術意義。

但願讀者能從中覓得更多啓悟。

然而，與此書有關的佳話仍在繼續。王爲松總編輯爲此書的再版作了很多創造性的努力，他向陳昕先生提議，爲此書寫再版之序。已管理著幾十家出版社的世紀出版集團總裁陳昕先生慨然應允，欣然命筆。這也佐證了編者與作者幾十年來，建立在高品質書稿基礎之上的友誼。

此書有望於明年在美國紐約出英文版本。一本 20 年前寫下的書，有如此境遇，實乃慶倖。於書，相信受之無愧，於人，則實難免有一番感慨。風雲際會，可遇而不可求也。

與王爲松 30 年篤信純澈的師生之誼則是感慨之一。

還有年輕的陳雷與秦堃編輯，他們做了大量的校勘和资料彙集工作。在此鳴謝!

宋耀良

2014 年 2 月 28 日

图书在版编目（CIP）数据

中国史前神格人面岩画/宋耀良著.—上海：上海人民出版社,2015
ISBN 978-7-208-10944-5

Ⅰ.①中… Ⅱ.①宋… Ⅲ.①岩画-美术考古-研究-中国-石器时代 Ⅳ.①K879.424

中国版本图书馆CIP数据核字(2012)第206902号

責任編輯　秦　堃
封面裝幀　陸智昌

上海文化發展基金會資助項目

中國史前神格人面岩畫
宋耀良 著
世紀出版集團
上海人民出版社出版
(200001　上海福建中路193號　www.ewen.co)
世紀出版集團發行中心發行
上海中華商務聯合印刷有限公司印刷
開本635×965　1/16　印張25
2015年5月第1版　2015年5月第1次印刷
ISBN 978-7-208-10944-5/K·1923
定價 128.00圓